전쟁과 식량 부족의 경제학

영국의 경험과 교훈

맨서 올슨 지음 이성규 옮김

The Economics of the Wartime Shortage

도서출판 해남

The Economics of the Wartime Shortage

A History of British Food Supplies in the Napoleonic War and in World Wars I and II

Mancur Olson, Jr.

전쟁과 식량 부족의 경제학 영국의 경험과 교훈

초판1쇄 인쇄 2019년 5월 3일
초판1쇄 발행 2019년 5월 9일

지은이 맨서 올슨
옮긴이 이성규
발행인 노현철
발행처 도서출판 해남

출판등록 1995. 5. 10 제1-1885호
주 소 서울특별시 서대문구 충정로 38-12(충정로 3가) 우리타워 6F
전 화 739-4822 **팩스** 720-4823
이 메 일 haenamin30@naver.com
홈페이지 www.hpub.co.kr

ISBN 978-89-6238-136-8 93320

역자 머리말

"한 번 일어났던 일은 다시 일어날 수 있다. 역사를 공부하는 이유의 하나는 되풀이해서는 안 될 역사의 반복을 막기 위해서다."[1)]

본서는 고(故) 맨서 올슨(Mancur Olson) 교수가 1963년에 출간한 첫 번째 저서이다. 그동안 올슨 교수는 *The Logic of Collective Action*(『집단 행동의 논리』, 1965), *The Rise and Decline of Nations*(『국가의 흥망성쇠』, 1982), *Power and Prosperity*(『지배 권력과 경제 번영』, 2000)라는 3대 명저로 널리 알려져 있다. 그러나 그의 처녀작인 *The Economics of the Wartime Shortage*(1963) 또한 그동안 큰 주목을 받지 못하였지만 기존의 3대 명저에 결코 뒤지지 않는 저서라고 여겨진다. 국제정치학자로 유명한 미국의 미어샤이머(John Mearsheimer) 교수는 자신의 *The Tragedy of Great Power Politics*(2001)에서 다음과 같이 소개하였다.

"현대 관료 국가들은 전시 봉쇄에 대처하기 위하여 자국의 경제를 조정하고 재조직하는 데 매우 능숙하다. 올슨은 그의 저서인 *The*

1 강천석, "대통령, 한반도 사태 직시(直視)하는 모범 보여야," 조선일보, 2017년 8월 19일.

*Economics of the Wartime Shortage*에서 이를 증명하였다. 이를 위해 올슨은 과거 영국이 나폴레옹 전쟁, 제1차 세계 대전, 제2차 세계 대전에서 겪은 세 차례 봉쇄를 비교해 보았다. 그 결과 영국이 제2차 세계 대전에서 가장 커다란 식량 공급의 손실을 경험하였고, … 나폴레옹 전쟁에서 가장 적은 식량 공급의 손실을 경험했다고 지적하였다. …

그러나 … '영국의 관리 능력이 시간이 흐름에 따라 크게 증진되었기 때문'에 식량 부족에 따른 고통의 정도가 두 차례 세계 대전보다 나폴레옹 전쟁에서 훨씬 더 컸다고 주장하였다. 그 결과 영국에서 전시에 경제를 재조직하고 봉쇄에 효과적으로 대처하는 능력이 나폴레옹 전쟁 기간에 가장 덜 두드러졌고, 제2차 세계 대전에서 가장 두드러지게 나타났다."[2)]

본서는 영국이 산업혁명 이후 겪은 세 차례 대(大)전쟁에서 식량 부족 문제를 어떻게 극복하였는지 방대한 문헌을 바탕으로 통찰력 있는 주장과 역사적 사례를 통해 분석하였다. 『손자병법』(孫子兵法)에 따르면 "무릇 전쟁에 임하여 정(正; 정규전)으로 적군에 맞서고(正合), 기(奇; 유격전)로서 승리를 쟁취한다(奇勝)"라고 기술하고 있다. 또한 중국의 사마천은 전국 시대 연나라와 제나라 간의 전쟁에서 제나라가 멸망 직전에 승리한 것을 두고 '출기제승'(出奇制勝)이라고 표현하였다. 이는 "기이한 방식으로(出奇) 승리를 쟁취한다(制勝)"는 말이다. 영국의 경우에도 이 말이 딱 어울린다. 영국은 나폴레옹 전쟁 시 대륙 봉쇄와

2 John J. Mearsheimer, *The Tragedy of Great Power Politics*, New York: W. W. Norton & Company, 2001, Chapter 4, pp. 33~36.

제1차 및 제2차 세계 대전 시 독일 잠수함 공격에 직면해서도 식량 부족 문제를 슬기롭게 대처[出奇]함으로써 전쟁에서 승리[制勝]를 거두게 되었다. 본서는 영국의 지혜로웠던 '출기 전략'에 대해 자세히 묘사하고 있다.

나폴레옹 전쟁(1796~1815년)에서 나폴레옹은 대륙 봉쇄를 통해 영국의 유럽 대륙으로부터의 식량 수입을 대부분 차단하였으나 영국은 이 오랜 전쟁에서 성공적으로 살아남았다. 또한 두 차례 세계 대전에서 독일의 잠수함 공격으로 영국은 통상적인 식량 수입의 대부분이 저지되었으나 이때도 성공적으로 살아남았다. 세 차례 주요 전쟁 모두에서 영국이 직면하였던 식량 문제들은 '식량 부족'이라는 그 '본질'은 똑같았으나 그 '정도'는 항상 달랐다. 영국은 식량 공급에 있어서 제2차 세계 대전에서 가장 커다란 손실을 보았고, 다음으로 제1차 세계 대전에서 두 번째로 큰 손실을 겪었고, 마지막으로 나폴레옹 전쟁에서 가장 작은 손실을 경험하였다. 그러나 식량 부족으로 인한 '고통의 정도'는 '정반대'였다. 나폴레옹 전쟁 시에 영국이 식량 부족으로 인해 겪은 고통의 정도는 두 차례 세계 대전에서 겪은 고통보다 훨씬 더 컸었다. 본서는 왜 이러한 역설적인 결과가 발생하였는지를 체계적으로 분석하고 있다.

	나폴레옹 전쟁(1796~1815년)	제1차 세계 대(1914~18년)	제2차 세계 대전(1939~45년)
전쟁 수단	나폴레옹의 대륙 봉쇄	독일의 잠수함 공격	독일의 잠수함 공격
전쟁으로 인한 식량 공급의 손실 정도	가장 작았음	두 번째로 컸었음	가장 컸었음
전쟁 직전의 수입 의존도	가장 낮았음	두 번째로 높았음	가장 높았음
식량 부족으로 인한 고통 정도	가장 컸었음	두 번째로 작았음	가장 작았음
영국의 대처 성과	가장 덜 두드러짐	두 번째로 두드러짐	가장 두드러짐

본서가 제시하는 주요 교훈은 전시에 직면해서 어떤 국가의 '과학적·경제적·관리적 능력의 발전'이 전시 식량 부족을 극복하는 데에 유효하다는 점이다. 어떤 국가가 전쟁에 직면하여 '과학적·경제적·관리적 능력'을 발전시키면 식량 부족 문제를 효과적으로 극복할 수 있음을 의미한다. 이 교훈은 어떤 경제에서 가장 긴요한 어느 한 생산을 뽑는다면 그것은 식량이나 원료의 생산이 아니라 '숙련되고 다재다능한 사람들의 양산'임을 일깨워 준다. 본서가 주장하는 이론들과 이를 뒷받침하는 역사적 사실들은 (1) 식량 문제뿐만 아니라 '다른 산업의 문제들'과 (2) 영국뿐만 아니라 '다른 국가들'에 대해서도 적용될 수 있으며, 그로부터 여러 의미 있는 시사점들을 얻을 수 있을 것이다. 또한 본서는 영국이 겪은 주요 대전쟁을 바탕으로 저술되었지만 그 혜안(insight)은 오늘날 세계 몇몇 비민주적 국가들에게 적용되는 각종 경제제재(經濟制裁)의 경우에도 유효하리라고 생각된다.

마지막으로 본서의 가치를 알아보고 기꺼이 출판해 주신 도서출판 해남의 노현철 사장님께 심심한 감사를 드린다.

2019년 4월 12일

봄이 오는 송천 우거에서

이성규 씀

감사의 말

나는 이 연구를 위해 도움을 주신 많은 분들뿐만 아니라 여러 기관들에게도 감사를 드린다. 첫 번째로 옥스퍼드대학교 유니버시티 칼리지(University College)에 감사드린다. 나는 로즈(Rhodes) 장학생으로 옥스퍼드대학교에서 공부하면서 처음으로 '영국 경제사'에 대해 깊은 관심과 흥미를 가지게 되었다. 두 번째로 하버드대학교에 감사를 드린다. 나는 하버드대학교에서 이 연구를 본격적으로 시작하였다. 또한 이 연구를 위해 많은 도움과 유익한 논평을 해주신 하버드대학교 거센크론(A. Gerschenkron) 교수님과 갤브레이스(J. K. Galbraith) 교수님께 깊은 감사를 드린다. 세 번째로 프린스턴대학교에 감사를 드린다. 나는 프린스턴대학교가 제공한 연구 기금으로 이 연구를 계속하였다.

마지막으로 특히 미 공군사관학교(Air Force Academy)와 공군사관학교 기금부(基金部)에도 감사를 드린다. 이 두 기관은 이 연구를 위해 가장 아낌없는 지원과 많은 격려를 아끼지 않았다. 나는 공군사관학교 교수로 2년 동안 재직하면서 이 연구를 성공적으로 마치게 되었다. 특히, 공군사관학교 교장이셨던 맥더모트(R. F. McDermott) 장군님, 경제학 및 지리학과 학과장이셨던 여먼(W. A. Yeoman) 대령님, 공군사관학교 기금부의 키른(W. Kim) 씨에게도 감사를 드린다.

또한 나는 본서를 읽고 유익한 논평을 해주신 분들에게 충심으로 감사를 드린다. 특히, 스코틀랜드 글래스고대학교의 윌슨(T. Wilson) 교수님과 홀먼스(A. Holmans) 박사님, 영국 스완지대학교의 민친턴(W. Minchinton) 씨, 미 스탠퍼드 식량연구소의 해먼드(R. J. Hammond) 씨, 미 프린스턴대학교 경제학과의 전직 동료였던 베자(S. T. Beza) 박사님께도 감사를 드린다. 마지막으로, 이 책을 쓰는 데 끊임없는 격려와 도움을 준 나의 아내 엘리슨 올슨(Alison G. Olson)에게도 감사를 드린다. 이제까지 언급한 여러 기관들과 많은 사람들의 도움에도 불구하고 본서에 결함과 오류가 있다면 그것은 전적으로 나의 책임임을 밝힌다.

1963년 맨서 올슨 씀

차 례

제 **1** 장

서론: 전시 부족 이론

제 1 장

서론: 전시 부족 이론

1. 영국의 과거 세 차례 대(大)전쟁에서의 유사성

우리는 영국이 산업혁명(Industrial Revolution) 이후에 치렀던 세 차례 대(大)전쟁 모두에서 하나의 뚜렷한 '유사성'을 찾을 수 있다. 나폴레옹 전쟁(Napoleonic War; 1796~1815년)과 제1차 세계 대전(World War I; 1914~18년), 그리고 제2차 세계 대전(World War II; 1939~45년)에서 영국의 적(敵)들 – 즉, 프랑스와 독일 – 은 '경제적 교살(絞殺)'(economic strangulation)을 통해 영국을 격퇴시키려 하였다.[1)] 무엇보다도 영국의 적들은 영국 국민들의 힘과 생명을 질식(窒息)시키기 위하여 나폴레옹 전쟁에서는 '대륙 봉쇄령'(大陸封鎖令, Continental System; [역주] 1806년 나폴레옹 1세가 영국에 경제적 타격을 주기 위해 영국과 유럽 대륙과의 통상을 단절시킨 명령)을 단행하였고, 두 차례 세계 대전에서는 '잠수함 공격'(submarine campaigns)을 감행하였다.

1 **[역주]** '교살'(strangulation)이란 목을 졸라 죽이는 것을 말함.

그러나 영국이 겪은 과거 세 차례 대전쟁에서 나타난 '경제적 교살'이라는 유사성은 다음 두 가지 이유로 면밀한 주의가 필요하다.

첫째, 당시 영국은 그 당시 주요 국가들 중에서 해외 무역(foreign trade)에 가장 크게 의존한(또는 자급자족으로부터 가장 동떨어진) 국가였다. 그래서 그러한 대전쟁들에서 영국이 겪은 경험은 "전쟁에 따른 국제 무역의 붕괴가 어떤 경제적 효과를 가져다주는지"를 가장 분명하게 알려 줄 수 있을 것이다. 당시 영국은 산업 생산에 필요한 원료들(raw materials)뿐만 아니라 영국 국민들이 살아가는 데 필요한 대부분의 식량들(food)을 주로 수입(輸入)에 의존해 왔다. 또한 영국은 그 당시 주요 국가들 중에서 가장 공업화된 국가였다. 왜냐하면 당시 영국은 농업에 사용되는 자원들이 가장 적은 비중을 차지하고 있었기 때문이다. 그로 인해 영국의 높은 수입 의존도는 종종 '근심거리'의 하나였다. 그 결과 영국에서 '국가 방위를 이유'로 높은 수입 의존에 대처하기 위한 수단으로서 관세(tariff) 부과 옹호가 고개를 들게 되었다.[2] 심지어 애덤 스미스(Adam Smith)조차도 "국가 방위는 … 물질적 풍부(opulence)보다 훨씬 더 중요하다"라고 인정하였다.[3] 그러나 경제학자들은 오랫동안 수입품에 대한 관세 부과를 받아들이지 않았다. 또한 많은 국가들은 전쟁 발발 시 자국의 수입 의존도를 낮추기 위해 평화 시에 여러 가지 필요한 조치들을 취해 왔다. 일부 국가들 – 특히, 독일 – 은 과거에 전시(戰時)에 충분한 식량 공급(food supply)을 확보하기 위하여 자국의 농업 부문들을 보호해 왔다. 영국과 미국은 전쟁과 같은 비상사태들에 대비

2 Edmund Silberner, *The Problem of War in Nineteenth Century Economic Thought*(Princeton, 1946); Edward M. Earle, *Makers of Modern Strategy*(Princeton, 1943), pp. 117~54.

3 Adam Smith, *Wealth of Nations*, 6th Cannan edition, 2 Volumes(London, 1950), I, p. 429.

하여 식량이나 원료들을 비축해 왔다.[4)] 또한 미국은 부분적으로 전략적 고려에 의한 미국의 석유 수입을 제한해 왔다.[5)] 무엇보다도 과거 세 차례 대전쟁에서 중요한 물품(즉, 원료와 식량)의 수입에서 커다란 손실을 경험하였던 영국의 사례는 '전시에 취할 수 있는 여러 정책들'을 평가하는 데 유용한 자료로 사용될 수 있을 것이다. 다시 말하면, 과거 영국의 경험은 어느 한 국가가 전시 부족(wartime shortages)과 봉쇄(blockades)에 대비하여 취할 수 있는 정책들을 평가하는 데 유용할 것이다. 따라서 영국이 세 차례 대전쟁을 통해 얻은 경험은 어떤 국가가 전쟁으로 인한 수입 손실(import loss)이 어떤 경제적 효과를 가져다주는지 알아보는 데 유용하다.

둘째, 과거 세 차례 대전쟁 기간 동안 영국이 얻은 경험에서 나타난 뚜렷한 유사성은 학문적으로도 연구해 볼 만한 가치가 충분하다. 왜냐하면 그러한 유사성은 '영국 경제사'(British economic history)에서 중요한 한 측면을 차지하지만 그동안 거의 무시되어 왔기 때문이다. 그러한 전쟁들 각각에서 영국이 직면하였던 문제의 유사성은 역사 연구에 중요한 '연구 대상'을 제공해 준다. 영국은 세 차례 대전쟁 각각에서 '똑같은 문제'(same problem)에 직면하였을 뿐만 아니라, 각 전쟁에서 직면한 동일한 문제를 극복하기 위하여 몇 가지 '똑같은 방법들'(same methods)을 사용하였다. 그 결과 영국은 각 전쟁에서 그러한 문제를 성공적으로 극복할 수 있었으며, 무엇보다도 전쟁에서 모두 승리하였다. 영국

4 U.S., Executive Office of the President, Office of Emergency Planning, *Stockpile Report to the Congress, January-June, 1961*(Washington, D.C., 1961); Great Britain, "Statement on Defence, February, 1956" (London, 1956), Cmd. 9691, pp. 27~28; Great Britain, House of Commons, Select Committee on Estimates, *Second Report*, Session 1959~60(London, 1960), pp. 120~23.

5 James Terry Duce, "The Changing Oil Industry," *Foreign Affairs*, XL(July, 1962), pp. 628~29. 또한 Lucius Clay 장군의 *New York Times*, Western Edition(March 27, 1963)에 보도된 논평을 참고하기 바람.

경제는 전쟁으로 인한 '무역 차단'을 잘 견뎌 냈을 뿐만 아니라 압도하기까지 하였다. 세 차례 대전쟁 각각에서 영국 경제의 생존 능력과 당면한 식량 부족 대처 능력은 이 문제에 관심을 가진 사람들의 예상을 훨씬 능가하였다. 그동안 다수의 학문적 · 논쟁적 저서들이나 소책자들, 그리고 논문들의 저자들은 이러한 측면 – 즉, 유사성 – 이 세 차례 전쟁 모두에서 공통적으로 나타난 현상이지만, 어느 한 전쟁만을 대상으로 그러한 문제를 부분적으로 다루었을 뿐이다.

또한 이제까지 어느 누구도 그동안의 이러한 문헌들을 개괄(槪括)하지 않았을 뿐만 아니라, 하물며 세 차례 대전쟁 모두에서 영국이 직면한 그러한 '똑같은 문제'를 체계적으로 연구하지도 않았다. 더구나 '역사적 문제'(historical problem)는 역사학자들뿐만 아니라 '경제학자들'에게도 중요하고, 또 관심을 끄는 주제이다. 왜냐하면 '경제 이론(economic theory)이 가지고 있는 통찰력'(insights)이 역사적 문제를 이해하는 데 하나의 중요한 열쇠를 제공해 주기 때문이다. 본서는 이러한 점을 바탕으로 세 차례 대전쟁에서 영국이 겪은 '전시 부족 문제'(wartime shortage problem)를 자세히 설명하고자 한다.

연구 주제의 공통성 – 즉, 세 차례 대전쟁에서 나타난 유사성 – 은 특히 '식량'(food)의 경우에 더욱 분명하다. 영국은 나폴레옹 전쟁(Napoleonic Wars, 1796~1815년) – 즉, 혁명 시기(1789~99년)의 프랑스와의 전쟁 및 나폴레옹 1세 시기(1769~1821년)의 프랑스와의 전쟁을 말함 – 이전에 이미 해외 식량 공급(즉, 식량 수입)에 의존하였다.[6] 오랜 나폴레옹 전쟁 기간 동안과 두 차례 세계 대전 기간

6 비록 영국이 1760년대에 이미 밀의 순(純) 수입국이었지만 그 수입량은 프랑스 혁명(1789~99년) 발발 직전까지는 대체로 총소비에서 큰 비중을 차지하지 못하였다(Great Britain, *Customs Tariffs of the United Kingdom*, C. 8706, pp. 256~58).

동안 영국은 전쟁으로 인하여 통상적인 식량 수입의 대부분을 수행하지 못하게 되었다. 또한 세 차례 대전쟁 각각에서 영국은 '식량 부족'에 효과적으로 대처하기 위하여 농업 생산 체계와 식량 소비 패턴에서 다수의 '똑같은 조정 및 대응 조치들'을 취하였다.

본서에서 중점적으로 다루고자 하는 '전쟁으로 인한 식량 공급의 상실 문제'(wartime losses of food supplies)는 과거에도 커다란 관심과 주목을 받았다. 세 차례 대전쟁에서 영국은 똑같이 '전략적 식량 비축'(Strategic Food Stockpile) 정책을 실시하였으나, 그 규모와 구성은 비밀로 부쳐졌다.[7] 영국에서 식량 수입의 상실(loss of food imports) 가능성은 종종 커다란 불안을 야기하였다. 이것은 아마 부분적으로 식량 수입이 영국의 총화물(總貨物) 수입 중에서 단일 품목으로 가장 커다란 비중을 차지하였고, 종종 총중량(總重量)의 거의 절반을 차지하였기 때문이다. 또한 식량 공급에 대한 이러한 불안은 부분적으로 "독일 잠수함 공격 – 특히, 제1차 세계 대전에서 – 의 주요 목적이 영국을 파괴가 아닌 '아사'(餓死, starvation)[8]에 의해 격퇴시키려는 데 있었다"는 사실에도 기인하고 있다.[9] 식량은 자주 영국뿐만 아니라 적들에 의해 '영국의 방위 사슬에서 가장 취약한 고

7 "식량 비축(Food Stockpile)의 관리와 구성에 대한 정보는 국익과 안보상의 이유로 비밀로 부쳐졌다. … 영국 정부는 영국 전역에 걸쳐서 만든 많은 저장소들에 '전략적 식량 비축'(Strategic Food Stockpile)을 보관하였다. 전략적 식량 비축은 주로 사람들이 당장 먹을 수 있거나 그에 준하는 필수 식량들이었다. 또한 영국 정부는 이러한 필수 식량 비축에 더해 '상업적 목적의 비축'도 함께 실시하였다." 이러한 내용은 Reynolds 장군으로부터 저자에게 온 편지에 의거한 것이다(Brigadier J. R. Reynolds, Emergency Services Division, Ministry of Agriculture, Fisheries, and Food(July 27, 1962); 또한 Great Britain, "Statement on Defence, February, 1956"(London, 1956), Cmd. 9691).

8 [역주] '아사'란 사람들을 굶겨서 죽이는 것을 말함.

9 Letter of Transmittal and Memorial of the Chief of the Admiralty Staff of the Navy, Admiral von Holtzendorff, to the Chief of the General Staff, Field Marshal von Hindenburg, of December 22, 1916, on Necessity of an Unrestricted U-boat War, published by Carnegie Endowment for International Peace, Division of International Law, *Official German Documents Relating to the World War*, 2 Volumes(New York, 1923), II, pp. 1214~77.

리'로 간주되어 왔다.

식량이 인간 생활에 없어서는 안 될 것이기(즉, 절대적으로 필요하기) 때문에 기아(飢餓, famine; 식량 부족)의 발생 가능성은 다른 종류의 부족들보다 더 많은 관심을 끌어 왔다.[10] 그러므로 일반적으로 "어느 한 국가는 식량보다 제품과 서비스를 더 쉽게 절약할 수 있다"고 가정한다. 바꾸어 말하면, 제품과 서비스보다 식량을 절약하기가 더 어렵다. 어느 한 국가가 전쟁으로 '제품' 공급량의 대부분을 상실한다면 그것은 그 국가에게 '불행한'(unfortunate) 일이다. 그러나 그 국가가 전쟁으로 '식량' 공급량의 대부분을 상실한다면 그것은 그 국가에게 '치명적인'(fatal) 일이다. 나폴레옹 전쟁과 두 차례 세계 대전 모두에서 '식량 부족'(food shortage)은 영국의 주요한 근심거리였다. 그로 인해 이러한 대전쟁들을 겪은 후 영국은 매번 다음과 같은 요구를 끈덕지게 해왔다. 즉, "영국은 미래의 '전시 식량 부족'(wartime food shortages)에 대비하기 위하여 평화 시에 영국의 농업을 영구적으로 확대하여 식량을 비축해 놓아야만 한다"는 요구를 일관되게 해왔다(이 점에 대해서는 본서의 후반부에서 자세히 설명할 예정이다). 그러나 "영국이 미래의 '다른 물품들'의 부족에 대비해야만 한다"는 유사한 요구들은 거의 일어나지 않았다. 당시 영국과 대부분의 유럽 대륙 국가들은 거의 확실히 자국의 순수한 경제적 이익이 허용하는 양보다 훨씬 더 많은 식량을 '국내에서' 생산하고 있었다. 게다가 이들 국가는 국내에서 생산할 때보다 더 적은 비용으로 아르헨티나, 호주, 캐나다, 뉴질랜드, 그리고 미국으로부터 많은 종류

10 Erich Ludendorff 장군은 전시에 식량 공급이 당사국에 미치는 중요성을 매우 강조하였다. 이에 대해서는 General Erich Ludendorff, *The Nation at War*(London, 1936), pp. 66~70; General Erich Ludendorff, *The General Staff and Its Problems*, 2 Volumes(London, 1920), I, pp. 195~99; General Erich Ludendorff, *My War Memories*, 2 Volumes(London, 1919), I, pp. 349~55를 참고하기 바람.

의 식량을 수입할 수 있었다. 그럼에도 불구하고 이들 국가는 그렇게 하지 않았다. 당시 영국과 대부분의 유럽 대륙 국가들은 많은 관세들과 다른 보호 조치들을 통해 국내 식량 생산을 촉진시켰다. 그 이유는 부분적으로(아마 전적으로는 아니지만) 이들 국가가 해외 식량 수입에 의존하는 것을 좋아하지 않았기 때문이었다.

전시에서 식량이 왜 중요한가? 흔히 식량은 '절대적인 필수품'으로 여겨진다. 우리는 재화들을 다음과 같이 분류할 수 있다. 즉, 어떤 종류의 재화들은 필수품(necessity)이고, 다른 종류의 재화들은 사치품(luxury)이며, 그리고 여기에 속하지 않는 다른 재화들은 이들 두 극단 사이에 속한다. 그러나 식량은 항상 '필수품'의 가장 대표적인 예로 여겨진다.

이제 전쟁으로 인한 식량 상실(food loss)의 정도를 고려해 보자. 우선, 어떤 국가가 자국의 식량을 '완전히 상실'하는 경우이다. 만약 어떤 국가에서 전쟁이나 기근 등으로 인해 모든 종류의 식량들이 완전히 상실(total loss)된다면 '식량이 절대적 필수품'이라는 생각은 틀림없이 옳을 것이다. 그러나 모든 종류의 식량들이 완전히 상실될 가능성은 실제로 거의 일어나지 않는다. 따라서 실제로 어떤 국가가 모든 종류의 식량들이 완전히 상실될 것이라는 두려움을 가질 필요가 전혀 없다. 다음으로, 어떤 국가가 '심각한 식량 부족'(scrious food shortages)에 직면할 수 있다. 그러나 식량 부족이 아무리 심각하다고 해서 그 국가가 '식량 공급원'이 완전히 상실되는 상황에는 직면하지 않을 것이다. 왜냐하면 해외 식량에 가장 의존하고 있는 영국을 비롯해서 모든 국가가 자국이 소비하는 식량의 일부를 국내에서 생산하기 때문이다. 마지막으로, 어떤 국가가 '완전한 식량 상실'이나 '심각한 식량 부족'이 아니라 '단순한 식량 부족'(simple food shortage) – 즉, 통상적인 식량 공급이 '부분적으로 상실'(partial loss)되는 것 – 에 직면할 수 있다. 실제로 단순한 식량 부족이 실제적인 문제를 야기한다. 극단적으로 이러한 식량 부족이 매우 심각해지면 '대규모 기아'가 발생함으로써 전쟁에서 '국가의 패배'를 초래할 수 있다. 그러나 단순한 식량 부족은 한 국가의 통상적인 식량 공급의 '일부분'에서만 발생할 것이다.

그러므로 식량 공급의 '부분적 상실'이 실제적 문제라면 "식량이 대부분의 다른 종류의 재화들보다 더 필수적이다"라는 생각은 '틀린' 것이다. 또한 재화를 '필수품'이나 '비(非)필수품'으로 분류하는 것은 그르치기 쉬울 뿐만 아니라 잘못된 것이다. 그러나 이와 같은 주장들은 '설득력 있는 논리'와 '그를 지지하는 증거'가 제시되지 않는 한 거의 믿지 못할 것이다. 따라서 이러한 주장에 대한 논리(logic)를 여기서 먼저 설명하고, 그를 지지하는 '역사적' 증거(historical evidence)는 다음 장들에서 제시하고자 한다.

2. 재화의 구분 논리: 필수재와 비필수재

재화를 필수재와 비필수재로 구분하는 논리는 무엇인가? 우선, 어떤 가상적인 소비자가 있다고 가정해 보자. 이 소비자는 자신의 소득을 사용하여 만족을 극대화하려고 한다. 이를 위해 소비자는 보통 주어진 소득으로 많은 종류의 재화들을 구매하고자 할 것이다. 이러한 가정 하에서 "그 소비자는 어떤 주어진 재화(예, 빵)를 어떤 수준을 넘어 더 많이 소비할수록 그 재화의 추가적 소비([역주] 즉, 추가적으로 한 단위 더 소비하면)는 자신의 효용을 오히려 감소시킨다"는 사실을 알게 될 것이다. 이것은 경제학적으로 사실이다. 즉, 소비량이 어떤 수준을 지나면 그 후부터 추가적 소비는 그 소비자의 만족을 '점점 더 적게 증가시킬 것'이다([역주] 이를 경제학적으로 '한계효용 체감'이라고 부른다). 예를 들어, 어떤 사람이 자신이 가진 소득의 95%를 여행에 지출하고, 나머지 5%를 식품에 지출한다면 그는 (만일 자신이 매우 부자가 아니라면) 아주 적은 소득으로 소박하고 보잘것없는 식품을 구입해서 먹어야만 할 것이다. 반면에 이 사람의 과도한 여행 애호는 거의 포만 상태에 이를 것이다. 이러한 경우에 이 사람이 여행에 쓰는 마지막 몇 페니(penny; [역주] 영국의 화폐 단위로 100페니=1파운드)로부터 얻는 만족은 식품에 쓰는 마지막 몇 페니로부터 얻는 만족의 (예를 들어) 1/10 정도에 불과할 것이다. 이것이 사실이라면 그는 자신의 소득을 식품에 몇 페니를 더 많이 지출하고, 여행에 몇 페니를 더 적게 지출함으로써 자신의 만족(효용)을 현재보다 더 낫게(better off) 할 수 있을 것이다. 만약 그가 실제로 이렇게 한다면 그는 마지막 몇 페니의 지출로부터 (예를 들어) 10배의 만족을 얻을 것이다. 그러나 그는 여기서 멈추지 않고 두 재화에 대한 지출로부터 얻는 추가적 만족(즉, 한계효용)이 같아질 때까지 이와 같은 지출 조정을 계속할 것이다. 즉, 만약 그가 자신이 가진 소득으로부터 최대의 이익(만족)을 얻으려 한다면 그는 '여행에 지출하는 마지막 1페니로부터 얻는 만족'(여행의 한계효용)이 '식품에 지출하는 마지막 1페니로부터 얻는 만족'(식품의 한계효용)과 같아질 때까지([역주] 즉, 두 재화로부터 얻는 한계효용이 같아질 때까지) 계속해서 여행에 더 적게 지출하고, 식품에 더 많이 지출하고자 할 것이다. 따라서 그는 두 재화에 지출하는 마지막 1페니로부터 얻는 만족(효용)이 같아지면 마침내 지출 조정을 멈출 것이다.

독자들은 위의 논의가 경제학자들이 설명하는 기초적인 '소비자 선택 이론'(theory of consumer choice)의 단순한 예라는 것을 쉽게 알 것이다. 소비자 선택 이론에 따르면, 어떤 소비자가 어느 한 재화에 지출하는 마지막 1페니(또는 1달러)는 당해 소비자가 다른 재화에 지출하는 마지막 1페니(또는 1달러)와 똑같은 주관적 만족(subjective satisfaction)을 가져다주어야 한다(물론 여기에는 많은 제한들이 있다). 따라서 소비자가 각 재화에 대한 지출로부터 얻는 한계효용이 같아져야 한다. 또한 이러한 경향은 '식량 부족'을 이해하는 데에도 매우 중요하다. ([역주] 소비자 선택 이론은 일반적으로 어떤 재화를 소비함으로써 얻는 '만족'(효용)에 바탕을 두고 있다. 그러나 소비자 선택 이론을 어떤 재화를 소비하지 못함으로써 얻는 '불만족' 또는 '상실감'(결핍감)에도 적용할 수 있다. 즉, 소비자들은 한편으로 어떤 재화를 소비함으로써 만족(효용)을 얻지만, 다른 한편으로는 어떤 재화를 상실함(소비하지 못함)으로써 불만족(상실감)을 얻는다. 후자의 경우는 주로 '전시'(戰時)에 나타나는 상황이다.) 따라서 이러한 경향을 역으로 생각하면 다음과 같이 추정해 볼 수 있다. 즉, "소비자는 (자신의 모든 재화 공급을 상실하지 않는 한) 어떤 재화를 상실하든 거의 같은 정도로 상실감을 느낄 것이다". 또한 이러한 경향은 "어느 한 재화는 필수품이고 다른 재화는 필수품이 아니라고 말하는 것이 잘못되었다"는 점을 알려 준다. 모든 재화들은 어떤 경우에는 중요도가 낮거나 비필수품이 될 수 있기 때문이다. 또한 전쟁으로 인해 어떤 재화가 '완전히 상실(부족)'되는 것은 당사국에게는 커다란 비극(tragedy)이지만, 전쟁으로 인해 어떤 재화(예를 들면, 식량)가 '부분적으로 상실(부족)'되는 것은 당사국에게는 전쟁 기간 동안 큰 곤궁을 가져다 줄 것이다. 그러나 '특정 재화(예를 들면, 식량)의 완전한 부족(상실)'이 가져다주는 비극과 '당해 재화의 통상적 공급의 일부가 상실'(즉, '통상적 재화 공급의 부분적 상실')됨으로써 초래되는 곤궁 간에는 아무런 필연적인 관계가 존재하지 않는다. 전쟁으로 인한 특정 재화(예를 들면, 식량)의 '완전한 상실'은 당사국에게 비극을 초래하지만 당해 재화의 '부분적 상실'은 삶의 곤궁을 초래할 뿐이며, 양자는 별개의 문제이다. 이 점에 대해 좀 더 자세히 살펴보기로 하자.

3. 필수품과 식량 공급의 부분적 상실(부족)

이제 이러한 점은 인간 생활에 있어서 '절대적 필수품'(absolute necessity)인 물의 경우를 고려함으로써 가장 잘 설명될 수 있다. 만약 어떤 국가에서 어떤 이유로 물 공급의 '일부'가 상실된다면 그 국가는 자국의 관개(灌漑),[11] 잔디밭 물주기, 자동차 세척 등을 제한해야만 하며, 또한 더 많은 댐과 구름다리, 저수지, 우물 등을 건설해야만 할 것이다. 따라서 어떤 국가가 자국의 물 공급의 '일부'를 상실('부분적 상실')한다면 사람들의 생활이 불편하고 비용이 많이 들 것이다. 그러나 물 공급의 부분적 부족이 반드시 치명적(fatal)이지는 않을 것이다.

어느 한 국가에서 '물 공급의 부분적 상실'과 '자동차나 텔레비전 공급의 부분적 상실 효과'를 비교해 보자. 솔직히 말한다면 우리는 자동차나 비행기, 또는 텔레비전 없이도 살 수 있지만 물 없이는 살 수 없다. 그러나 어떤 국가가 자동차나 텔레비전을 '조금' 상실하고 동시에 물 공급도 '조금' 상실한다면 어느 쪽의 상실이 사람들에게 더 큰 피해를 줄지는 분명하지 않다. 일반적인 현

11 [역주] '관개'란 농사에 필요한 물을 끌어 농지에 대는 일을 말함.

대 사회에서 자동차와 텔레비전은 매우 비싸다([역주] 이 책이 저술된 1960년대 당시에는 자동차와 텔레비전 가격이 매우 비쌌음). 예를 들면, 당시 미국이나 영국의 보통 사람들은 물보다 자동차와 텔레비전 구입에 더 많은 소득을 지출해야만 하였다. 따라서 보통 사람들은 물과 같은 생활필수품의 부분적 상실(부족)보다 자동차와 텔레비전 같은 사치품의 부분적 상실(부족)로부터 더 많이 "고생할" 지도 모른다. 그러면 반대의 경우는 어떤가? 우리는 반대의 경우도 일어날 수 있지만 그것이 항상 사실일지에 대해서는 확신할 수 없다. 다소 이상하게 여겨지는 이러한 설명은 적어도 '어떤 재화를 필수품 또는 사치품이라고 말하는 것이 얼마나 잘못되었는지'를 잘 보여 준다. 물은 '필수품'(necessity)으로 간주되지만, 때때로 수영장이나 장식용 분수들(즉, '사치적 기능' 수행)에서도 사용될 수 있다. 반면에 자동차는 '사치품'(luxury)에 가까운 것으로 간주되지만, 현대 경제에서 수많은 '필수적 기능'을 수행한다. 따라서 필수품과 사치품을 구분하는 것은 '재화의 유형'(type of good)이 아니라 '사용 유형'(type of use) – 즉, 재화가 어떻게 사용되느냐 – 에 달려 있다.

위에서 설명한 소비자 행동(선택) 이론은 우리에게 "필수품에 속하는 물의 통상적 공급의 부분적 상실(부족)이 '사치품에 속하는 어떤 재화(예, 자동차)의 통상적 공급의 부분적 상실(부족)'보다 반드시 더 나쁘지 않을 것이다"라는 사실을 알려 준다([역주] 사치품에 속하는 어떤 재화(예, 자동차)의 통상적 공급의 부분적 상실(부족)이 필수품에 속하는 물의 통상적 공급의 부분적 상실(부족)보다 더 나쁠 수도 있다). 일반적인 소비자 선택 이론에 따르면 어느 한 소비자는 모든 유형(종류)의 재화들에 대한 자신의 한계지출(marginal expenditure)로부터 똑같은 정도의 만족(효용)이나 이익을 얻으려 한다. 이러한 경향으로부터 다음 결과를 도출할 수 있다. 즉, 일반적으로 '필수품'의 가격이 '사치품'의 가격과 관계가 있는 것처럼 물과 같은 '필수품' 1단위(예를 들어, 물 1통)의 중요성도 '사치품' 1단위(예를 들어, 자동차 1대)의 중요성과 똑같은 관계를 가지고 있을 것이다. 이는 그 소비자가 필수품 1단위와 사치품 1단위를 얼마나 '중요하게' 생각하느냐를 의미한다. 어떤 재화(예를 들면, 물 또는 자동차)의 통상적 공급의 부분적 상실(부족)로 인한 생활의 곤궁은 대체로 각 소비자의 소득에서 그 재화가 차지하는 '중요성'에 따라 다를 것이다. 즉, 어떤 소비자에게 어느 한 재화(예를 들면, 자동차)의 중요성이 클수록 그 재화의 '통상적 공급의 부분적 상실'은 당해 소비자에게 더 큰 곤궁을 가져다줄 것이다.

이제 이러한 논리를 소비자가 아니라 어느 한 '국가'에 대해 적용해 보기로 하자. 우선, 어느 한 국가가 전쟁으로 인해 자국의 식량 공급의 일부를 상실(즉, 통상적 식량 공급의 부분적 상실)하고, 또한 (위에서 설명하였듯이) 이러한 상실은 이 국가가 다른 재화들의 공급이 부분적으로 상실하였을 때보다 이 국가에게 더 큰 곤궁을 가져다주지는 않을 것이다. 이제 이러한 사실을 좀 더 직접적으로 설명해 보기로 하자. 이를 위해 일반적으로 인간 생활에 있어서 가장 기본적인 필수품인 밀과 곡물의 경우를 고려해 보자. 그러나 이러한 재화들은 '사치품'으로도 사용될 수 있다. 곡물은 다음과 같이 사용될 수 있다. 우선, 곡물은 통째로 검고 저렴하고 영양가 있는 빵(bread)을 만드는 데 사용될 수 있다. 또는 곡물에서 맛이 덜하다고 여겨지는 낟알의 껍질과 다른 부분들을 벗겨낸 후 남은 부분을 사용하여 더 비싸고 고급스러운 흰빵(white bread)을 만들 수 있다. 또한 곡물은 가축들에게 사료로 사용하여 맛있는 고기(steak)를 생산해 낼 수 있다. 이러한 고기들은 어떤 의미에서는 곡물을 낭비하게 되며, 곡물보다 훨씬 더 비쌀 것이다. 왜냐하면 1파운드의 고기를 생산하기 위하여 5~10파운드의 곡물이 필요하기 때문이다. 또한 곡물은 위스키를 만드는 데 사용될 수 있다. 곡물로 만든 위스키는 그 값이 곡물보다 더욱 비싸지고, 더욱이 사치품이 될 것이다. 이와 같이 곡물은 '필수품'인 동시에 어느 정도 '사치품'의 성격도 가지고 있다. 따라서 소비자들은 어떤 재화를 필수품이나 사치품으로 소비할 수 있다. 예를 들면, 소비자들은 곡물을 '필수품'으로 소비할 수 있을 뿐만 아니라 어떤 경우에는 '사치품'으로도 소비할 수 있다. 물론 곡물이 매우 비싸지 않으면 사람들은 그 곡물을 필수적이지 않은 용도에 사용하거나 사치적인 방식으로 소비할 수 있다. 다시 한 번 강조하면, 사치품을 결정하는 것은 '특정 재화' 자체가 아니라 '재화의 특정한 사용'(particular use of goods)에 달려 있다. 예를 들면, 곡물 자체는 사치품이 아니지만 곡물이 '사치적인 용도'로 사용되면 사치품이 될 수 있다.

4. 식량과 원료의 필수 불가결성

어떤 유형(종류)의 재화가 인간 생활에 매우 '필수적'(essential)이라는 생각은 물이나 곡물뿐만 아니라 '산업 원료들'(industrial raw materials)의 경우에도 적용될 수 있다. 산업 원료들은 현대 산업 활동에 필수적인 '식량'을 제공해 준다. 즉, 산업 원료들은 곧 인간 생활의 '식량'과도 같다. 원료들은 식량보다는 덜 필수적이지만 제품이나 서비스보다는 더 필수적이라고 간주된다.[12] 지구의 산물

12 이와 관련하여 다음의 흥미 있는 연구들을 참고하기 바람. Major John Dunn, "American Dependence on

인 식량과 원료들은 '1차 산품'(primary products=농산물)이라고 불리며, 제품 또는 '2차 산품'(secondary products=제조품)과 서비스 또는 '3차 산품'(tertiary products=서비스)과 구분된다.[13] '1차'(primary)라는 단어 자체는 '지구의 산물'에 대한 특별한 중요성이나 필수 불가결함을 의미한다([역주] 지구가 '1차적으로' 만들어 낸 산물이며 지구 생활에 '없어서는 안 될' 산물이라는 의미이다). 비록 지금은 어느 누구도 '1차 산품이 가치의 유일한 원천'이라고 주장하는 '중농주의자들'(Physiocrats)의 의견에 동의하지 않지만, 많은 사람들은 여전히 '1차 산품들의 상실'을 특별한 걱정거리로 여긴다. 이러한 생각은 특히 '천연자원의 보호'에 관심이 있는 사람들에게는 사실이다. 대체로 사람들은 천연자원 이외의 다른 종류의 보호에는 그다지 관심을 가지지 않는다. 또한 산업 원료들이 산업 활동에 특히 '필수 불가결하다'는 생각은 제2차 세계 대전 이후에 미국과 영국의 비축 정책(stockpiling policy)을 보면 분명해진다. 미국은 긴급한 원료들의 비축에 86억 달러에 이르는 막대한 금액을 지출하였으나, 2차 산품이나 3차 산품의 미래 부족에 대비하기 위해서는 그다지 많은 금액을 지출하지 않았다.[14] 또한 영국은 (식량뿐만 아니라) 산업 원료들에 대해서 일시적으로 상당한 비축량을 유지하였지만 현재 보유량은 공식적으로 공개되지 않고 있다.[15] 그러나 영국이 수에즈 운하

Materials Imports," *Journal of Conflict Resolution*, IV(March 1960), pp. 106~22; E. S. Mason, "American Security and Access to Raw Materials," *World Politics*, I(January 1949), pp. 147~60; Klaus Knorr, *The War Potential of Nations*(Princeton, 1956); Walter Voskuil, *Minerals in World Industry*(New York, 1955); T. S. Lovering, *Minerals in World Affairs*(New York, 1943); C. K. Keith, J. W. Furness and Cleona Lewis, *World Minerals and World Peace*(Washington, D.C., 1943).

13 Colin Clark, *The Conditions of Economic Progress*, 3rd edition(London, 1957).

14 U.S. Office of Civil and Defense Mobilization(OCDM), *Stockpile Report to the Congress, January-June, 1960*(1961년 이후 이 보고서들은 OCDM을 계승한 Office of Emergency Planning에 의해 발행되었음); *U.S. News and World Report*, LII(Feb. 12, 1962), p. 71.

15 "1947년에 영국 정부는 비상 시에 필수적이며 구하기 어려운 물자들을 보관하기 위한 전략 비축 저장소를 짓

(Suez Canal)를 점령하기 위한 대규모 값비싼 원정에 참가하였을 때 석유 공급량에 대한 정부의 염려가 마침내 공개적으로 드러나게 되었다.[16] 또한 미국도 부분적으로 전략적 목적으로 석유 수입을 제한하였다.[17] 따라서 원료들이 산업 활동에 필수 불가결하다는 사실은 미국과 영국의 비축 정책을 통해서도 알 수 있다.

다음으로 원료들의 상실(loss of raw materials)에 대해서 살펴보기로 하자. 먼저, '원료들의 상실'이 2차 산품이나 3차 산품의 상실보다 어떤 국가에게 더 해로울 것이다. 이러한 주장을 어떻게 정당화할 수 있는가? 이러한 주장을 정당화하는 데 적어도 다음 두 가지 이유가 사용될 수 있다. 첫째, 원료들은 '대체할 수 없기' 때문이다. 만약 어떤 국가에서 어떤 '제품'(즉, 2차 산품, 예를 들면 텔레비전)이 부족하면 그 국가는 '필요한 원료들이 있다면' 당해 제품을 얼마든지

기로 결정하였다. … 뒤이어 비축 관련 물자들의 종류가 결정되었고, 목표로 하는 비축량은 그 당시의 전략적 가정을 기초로 해서 정해졌다. 그 목적은 비상 시 국방 생산에 필요한 물자들과 민간 필수품들을 공급하기 위함이었다."

1956년 2월에 작성된 영국 정부의 국방 보고서(Statement on Defence)는 전략적 비축과 관련하여 다음과 같이 언급하고 있다. "당시 산업용 원료의 전략적 비축량이 많았기 때문에 긴급 시 위험을 수반하지 않으면서도 그 양을 어느 정도 줄일 수 있었다. 그 결과 영국 정부는 1956~57년에 비축량을 줄이기로 결정하였다. 1956년과 1957년에 상당한 비축량이 매각되었다. 매각하지 않고 비축되는 물자의 구성과 규모는 때때로 다시 결정되었으며, 또한 남은 비축 물자에 대한 책임은 1959년 4월 1일부로 무역부(Board of Trade)에서 군수부(軍需部, Ministry of Supply)로 이전되었다". '매각되지 않고 비축되는' 물자들의 수나 양에 대한 정보는 알 수 없었다. 그러나 우리는 어느 한 시기의 비축량 규모를 다음 사실로부터 유추해 볼 수 있다. 즉, 어떤 시기에 약 74개의 물자들이 있었으며 이들의 무게는 2,000,000톤 이상에 달하였고, 이들은 1,236개의 저장소에 비축되어 있었다. 이들 물자가 드디어 매각을 위해 전략 비축 저장소에서 방출되었다. 그리고 더 이상 전략 물자라고 여겨지지 않는 물자들과 그 양에 대한 매각은 1964년까지 완수될 것이다.(이 내용은 Board of Trade to the Select Committee on Estimates가 제출한 Memorandum을 참고하였음. 이 Memorandum은 the Second Report of the Select Committee, Session 1959~60, pp. 120~23에 실려 있음.)

16 이에 대해서는 다음을 참고하기 바람. William F. Longwood, *Suez Story*(New York, 1957), pp. 142~68; *Europe's Need for Oil*, published by the Organization for European Economic Cooperation(Paris, 1958).

17 Woodford Heflin, "The Factor of Oil in the Military Problem"(Maxwell Field, Ala.: Air University Documentary Research Study No. 7, mimeographed, 1947), and Duce, "Changing Oil Industry". 또한 석유 공급량에 대한 일반적 염려에 대해서는 Pierre l' Espagnol de la Tramerye, *The World Struggle for Oil*(New York, 1924)을 참고하기 바람.

더 많이 만들 수 있다. 그러나 그 국가에서 어떤 '원료'(즉, 1차 산품, 예를 들면 석유)가 부족하면 그 국가는 비록 대규모 제품 제조 능력을 가지고 있다고 하더라도 당해 제품을 더 많이 만들 수 없다. 둘째, 어떤 국가에서 어떤 '원료'가 상실되면 이것은 아마 경제 전체에 영향을 미칠 것이며, 그 결과 모든 단계에 걸친 생산을 중지시킬 것이다. 그러나 어떤 '제품'이 부족한(상실되는) 경우에는 이러한 일이 일어나지 않을 것이다. 만약 어떤 국가에서 석유가 부족하다면 그 국가는 우선 '석유의 상실'을 감내(堪耐)해야 할 뿐만 아니라 또한 '석유를 가지고 생산되는 다른 많은 제품들의 부족'도 감내해야만 할 것이다.[18] 현대 경제는 매우 뒤얽혀 있고 상호의존적이기 때문에 심지어 어떤 하찮은 원료의 부족도 국가적으로 심각한 혼란을 초래할 수 있다. 예를 들면, 제2차 세계 대전 당시 몇몇 연합국 지휘자들은 "나치 독일로부터 하찮은 금속인 몰리브덴의 공급을 빼앗을 수 있다면 독일을 전쟁에서 패배시킬 수 있을 것"이라고 생각하였다.[19] 이와 같은 두 가지 이유들은 "각국이 미래의 원료 부족에 왜 대비해야 하는지"를 잘 설명해 준다.

정부의 각종 정책은 식량과 산업 원료들이 인간 생활과 산업 활동에 대부분의 다른 재화들보다 더 필수 불가결하다고 여기고 있다. 그러나 이러한 생각은 그 근거가 빈약하다. 이제 그러한 생각이 가지고 있는 오류를 소비자가 아니라 이윤 극대화에 관심이 있는 '생산자의 경우'에 적용하여 설명해 보기로 하자. 생산자는 위에서 설명한 '가상적 소비자'의 경우와 논리적으로 매우 흡

18 이에 대해서는 U.S. Air Force(USAF) Historical Division, Air University, *The Development of Doctrine in the Army Air Arm, 1917~41*, USAF Historical Studies, No. 89(Sept. 1955), pp. 57~58.
19 Sir Arthur Harris, *Bomber Offensive*(New York, 1947), pp. 220~21.

사하다고 할 수 있다. 어떤 소비자가 자신의 소득으로 여러 가지 다른 소비재들을 구입하듯이, 어떤 생산자도 재화들을 생산하기 위해 여러 가지 다른 생산 요소들(예, 노동이나 기계 등)을 사용한다. 당해 생산자는 어떤 생산 수준을 지나면 '수확 체감의 법칙'(law of diminishing returns)이 발생하기 때문에 어떤 한 생산 요소(예를 들면, 노동)의 추가적 증가는 자신의 생산(수확)을 단지 체감적으로(점점 더 적은 정도로) 증가시킬 것이라는 사실을 알 것이다. 예를 들면, 만약 당해 생산자가 주어진 기계의 양에 더 많은 노동자들을 추가한다면 그는 곧 "추가되는 노동자들이 최초의 노동자들보다 자신의 생산을 더 적게(체감적으로) 증가시킨다"는 사실을 알게 될 것이다. 앞에서 설명하였듯이 소비자는 자신의 주어진 소득을 가지고 "각 재화에 지출하는 마지막 1페니(또는 1달러)가 똑같은 만족(효용)을 가져다주도록 지출함으로써" 자신의 만족(효용)을 극대화시킨다. 마찬가지로 생산자도 주어진 자원의 양을 사용하여 생산을 극대화하려 할 것이다. 즉, 생산자는 자신이 가진 여러 생산 요소들 – 예를 들면, 여러 가지 원료들, 기계, 노동 등 – 을 사용(투입)하여 "각 생산 요소에 지출하는 마지막 1페니(또는 1달러)가 다른 생산 요소에 지출하는 마지막 1페니(또는 1달러)와 거의 똑같은 정도로 총생산을 증가시키도록 함으로써" 생산을 극대화하려 할 것이다. 따라서 이러한 '생산자 행동 이론'으로부터 "생산자의 경우에도 일반적으로 어떤 생산 요소가 다른 생산 요소보다 더 필수 불가결하지 않을 것이다"라는 사실을 알 수 있다. 생산 요소의 필수 불가결성은 어떻게 결정되는가? 어떤 생산 요소(예, 노동)의 '필수 불가결성의 정도'는 대체로 특정 생산 요소 자체가 아니라 당해 생산자가 '그 생산 요소를 사용하기 위해 지출하는 금액'에 의해 측정될 수 있다.

경제학자들은 "어느 한 생산 요소의 한계가치 생산[20](marginal value product)은 그 생산 요소의 가격(price)과 같아질 것이다"라고 생각한다. 예를 들면, 노동의 한계가치 생산은 임금과 같아진다. 이것은 무엇을 의미하는가? 이러한 생각은 "어떤 재화 – 생산의 경우 어떤 원료나 생산에 사용되는 다른 재화(반면에 소비의 경우에 식량이나 최종 소비용 다른 재화) – 를 대체(代替)하려면 그에 필요한 거의 똑같은 양의 생산 자원들을 보유하고 있어야만 한다"는 것을 의미한다. 이 경우 '재화들 간의 대체'는 얼마나 용이한가? 1차 산품의 경우 그 대체하기가 용이한가? 일반적으로 '1차 산품'을 직접적으로 또는 간접적으로 대체하기가 '비(非)1차 산품'(즉, 2차 산품이나 3차 산품)의 경우만큼 용이하다. 첫째, 1차 산품을 '직접적으로' 대체하기가 용이한가? 일반적으로 비1차 산품의 경우 재화들 간의 직접적 대체가 용이하다. 또한 1차 산품의 경우도 다른 재화를 사용함으로써 직접적으로 대체하기가 용이하다. 따라서 일반적으로 1차 산품을 직접적으로(즉, 다른 재화를 직접 사용함으로써) 대체하기가 비1차 산품(즉, 2차 또는 3차 산품)의 경우만큼 용이하다. 둘째, 1차 산품을 '간접적으로' 대체하기는 어떤가? 대체로 비1차 산품의 경우 재화들 간의 간접적 대체가 용이하다. 또한 1차 산품의 경우도 대체되는 재화를 더 많이 생산하기 위하여 더 많은 자원을 사용함으로써 간접적으로 대체하기가 용이하다. 따라서 일반적으로 1차 산품을 간접적으로(즉, 자원을 더 많이 사용함으로써) 대체하기가 비1차 산품(즉, 2차 또는 3차 산품)의 경우만큼 용이하다.

---

20 [역주] 어느 한 생산 요소의 '한계가치 생산'은 일반적으로 '한계생산가치'(value of marginal product: VMP)라고 부른다. 한계생산가치(VMP)는 어느 한 생산 요소의 한계생산(MP)에 산출물의 가격(P)을 곱한 것이다. 예를 들면, 노동의 한계생산가치(VMP_L)는 노동의 한계생산(MP_L)에 산출물의 가격(P)을 곱한 것이다.

그러면 실제로 어떤 국가가 원료나 식량이 부족할 때 이를 대체할 수 있는 정도는 얼마나 큰가? 어떤 경제(국가)가 원료나 식량의 부족을 '대체할 수 있는 정도'는 아주 큰 편이다. 어떤 현대적인 경제에서 (전쟁이 아니라) 파업이 발생하거나, 경작(수확)이 나쁘거나, 새로운 관세가 부과되거나, 다른 유사한 변화들이 발생할 때에는 언제든지 여러 가지 상품들이나 제품들의 공급량에 자주 커다란 변화('부족')가 초래될 것이다. 그러나 대부분의 이러한 공급량 '부족'은 당해 경제가 그러한 부족에 쉽게 적응하기 때문에 결코 경제적으로 큰 문제가 되지 않는다. 왜 그런가? 그 이유는 소비와 생산에 있어서 공급 부족 상태에 있는 재화를 '대체할 수 있는' 많은 다른 방법들이 있기 때문이다. 이를 설명하기 위해 어떤 한 재화를 대상으로 그 재화의 공급 부족 시 초래되는 문제들을 해결하기 위하여 취할 수 있는 여러 방법들을 고려해 보기로 하자.

예를 들어, '석유 부족'의 경우를 고려해 보자.[21] 당시 미국처럼 고도로 산업화된 어떤 국가가 자국의 원유 공급량의 절반을 외국에서 수입하였으나, 어떤 이유로 원유 수입의 '전부'가 갑자기 중단되었다고 가정해 보자. 이러한 경우에 초래되는 첫 번째 결과는 아마 원유와 석유 제품들의 가격이 상승할 것이다. 정부의 다른 조치들은 별개로 하더라도 무엇보다도 가격 상승 때문에 석유를 보존하기 위한 많은 조치들이 취해질 것이다. 우선, 석탄이 기차, 선박, 공장 등에 대한 전력 공급원(源)으로서 석유를 대체할 것이다. 또한 가정 난방의 경우 석탄이 석유를 대체할 것이다. 그러나 석유 소비자들은 석탄과 같은 '분명한 대체재'의 사용에만 국한하지 않고 다른 대체 방법들도 찾을 것이다. 예

21 M. W. J. Broekmeyer, "The Threat of Red Oil," *NATO's Fifteen Nations*, VII(June-July, 1962), pp. 102~8.

를 들면, 석유 소비자들은 자신의 여유 자금을 (석유를 소비하는) 자동차와 오락용 운전에 더 적게 지출하고, 다른 종류의 사치재들에 더 많이 지출함으로써 훨씬 더 적은 석유(즉, 석유 부족)에도 생존할 수 있을 것이다. 그리고 석유 소비자들은 더 효율적인 디젤 엔진을 가진 '소형 자동차들'을 운전할 수 있을 것이다. 게다가 석유 소비자들은 여행 시 석탄을 사용하는 '기차'를 더 많이 이용하고, 석유를 사용하는 비행기나 자동차를 더 적게 이용할 수 있다. 또한 소비자들은 산업용 내연기관들을 '전기'로 대체할 수 있다. 한편, 소비자들뿐만 아니라 국가도 자국의 석유 소비를 보존할 수 있는 많은 대체 방법들을 가지고 있다. 예를 들면, 원유 가격 상승은 수입에 의존하기보다 국내에서 공급하기 위한 석유 시굴(試掘) 작업을 촉진시키고, 기존의 접근하기 어려운 석유 매장지로부터 추가 공급량을 추출(抽出)하려는 노력을 증가시킬 것이다.[22]

이러한 대체 방법들은 추측으로만 존재하는 것이 아니라 각국에서 실제적으로도 사용되고 있다. 어떤 국가의 산업 시스템이 매우 다른 원유량을 필요로 한다면 각국의 석유 공급량은 다를 수 있다. 이러한 추측은 실제로 여러 국가들의 경험에 의해서 나타나고 있다. 예를 들면, 소련의 1인당 석유 사용량은 미국의 약 1/4 정도를 차지하고 있다.[23] 수에즈(Suez) 원정(遠征) 직전 기간 동안의 통계에 따르면 각국의 '석유 공급량'은 큰 차이를 보여 주고 있다. 당시 이탈리아의 '석유 공급량'은 총에너지 소비의 32%를 차지하였으나, 독일의 경우에는 총에너지 소비의 9%만 차지하고 있었다. 또한 당시 스웨덴의 '석유 공급량'은 총에너지 소비의 40%를 차지하였으나, 영국의 경우에는 총에너지 소비

22 J. T. Duce, "Changing Oil Industry," pp. 628~29.
23 J. T. Duce, "Changing Oil Industry," p. 634.

표 1-1 국가별 석유 공급량이 총에너지 소비에서 차지하는 비중

국가	비중(%)	국가	비중(%)
그리스	82	노르웨이	24
스웨덴	40	영국	13
이탈리아	32	독일	9

주: 역자가 만든 표임.

의 13%만 차지하였다. 또한 당시 그리스의 '석유 공급량'은 총에너지 소비의 82%를 차지하였으나, 노르웨이의 경우에는 총에너지 소비의 24%만 차지하였다.[24] 국가들 간의 석유 공급량에 이러한 차이가 있다고 해서 현대 경제 체제에 석유가 산업 원료의 '일정 비율'을 차지하고 있다고 주장할 수는 없다. 더구나 독일은 제2차 세계 대전이 발발하기 이전의 수년 동안 독일이 소비하는 원유의 대부분을 수입에 의존하고 있었으며, 제2차 세계 대전 발발 후 영국의 해상 봉쇄가 독일의 거의 모든 원유 수입을 차단하였지만 독일은 석유 수입 없이도 수년 동안 그럭저럭 잘 버텼다. 또한 독일은 석탄으로부터 '합성 석유'를 만들어 사용하였다(또한 몇몇 다른 국가들은 혈암유(shale oil)를 사용하기도 하였다). 그러나 연합군이 독일의 수문들을 무너뜨리고 연합군의 폭격이 합성 석유를 만드는 공장들을 파괴시킨 후에야 비로소 독일은 각종 석유 제품들의 부족 때문에 멈춰 서게 되었다.[25]

24 George Lenezowski, *Oil and State in the Middle East*(Ithaca, N.Y., 1960), p. 34.
25 U. S. Strategic Bombing Survey, *Summary Report: European War and Oil Industry: Final Report*.

5. 대체 가능성

재화들 간의 '대체(substitution) 가능성' 때문에 선진 산업 국가들은 재화 부족에 직면해서도 우리가 예상하는 만큼 그렇게 '경직적이지 않을' 것이다. 왜냐하면 이들 국가는 공급 부족 상태에 있는 재화들 - 그 재화가 1차 산품이든, 2차 산품 또는 3차 산품이든 관계없이 - 을 대체할 수 있는 상당한 능력을 가지고 있기 때문이다.[26] 대체는 어떻게 이루어지는가? 재화들 간의 대체는 (1) 대용품(代用品)의 사용뿐만 아니라 (2) 생산 및 소비 패턴을 재조정함으로써 이루어질 수 있다. 우선, '명백한 물품'에 의해 대체가 이루어질 수 있다. 이는 "대용품(ersatz), 즉 하나의 명백한 '대체재'(substitute)가 있어서 이것이 공급 부족 상태에 있는 재화를 대체하는 경우"를 말한다. 이뿐만이 아니며, 또 이것이 주가 아니다. 또한 사람들은 종종 자신의 '생산 및 소비 패턴을 재조정'함으로써 대체가 이루어질 수 있다. 이 경우 재조정은 어떻게 이루어지는가? 이는 하나의 재화(즉, 대용품)가 아니라 많은 다른 재화들이 공급 부족 상태에 있는 재화를 대체하는 방식으로 생산 및 소비 패턴에서 재조정이 이루어지는 경우를 말한다. 이러한 재조정이 왜 중요한가? 어떤 제품은 하나의 재화가 아니라 모든 종류의 다른 제품들과 경쟁하게 된다. 이러한 경쟁은 현대의 '독점적 경생 경제'(monopolistically competitive economy)에서 매우 중요한 요인이다.[27] 이것은 (어떤 요인에 의해) "공급이 부족한 어떤 재화의 전부 또는 일부를 대체하는데 하나의 재

26 현대 경제에서 어떤 제품에 대한 '대체 능력'을 보려면 나의 다음 논문을 참고하기 바람. M. Olson, "The Economics of Strategic Bombing in World War II," *Airpower Historian*, IX(April 1962), pp. 121~27.

27 Edward H. Chamberlin, *The Theory of Monopolistic Competition*, 6th ed.(Cambridge, 1948); Joan Robinson, *The Economics of Imperfect Competition*(London, 1933).

화가 아니라 일반적으로 '많은 재화들'이 있다"는 것을 의미한다. 더구나 많은 종류의 재화들은 보통 여러 가지 다른 방식이나 형태로 사용되거나 소비될 수 있으며, 어떤 방식이나 형대는 다른 방식이나 형태보다 덜 경제적이다. 이러한 이유로 어떤 종류의 재화가 부족하면 다음과 같은 방식으로 그 재화의 부족을 대체할 수 있다. 즉, 그 재화와 관련하여 '더 경제적인' 방식(형태)이 덜 경제적인 방식(형태)을 대체할 수 있다. 이러한 대체의 결과 그 재화의 부족을 해소할 수 있다.

그러나 이러한 경우들은 직접적인 대체 방법들이다. 이는 소비자들이나 생산자들이 일반적으로 '필수품'이라고 간주하는 재화들이 상실될 때(부족할 때) 이들을 '직접적으로 대체'하는 방법이다. 즉, 상실된(공급이 부족한) 필수품을 직접적으로 대체하는 방식을 말한다. 이것은 소비로부터 자신의 만족(효용)을 극대화하거나 생산으로부터 자신의 소득(이윤)을 극대화하려는 사람들이 어떤 재화의 부족에 직면해서 적응(대처)할 수 있는 유일한 방법이다. 또한 간접적인 대체 방법들도 있다. 이는 '필수품의 부족'을 '개선'시킬 수 있는 대체 방법이다.[28] 즉, 어느 한 경제 전체(국가)가 공급이 부족한 어떤 재화와 완전히 다른 재화를 포기함으로써 부족한(상실된) 그 재화를 대체하는 방법이다. 좀 더 쉽게 말하면, 공급이 부족한(상실된) 재화를 직접적으로 대체하지 못하고 그 대신에 '다른 재화를 포기하는 방식'을 말한다. 어떻게 하면 재화의 부족을 개선시킬 수 있는가? 여기에는 두 가지 방법이 있다. 첫째, 어떤 국가는 '노동, 자본, 생산 자원들의 이전을 통해' 재화의 부족을 개선시킬 수 있다. 즉, 어떤 국

28 이를 엄격하게 말하면 다음과 같다. 즉, "어떤 유형의 어느 한 제품이 필수품이 아니라 '특정 제품'이 어떤 필수적 용도를 가지고 있다"는 것을 의미한다(이에 대해서는 이미 앞에서 설명하였다).

가는 일반적으로 '풍부하고 필수적이지 않는 재화 생산'으로부터 '부족하고 필수적인 재화 생산'으로 노동, 자본, 생산 자원들을 이전함으로써 재화의 부족을 개선시킬 수 있다. 둘째, 어떤 국가는 '생산 자원들의 재배분을 통해' 재화의 부족을 개선시킬 수 있다. 즉, 어떤 국가는 '기꺼이 포기하려는 재화'로부터 '공급이 부족한 재화'로 자국의 생산 자원들을 재배분함으로써 재화의 부족을 개선시킬 수 있다. 이 과정에서 어떤 국가가 '포기하려는 재화'와 '공급이 부족한 재화' 간에 어떤 공통점이 있는지는 전혀 중요하지 않다. 또한 이러한 간접적인 대체 방식은 다른 재화들의 부족뿐만 아니라 '1차 산품'(또는 농산품)의 부족에도 적용할 수 있다.

따라서 (앞에서 설명한) '중농주의 부족(不足) 이론'(Physiocratic Theory of Shortage)은 '중농주의 부(富) 이론(Physiocratic Theory of Wealth)만큼이나 잘못된 것이다.[29] 왜 그런가? 전자에 따르면 "식품이나 산업 원료의 부족은 어떤 국가를 무능하게 만든다('중농주의 부족 이론')"고 주장된다. 이러한 견해는 분명히 '중농주의의 오류'(Physiocratic fallacy)이다. 또한 후자에 따르면 "모든 부(富)는 대지(大地)로부터 오며('중농주의 부 이론') 대지의 산물들에 대해서만 세금이 부과되어야 한다"고 주장한다. 이러한 견해도 '중농주의 오류'이다. 어느 한 특정 재화의 부족이 초래하는 심각성은 여러 요인들에 달려 있을 것이다. 무엇보다도 어떤 재화 부족의 심각성은 그 재화가 대지의 산물, 즉 '필수품'인지의 여부보다 그 재화의 '화폐적 총가치'에 의해 더 많은 영향을 받을 것이다. 이러한 이유로 중농

29 [역주] '중농주의'(重農主義, Physiocracy)란 18세기에 프랑스 고전 경제학자들이 제창한 사상으로서 국민 복리를 증진하고 산업을 증진시키기 위해 특히 '농업'을 중시하고 농업만이 유일한 생산업이라 주장함. 중농주의의 경제 정책은 '자유방임주의'에 바탕을 둠.

주의 부족 이론은 잘못된 것이다.

6. 나의 주장에 대한 반대 또는 조건

이제까지 나는 "어떤 국가에서 식량의 상실(부족) – 또는 다른 1차 산품의 상실(부족) – 이 다른 재화들의 상실(부족)보다 반드시 더 나쁘지 않다"고 주장해 왔다. 과연 이러한 전제는 옳은가? 그러나 이러한 전제에 대해 많은 조건들과 이의(異議)가 있을 것이다. 첫째, 농업은 다수의 비교적 소규모 기업들에 의해 경작되며, 그로 인해 (시장 구조적으로) 순수 경쟁(pure competition)에 가까운 특징을 가지고 있다. 반면에 대부분의 제조업은 소수의 대규모 기업들에 의해 운영되며, 그로 인해 (시장 구조적으로) 독점이나 과점의 성격을 지니고 있다. 이러한 경우에 독점적 또는 과점적 산업 – 즉, 제조업의 경우 – 에서의 가격과 순수 경쟁적 산업 – 즉, 농업의 경우 – 에서의 가격을 비교해 볼 때, 비용(이때의 비용은 한계비용(MC)을 말함)에 비해 전자의 가격(즉, $P>MC$)이 후자의 가격(즉, $P=MC$)보다 더 높을 것이다(즉, $P^{\text{독점}}$ 또는 $P^{\text{과점}}>P^{\text{완전경쟁}}$). 그러므로 두 산업들 간에 각 산업 내 재화 상실을 대체하는 데 드는 비용이 다를 것이다. 즉, 어떤 순수 경쟁적인 산업(농업)이 생산하는 재화들(예를 들면, 식량)이 상실(이때의 상실은 시장가치상의 상실을 말함)되었을 때 이를 대체하는 데 드는 비용이 어떤 독점적 또는 과점적 산업(제조업)이 생산하는 재화들(예를 들면, 자동차)이 상실(이때의 상실도 시장가치상의 상실을 말함)되었을 때 이를 대체하는 데 드는 비용보다 더 클 것이다. 예를 들면, 식량 상실(부족)을 대체하는 데 드는 비용이 자동차 상실(부족)을 대체하는 데 드는 비용보다 더 클 것이다. 이러한 조건은 수량적으로는 그렇게 중요하지 않을 것이다. 그러나 이 조건은 1차 산품(식량이나 산업 원료)의 상실(부족) 문제를 논의할 때 반드시 고려되어야 하는 요소이다.

둘째, "어떤 국가에서 식량의 상실(부족)이 다른 재화들의 상실(부족)보다 더 나쁘지 않다" 또는 "농산품의 부족이 다른 제품들의 부족보다 사람들이 생존하는 데 반드시 더 어렵지 않다"라는 나의 주장에 대한 하나의 더 중요한 조건은 상이한 제품들에 대한 '수요의 소득 탄력성'(income elasticity of demand) 문제이다. 예를 들어, 소득 수준이 상당히 높은 어떤 국가에서 1인당 소득이 증가함에 따라 '식량에 대한 지출'이 '다른 재화들에 대한 지출'보다 더 느리게 증가할 것이다. 다시 말하면, 소득이 변할 때 식량 소비가 대부분의 다른 재화들의 소비보다 덜 변동적일 것이다.[30] 이러한 사실은 소비자들에게 있어서 식량 부족이 대부분의 다른 재화들 부족보다 더 견디기 어려울 것이라는 점을 잘 나타내 준다. 왜냐하면 소득이 감소할 때 사람들이 다른 재화들의 소비보다 자신의 식량 소비를 더 적게 감소시킨다면, 이는 사람들에게 대부분의 다른 재화들의 소비 감소보다 식량 소비의 감소가 더 견디기 어렵다는 점을 나타내 주기 때문이다(즉, 사람들이 자신의 소득이 감소할 때 다른 재화들의 소비에 비해 식량 소비를 더 적게 감소시킬 것이다. 이는 사람들이 다른 재화들의 소비 감소보다 식량 소비의 감소가 더 견디기 어렵다는 것을 의미한다). 이러한 설명들은 다음을 의미한다. 우선, 소비자들이 식량 소비를 '작게'(한계적으로) 절약(포기)하기는 쉬울 것이다. 즉, 어떤 소비자가 다른 재화들을 한계 단위(marginal unit; 즉, '작은' 단위)만큼 절약(포기)할 수

30 Willard Cochrane and Carolyn Bell, *The Economics of Consumption*(New York, 1956), Comments on "Engel's Law," pp. 188~89, 196~98.

있는 것처럼 식량도 '한계' 단위만큼 쉽게 절약(포기)할 수 있다. 그러나 소비자들이 식량 소비를 '대단위'로 절약(포기)하기는 쉽지 않을 것이다. 즉, 당해 소비자에게서 다른 재화들의 소비를 대규모 단위로 포기(절약)하는 것보다 식량 소비를 '대규모' 단위로 포기(절약)하는 것이 더 어려울 것이다([역주] 어떤 소비자는 다른 재화들에 비해 식량을 '한계적'으로는(작은 단위로는) 쉽게 절약할 수 있지만, '대규모 단위'로는 쉽게 절약(포기)하기 어려울 것이다). 이것은 무엇을 의미하는가? 이는 소비자들이 다른 재화들에 비해 식량을 '한계 내 단위'(intra-marginal units)로 절약하기가 매우 어렵다[31]는 것을 의미한다([역주] 다른 재화들에 비해 '식량'의 경우 소비자들이 소규모(한계) 양을 절약하기는 쉽지만, 대규모 양을 절약하기는 매우 어렵다는 것을 말한다). 이러한 설명은 확실히 중요하지만 그동안 각국이 전시 식량 부족에 대비하기 위한 조치들을 정당화하는 데 널리 사용되지 않았다는 점은 놀랍다.[32] 따라서 이러한 설명은 위에서 제시한 나의 주장에 대한 하나의 이의나 조건으로서 마땅히 고려되어야 한다.

7. 전시 식량 수입 상실 시 농업 산출량을 증대시키는 방법

위에서 나는 "식량과 여타 '필수품'의 수입 상실(loss of imports)이 다른 재화

31 [역주] '식량의 한계 내 단위(intra-marginal unit) 절약'이란 소비의 한계효용이 체감하는 원리와 유사하다. 즉, 소비량이 증가할수록 한계효용이 감소하는 것처럼 식량 소비의 절약량이 많아질수록 그 절약이 더 어려워진다는 것을 의미한다.

32 전쟁을 예상하여 농업 보호나 곡물 비축의 필요성을 제기한 몇몇 주장들에 대해서는 본서의 제2장을 참고하기 바람.

들의 무역(수입) 중단보다 반드시 더 나쁘지 않다"고 주장하였다. 또한 이러한 전제에 대한 두 가지 반론(反論)도 제시하였다. 그러나 두 가지 반론은 몇 가지 다른 사항들을 고려함으로써 상쇄될 수 있다. 첫째, 어떤 국가에서 특정 재화의 수입 중단이 그 국가에 '해로운' 정도는 주로 '그 재화의 국내 생산이 얼마나 빨리 증가되는지'에 달려 있다. 예를 들면, 어떤 국가에서 특정 재화의 수입 중단으로 그 국가가 보는 피해는 그 재화가 국내에서 느리게 생산될수록 수입 중단의 피해가 더 클 것이다. 농업이 수확 체감(diminishing returns)의 성질 – 즉, 주어진 토지량에 대해 노동과 자본 투입량이 증가할수록 산출물(수확)은 체감함 – 을 가지고 있음에도 불구하고 현대 경제에서 농업은 다른 많은 산업들보다 산출량을 '더 빠르게 증가'시킬 수 있다. 왜 그런가? 여기에는 몇 가지 이유들이 있다. 이러한 점은 농업뿐만 아니라 다른 채취 산업(광업)이나 1차 산업들의 경우에도 어느 정도 사실이다. 무엇보다도 이들 산업은 '산출량을 빠르게 증가시킬 수 있는 능력'을 가지고 있기 때문에 수입 상실을 보충하는 데 매우 적합하기 때문이다. 이제 그 이유들에 관해서 살펴보기로 하자.

첫째, 농업과 다른 1차 산업들이 '수입 중단'에 효과적으로 대응하는 이유는 무엇인가? 첫 번째 이유는 농업과 다른 체취 산업들은 평화 시 정상적인 상태에서는 잉여(과잉) 자원(excess resources)이 발생하기 때문이다. 선진국의 경우 '1차 산품을 생산하는 산업들'(primary industries)은 대개 '사양(斜陽) 산업'[33](declining industries)에 속한다. 선진국에서 1차 산업들은 왜 사양 산업인가? 부분적으로 그 이유는 실질소득이 증가할 때 1차 산업의 산출물(예를 들면, 식량)에

33 [역주] '사양 산업'이란 사회적 · 경제적 변화 또는 수요의 변동 등에 따라가지 못하고 쇠퇴해 가는 산업을 말함.

대한 수요가 다른 재화들에 대한 수요보다 덜 빠르게 – 즉, 더 느리게 – 증가하기 때문이다. 또한 부분적으로 최근 1차 산업들에서 많은 다른 산업들보다 노동자 1인당 생산성이 더 빠르게 증가해 왔기 때문이다.[34] 따라서 1차 산업들은 시간이 지남에 따라 어떤 국가에서 '더 적은' 노동과 다른 생산 자원들을 필요로 할 것이다. 이러한 의미에서 1차 산업은 노동과 생산 자원이 '감소하는 산업'이다. 그러나 1차 산품을 생산하는 산업들은 다른 사양 산업들보다 더 많은 잉여(과잉) 자원을 보유하고 있을 수 있다. 왜냐하면 근로자들이 종종 1차 산업 부문에서 일하는 것을 그만두기가 매우 어렵기 때문이다.[35] 또한 1차 산품을 생산하는 산업들은 대도시의 상업 및 산업 중심지가 아니라 관련 '천연자원 근처'에 위치해 있다. 말할 필요조차도 없이 농업은 농촌 지역에서 이루어지며, 농촌 지역은 대개 다른 산업들에는 적합하지 않다. 마찬가지로 광업 지역들도 다른 고용 원천들로부터 멀리 떨어진 지역에 위치해 있다. 따라서 1차 산업들 – 즉, 농업이나 광업 등 – 이 쇠퇴하면 거기에서 일하는 근로자들은 특히 '어려운 처지'에 놓이게 될 것이다. 왜냐하면 근로자들은 근처에 다른(대체) 고용 원천들이 없어서 1차 산업들에서의 저임금과 저소득에도 불구하고 사양(쇠퇴) 산업들에 그대로 남아 있을 수밖에 없기 때문이다.[36] 이러한 현상은 '농업'

---

34 이에 대해서는 Willard Cochrane, *Farm Prices, Myth and Reality*(Minneapolis, 1958); Theodore Schultz, *The Economic Organization of Agriculture*(New York, 1953); John W. Kendrick, *Productivity Trends in the United States*(Princeton, 1961); John R. Bellerby, *Agriculture and Industry, Relative Income*(London, 1956) 등을 참고하기 바람.

35 나는 이 주장을 발전시켜 미 하원 은행 및 화폐 위원회 소속 소위원회에서 상세하게 입증한 바 있다. M. Olson, "Declining Industries and Depressed Areas," *Hearings on Area Redevelopment*, Testimony before a Subcommittee of the House Banking and Currency Committee(March 13, 1961).

36 M. Olson, "Declining Industries and Depressed Areas," *Hearings on Area Redevelopment*, Testimony before a Subcommittee of the House Banking and Currency Committee(March 13, 1961).

의 경우에 특히 분명하게 나타난다. 왜냐하면 농업의 경우에 생산을 제한하기 위한 많은 장치나 수단들에도 불구하고 지속적인 잉여가 발생하며, 또한 각종 보조금들에도 불구하고 소득은 매우 낮기 때문이다.[37] 그러나 유럽 국가들의 농업에서 미국 농업보다 '잉여 생산(surplus production) 경향'이 덜 두드러지게 나타나고 있다. 왜 그런가? 대부분의 유럽 국가들과 특히 영국에서 농업 수입품에 대한 관세들이 농업 보조금의 정도와 (비경제적인) '잉여' 생산의 크기를 감추고 있기 때문이다.[38]

이러한 설명은 무엇을 의미하는가? "농업과 광업에서 평화 시 잉여 자원이 존재한다"는 사실은 곧 "평화 시 농업 부문에 존재하는 불필요한(잉여) 노동과 다른 자원들이 전시 부족(wartime shortage)에 대비하여 사전에 계획되지 않은 '완충 자원'(unplanned buffer)을 제공해 준다"는 것을 의미한다. 저소득에도 불구하고 농업 부문에서 지속되는 '잉여 자원들' 때문에 농업은 많은 다른 산업들보다 '전시 식량 부족'(wartime food shortage)에 더 빠르게 대처할 수 있을 것이다. 또한 이러한 주장은 광업의 경우에도 사실이다. 이러한 주장이 사실임은 특히 미국에서 분명하다. 만약 미국이 갑자기 식량 부족에 직면한다면 미국은 단지 '휴경(休耕) 농지 은행'[39](soil bank)에 있는 농지를 갈아서 경작하기만 하면 된다.

---

37 Bellerby, *Agriculture and Industry, Relative Income*(London, 1956), pp. 269~74; Cochrane, *Farm Prices, Myth and Reality*(Minneapolis, 1958).

38 E. F. Nash, "The Competitive Position of British Agriculture," *Journal of Agriculture Economics*, XI(June 1955), pp. 222~37. 또한 Gavin McCrone, *The Economics of Subsidizing Agriculture*(Toronto, 1962). McCrone은 자신의 연구로부터 당시 영국의 대규모 농업 보조금 지급을 옹호하는 경제적 타당성을 찾을 수 없었다. 그러나 McCrone은 다음과 같이 주장하였다. "그럼에도 불구하고 영국은 자국의 자급자족 수준이 어떤 수준 아래로 떨어지는 것을 막아야만 하였다. 충분한 식량 공급의 유지는 영국 국민의 생존에 필수적이기 때문이다. 이러한 측면에서 '식량'은 다른 어떤 상품보다 더 중요하다. 그러므로 식량 공급량의 커다란 비중이 영국의 정치적 영향력이 미치지 않는 지역에서 생산된다면 이는 영국에게 커다란 위험 요인이 될 것이다" (McCrone, 1962, pp. 174~75).

39 [역주] '토양 은행'(Soil Bank)이란 미국에서 잉여 작물의 재배를 하지 않고 땅의 생산력 행상에 노력한 사람에

마찬가지로 미국이 석탄 부족에 직면한다면 미국은 웨스트버지니아와 펜실베이니아의 쇠퇴 지역들에서 놀고 있는 광부들에게 일을 시켜 석탄을 채굴하기만 하면 된다.

둘째, 농업과 여타 채취 산업들이 산출량을 '빠르게 증가'시킬 수 있는 두 번째 이유는 무엇인가? 특히, 선진국들의 경우에 농업과 채취 산업들은 시간이 갈수록 생산성을 급속도로 증가시킬 수 있는 산업들이다. 농업과 채취 산업들에서 어떻게 생산성을 급속도로 증가시킬 수 있는가? 과학의 진보와 발전은 다른 많은 산업들 – 특히, 서비스 산업들 – 보다 농업과 광업의 생산 방법에 더 큰 영향을 미칠 것이다. 1차 산업들은 특히 기계화에 적합한 산업들이다. 농업에서 '과학의 진보'(scientific advances)는 특히 농작물 재배에 놀라운 개선과 증대를 가져다주었다. 한 가지 예를 들면, 교배종 옥수수의 품종 개발을 위한 지출로부터 얻은 수익률이 적어도 700%나 되었다.[40] 따라서 농업이 '쇠퇴' 산업(backward industry)이라는 생각은 가장 잘못된 것이다. 또한 농업과 다른 1차 산업들에서 생산성이 지속적으로 증대된다. 농업과 1차 산업들에서 발생하는 생산성의 지속적 증대(secular improvement)는 무엇을 의미하는가? 이는 어떤 현대(선진) 국가가 지속적인 식량 부족에 직면한다면 그 국가는 '생산성의 지속적 증가'만으로도 그 부족을 어느 정도 해소할 수 있다는 것을 의미한다. 그러나 농업에서 자본이 부족하면 대체로 많은 소규모적이고 영세적인 농부들은 새로

게 정부가 주는 보상금 제도로 1956년에 제정됨. 즉, '휴경(休耕) 시 보조금을 지급하는 제도'를 말함. 여기서는 '휴경 농지 은행'을 의미한다.

40 Zvi Griliches, "Research Costs and Social Returns: Hybrid Corn and Related Innovations," *Journal of Political Economy*, LXVI(October 1958), pp. 419~31; Cochrane, *Farm Prices, Myth and Reality*(Minneapolis, 1958), pp. 46~50.

운 기술을 충분히 이용하지 못할 것이다. 따라서 식량 부족이 식량 가격과 농가 소득을 증가시킬 때 생산성의 급격한 증가가 일어날 것이다. 이러한 주장은 사실인가? 몇몇 연구자들은 "미국에서 제2차 세계 대전 기간 동안에 일어난 농업 산출량의 '놀라운' 증가와 다른 기간 동안에 발생한 매우 높은 농가 소득은 부분적으로 이러한 사실에 기인하고 있다"고 주장하였다.[41] 이와 유사한 경향이 제2차 세계 대전 기간 동안 영국에서도 발생하였다. 이와 같이 농업과 여러 다른 1차 산업들에서도 '과학적 진보'가 일어나며, 그 결과 이들 부문에서 지속적인 생산성 증대를 가져다주었다. 따라서 농업과 다른 1차 산업들에서 일어나는 '과학적 진보'는 곧 "농업과 다른 1차 산업들에 더 과학적 방법과 수단들을 사용하여 생산성을 증대시킴으로써 이들 산품의 부족을 충분히 보충할 수 있다"는 것을 의미한다.

셋째, "전쟁과 같은 비상시에 농업 산출량이 왜 크게 증가되는지"에 대한 다른 몇 가지 이유들이 있다. 여기에는 두 가지 이유를 들 수 있다. 우선, 농업이 가지고 있는 어떤 '기술적 특수성'(technical peculiarities) 때문이다. 농업은 고유의 기술적 특수성들로 인해 산출량을 쉽게 증가시킬 수 있으며, 그 결과 식량 수입의 상실을 해소할 수 있다. 둘째, '인간의 영양(human nutrition)과 관련된 (아래와 같은) 어떤 사실들' 때문이다. 사람들의 영양에 관한 어떤 사실들이 식량 수입의 상실로 인한 긴급한 상태를 어느 정도 완화시킬 수 있다. 농업 생산의 기술적 특수성들과 사람들의 영양에 관한 사실들은 영국의 세 차례 전쟁 – 즉, 나폴레옹 전쟁, 제1차 세계 대전, 그리고 제2차 세계 대전 – 에서 매우 분명하

41 Clark, *Conditions of Economic Progress*, p. 271; Cochrane, *Farm Prices, Myth and Reality*(1958), pp. 48~52.

게 나타났다. 그러한 전쟁들에서 식량 부족에 대처하기 위해 영국이 기울인 많은 노력들은 곧 전시 식량 수입의 상실(부족)을 보충하기 위해 국가가 취할 수 있는 많은 효과적인 조치들을 보여 준다.

영국의 경험에 따르면 "평화 시 가축 생산에 곡물을 사용함으로써 인간의 영양소들[42](human nutrients)을 낭비한다"는 사실이다. 이것은 국가가 해외 식량 공급(수입)의 상실로 인해 직면할 위험과 관련하여 유념해야 할 가장 중요하고 유용한 사실이다. 왜냐하면 곡물을 가축들에게 사료로 주기보다 사람들이 직접 소비함으로써 훨씬 더 많은 사람들을 먹여 살릴 수 있기 때문이다. 이는 "단지 가축 생산으로부터 사람들을 위한 곡물 생산으로 이전함으로써 사람들의 영양소로 사용될 농업 산출량을 크게 증가시킬 수 있다"는 것을 의미한다. 이것은 영국에서 두 차례 세계 대전 기간 동안은 물론이고 심지어 나폴레옹 전쟁 시에도 사실이었다. 아서 영(Arthur Young)은 영국 의회 소속 위원회에서 나폴레옹 전쟁 당시 가축 사료용으로 경작된 토지에 비해 인간 영양소(식량)로 경작된 토지에서 훨씬 더 많은 식량이 생산되었다고 주장하였다. 특히, 아서 영은 사람들의 영양소(식량)로 경작된 토지에 비료를 사용함으로써 식량 생산이 3~9배나 더 증가하였다는 여러 추정치들을 제시하였다. 또한 아서 영은 가축 사료용 재배에 비해 사람들의 식용 곡물 재배가 5~6배 우월하다고 생각하였다.[43] 최근 연구 - 예를 들면, Great Britain(1916년), Morrison(1945년), Murray(1955년) - 에 따

42 [역주] '영양소'(營養素)란 생물체의 영양이 되는 물질로 보통 단백질·지방·탄수화물·무기염류·비타민·물의 여섯 가지를 말함.

43 Arthur Young, Report and Evidence of the Select Committee on Petitions respecting the Corn Laws, *Parliamentary Reports*, 1813~14, III, Minutes of Evidence, p. 85; 또한 W. T. Comber, *An Inquiry into the State of National Subsistence*(London, 1809), p. 93을 참고하기 바람.

표 1-2 가축 유형별 에너지 및 단백질 생산량

가축 유형	에너지 생산량(%)	단백질 생산량(%)
육우	7	10
젖소	19	23
양	8	13
돼지	18	12
닭	10	32

르면 이러한 추정치들이 매우 보수적이었음을 보여 주고 있다.[44)]

이러한 이유로 영국은 지난 세 차례 대전쟁 각각에서 '곡물 중심적(생산적) 농업'(crop-oriented agriculture) 정책을 실시하였으며, 그 결과 식량 산출량을 크게 증가시켰다(이러한 정책에 대해서는 다음 장들에서 자세히 설명할 예정이다). 또한 영국은 여러 가축류 생산의 효율성도 고려하였다. 예를 들면, 제2차 세계 대전 기간 동안 영국은 고기 생산을 제한하였으나 우유 생산은 장려하였다. 왜냐하면 당시 영국의 젖소는 단백질과 에너지를 더 효율적으로 생산하였기 때문이다[45)](〈표 1-2〉 참조). 두 차례 세계 대전에서 영국 정부는 버터가 우유 속에 들어 있는 모든 영양소들을 이용하지 못한다는 이유로 버터 생산을 억제하였으나 전유(全乳) 소비는 권장하였다.[46)] 또한 영국은 숫송아지들을 식용으로 살찌우기보다 송아지들을 고기나 어린 암소로 판매함으로써 전시 식량 생산의 효율

44 K. A. H. Murray, *Agriculture*, "History of the Second World War; United Kingdom Civil Series"(London, 1955), p. 44; Great Britain, *The Food Supply of the United Kingdom*, Cd. 8421(1916), p. 27; F. B. Morrison, *Feeds and Feeding*, 20th ed.(Ithaca, N.Y., 1945).

45 Murray, *Agriculture*, pp. 239~40.

46 Great Britain, *The Food Supply of the United Kingdom*, p. 28; Murray, *Agriculture*, p. 240.

표 1-3 곡물 유형별 에이커당 칼로리 생산량

곡물 유형	식량 사용처	칼로리 생산량(에이커당)
사탕무	설탕	4,836,000
감자	감자	4,100,000
밀	밀가루	1,980,000
귀리	오트밀	1,650,000

성을 증가시킬 수 있었다.[47] 〈표 1-2〉는 가축 유형별 에너지 및 단백질 생산량을 보여 주고 있다.

또한 여러 가지 곡물들도 에이커당(per acre) 상이한 '식량 영양소의 양(量)'(즉, 칼로리의 양)을 생산해 낸다(〈표 1-3〉 참조). 예를 들면, 에이커당 감자는 에이커당 밀보다 2배나 더 많은 칼로리를 생산해 낸다.[48]

세 차례 대전쟁 모두에서 영국은 감자 재배를 특별히 장려하였다.[49] 전쟁 당시 영국에서 식량 수입 상실에 대한 '적응력'은 어떻게 향상되었는가? 확실히 영국에서 식량 수입의 상실에 적응할 수 있는 능력(적응력)은 에이커당 최대 영양소의 양(예를 들면, 칼로리의 양)을 생산해 내는 농업 생산 유형(예를 들면, 감자 생산)을 선택할 수 있는 여지에 의해 크게 향상되었다.[50] 그러나 에이커당 생산

47 Great Britain, *The Food Supply of the United Kingdom*, pp. 26~27; T. B. Wood, *Food Economy in Wartime* (Cambridge, 1915); T. B. Wood, *National Food Supply in Peace and War*(Cambridge, 1917).

48 F. Yates and D. A. Boyd, "The Relative Yields of Different Crops in Terms of Food and Their Responses to Fertilizers," *Agricultural Progress*, XXIV, Part I(1949), pp. 14~24.

49 Second Report of the Select Committee on the High Price of Provisions, 1801, *Parliamentary Reports*, First Series, Vol. IX; Patrick Colquhoun, *Useful Suggestions Favourable to the Comfort of the Labouring People*(London, 1795); Sir William Beveridge, *British Food Control*, p. 155; Murray, *Agriculture*, 여러 곳. 물론 추가적 토지 없이 증가시킬 수 있는 생산 유형의 극단적 예는 어업이다. 사람들과 선박들이 충분하다면 어류의 공급은 무한정 증가시킬 수 있다. 이에 대해서는 다음 문헌을 참고하기 바람. Reports of the Committee on the High Price of Provisions, 1800, *Parliamentary Reports*, Vol. IX and the Report of the Herring Industries Committee, *Parliamentary Reports*, 1943~44, Vol. III, Cmd. 6503.

량만을 고려한다면 잘못될 수 있을 것이다. "에이커당 생산량만을 고려한다"는 것은 곧 "전시에 토지가 유일한 희소자원이며, 토지의 가치는 노동가치설(Labor Theory of Value)의 정반대를 의미한다"고 가정하는 것과 같다. 그러나 이러한 가정은 잘못된 것이다.

생산에 사용되는 노동의 각 단위로부터 획득되는 식량 에너지의 양도 상품(농산품)마다 다르다. 그러므로 어떤 농산품(예를 들면, 가축 생산)에서 다른 농산품(예를 들면, 곡물 생산)으로 전환함으로써 주어진 노동력으로부터 더 많은 식량을 획득할 수 있다. 곡물 생산이 가축 생산보다 왜 더 나은가? 곡물 생산은 '토지 경제적'(land economical)일 뿐만 아니라 '노동 경제적'(labor economical)이기 때문에 두 배의 축복을 가져다준다. 그러므로 생산 자원을 가축 사육에서 곡물 재배로 이동시킴으로써 에이커당 산출량뿐만 아니라 노동자당 산출량을 '동시에' 증가시킬 수 있다(즉, 곡물 생산이 토지 경제적이고 또한 노동 경제적이기 때문에 에이커당뿐만 아니라 노동자당 산출량을 동시에 증가시킬 수 있다). 그러나 곡물 생산 내에서도 농작물 유형에 따라 노동의 경제성이 다르다. 예를 들면, 감자와 다른 뿌리채소 농작물들은 곡물 농작물보다 덜 노동 경제적이다. 환언하면, 곡물 농작물이 감자와 여타 뿌리채소 농작물들보다 더 노동 경제적이다. 제2차 세계 대전 말경에 노동력 부족이 더욱 격심해지자 영국은 토지보다 '노동력'에 더 주의를 기울였다.[51)]

또한 특정 농작물의 효율성은 노동이 필요한 '시기'에 달려 있다. 만약 노

---

50 예를 들면, 단백질 생산량은 칼로리 생산 증가의 부산물로서 크게 증가할 것이다. 이에 대해서는 Ernest Starling, *The Feeding of Nations*(London, 1919), p. 64를 참고하기 바람.

51 J. H. Kirk, "The Output of British Agriculture During the War," *Journal of Proceedings of the Agricultural Economics Society*(June 1946), p. 34.

동력을 쉽게 구할 수 있는 '한산한 시기'(off-season)에 노동에 대한 대규모 수요가 있다면 정부는 전시 식량 계획을 더욱 효과적으로 추진할 수 있을 것이다. 또한 만약 추가적으로 필요한 노동력이 여성들, 어린이들, 신체장애자들에 의해 제공된다면 노동 비용은 덜 중요해질 것이다. 이 경우에 감자는 언뜻 보기와 달리 – 즉, 위에서 "감자는 곡물보다 덜 노동 경제적이다"라고 함 – 노동 비용이 덜 비쌀 것이다. 감자 생산에 여성, 어린이, 신체장애자들의 노동력을 사용한다면 감자는 오히려 더 노동 경제적이 될 것이다.

마지막으로, 이제까지 설명한 토지와 노동력 이외에도 많은 다른 요인들 – 예를 들면, 비료 사용량과 농기계 가격, 가축 사육 시 곡물 사용 여부 등 – 이 농작물 재배 유형과 가축 사육 유형을 선택하는 데 영향을 미친다. 우선, 어떤 농작물은 재배하는 데 더 많은 비료와 더 비싼 농기계들을 필요로 한다. 다음으로, 가축 사육의 경우 소, 특히 젖소들은 농작물을 경작할 수 없는 땅에서 자라는 풀을 사용할 수 있고, 무엇보다도 사람들이 소비할 수 있는 곡물을 먹지 않는 이점을 가지고 있다. 그러나 돼지들은 사육 시 사람들이 먹을 수 있는 곡물을 소비한다. 이러한 이유로 제2차 세계 대전 기간에 영국은 양돈(養豚) 수를 절반 이상 감소시켰고, 양계(養鷄) 수를 3분의 1 정도 감소시켰으나, 젖소 사육 수는 오히려 증가시켰다.[52] 영국은 이러한 기타 요인들을 바탕으로 전시 식량 부족에 성공적으로 대처하였다.

만약 '선적 공간의 부족'(shortage of shipping space) 때문에 식량 문제가 발생하면 어떻게 할 것인가? 선적 공간의 부족 때문에 식량 문제가 발생할 때에는

52 Murray, *Agriculture*, Table 16, p. 237.

표 1-4 품목별 선적 공간과 에너지 가치

품목	톤당 선적 공간 (세제곱 피트)	선적 공간(세제곱 피트)당 에너지 가치(칼로리)
(포장하지 않고 선적한) 밀	50	56,000
설탕	45	83,000
지방과 수지	80	118,000
말린 과일	50	55,000
버터	55	143,000
치즈	60	56,000
베이컨	110	39,000
냉동 쇠고기	95	26,000
달걀	120	12,000

'추가적 대체'를 통해 이를 완화할 수 있다. 일부 제품들은 다른 제품들에 비해 (식량 가치 단위당) 부피가 훨씬 더 크고 수송하기 더 어렵다[53](〈표 1-4〉 참조).

〈표 1-4〉에서 보듯이 계란이나 베이컨은 톤당 선적 공간(shipping space)이 가장 크며, 선적 공간당 에너지 가치는 가장 작다. 만약 계란이나 베이컨이 전쟁 발발 이전에 수입되었더라면 그러한 제품들을 단지 국내에서 생산하거나 또는 소비를 감소시킴으로써 커다란 화물 공간(cargo space)을 절약할 수 있다. 또한 계란이나 베이컨 대신에 밀, 설탕, 말린 과일, 버터, 지방 등을 외국에서 수입함으로써 상당한 화물 공간을 절약할 수도 있다. 실제로 영국은 두 차례 세계 대전 이전에 대량의 가축 사료들을 수입하고 있었다. 그러나 당시에 영국이 국내에서 소 사육 사업을 포기함으로써 가축 사료 수입을 줄이고, 그로 인해

53 Sir John Boyd Orr, "The Effects of War on Agriculture," *Transactions of the Highland Agricultural Society of Scotland*, LII(1940), pp. 1~15.

확보된 선적 공간을 사람들이 소비할 수 있는 '농축된'(concentrated) 제품들 – 즉, 선적 공간을 적게 차지하며 에너지 가치가 높은 제품들 – 을 수입하는 데 사용하였다면 영국은 막대한 식량 절약을 이룰 수 있었을 것이다. 이러한 종류의 식량 절약은 두 차례 세계 대전 기간 동안에 '실제로' 일어났다. 이와 같이 영국은 농업 생산 유형들 간의 '대체'를 통해 – 즉, 하나의 농업 생산 유형을 다른 농업 생산 유형으로 대체함으로써 – '에이커당'뿐만 아니라 '노동자당' 식량 영양소들(food nutrients)의 산출량을 증가시킬 수 있었다. 또한 영국은 때때로 선적 공간의 사용과 전시 농업 계획(wartime agricultural program)을 통합함으로써 – 즉, 가축 사료 수입 감소를 통해 확보된 선적 공간을 사람들이 소비할 수 있는 농축된 제품들을 수입하는 데 사용함으로써 – 더 많은 추가 이익을 얻을 수 있었다.

물론 영국의 이러한 적응력(adaptability, 대처력)은 '장기적'으로는 훨씬 덜 두드러지게 나타났다. 왜 그런가? 우선, 영국은 가축보다는 농작물의 중요성을 지속적으로 강조하였지만 경작 후 몇 년 – 아마 단지 2~3년 후 – 이 지나자 토지 산출력(또는 비옥도)이 서서히 감소하였으며, 그 결과 생산성도 하락하였다. 또한 가축을 농작물로 대체하는 정부 정책의 효능이 '수확 체감의 법칙'에 의해 더욱 감소되었다. 즉, 더 많은 토지가 개간됨으로써 추가적인 에이커(토지)들은 경작지로 덜 적합하게 되었다.

또한 당시 영국에서 농작물 대체와 소비 절약의 기회들이 많이 있었다. 첫째로, 평화 시에는 항상 '필수적이지 않은(non-essential) 식량 소비'가 많이 있기 마련이다. 예를 들면, 전시에 상실된 식량 수입의 일부를 대체하기 위하여 평화 시 양조(brewing, 釀造)[54]와 증류(distilling, 蒸溜)[55]에 사용되는 곡물을 더 중요한 용도로 전환시킬 수 있다. 본서에서 다루고 있는 세 차례 대전쟁 모두에서 양조는 영국 정부에 의해 약간 감소되었으나, 증류는 크게 감소되었고, 때때로 주류(酒類) 생산이 전면 중지되었다.[56]

흰색 밀가루 빵을 만들기 위해 밀을 빻을 때 낟알의 약 70%만이 사용되고, 나머지 30%는 다른 용도로 전환된다. 그러나 식량 부족의 시기에 대부분의 낟알은 빵을 만드는 데 사용될 수 있으며, 또한 영양가도 높일 수 있다. 따라서 나폴레옹 전쟁 기간 동안뿐만 아니라 두 차례 세계 대전 기간 동안 일반적인 흰빵(white bread)의 제조는 금지되었다. 이들 전쟁 기간 동안 많은 비중의 낟알을 함유하고 있는 흑빵(brown bread), 즉 '전쟁빵'(war bread)만이 합법적으로 제조될 수 있었다.[57] 이러한 방법으로 절약된 곡물의 양은 그 크기가 매우 클 것이다. 예를 들면, 영국에서 1917~18년에만 추출 과정을 길게 함으로써 5주 이상 분에 달하는 곡물 소비가 절약되었다고 추정되었다.[58] 그러나 나폴레옹 전쟁 기간 동안에는 서민들의 저항으로 빵의 색깔을 바꾸려는 – 즉, 흰빵에서 흑빵으로 – 정부의 대부분 노력은 수포로 돌아갔다.

세 차례 대전쟁 모두에서 영국은 공급이 가장 부족한 식량들 대신에 '상대적으로 풍부한 식량들'을 대체(공급)하였다. 이러한 대체는 어떻게 이루어졌는가? 영국에서 그러한 대체는 식량 배급제(rationing scheme)뿐만 아니라 다른 많은

54 [역주] '양조'란 술·간장·식초 등을 담가서 만드는 일을 말함.
55 [역주] '증류'란 액체를 가열하여 생긴 증기를 냉각시켜 다시 액화하여 성분을 분리·정제하는 것을 말함.
56 이에 대해서는 다음 문헌을 참고하기 바람. 39 and 40 Geo. III, c. 8 and 9(October 12, 1799); *Statistics on the Sale of Intoxicating Liquor*(1917), Cd. 8769; *Orders of the Food Controller*(London, 1918), pp. 99~100; Murray, *Agriculture*, pp. 70~179.
57 Committee on the Assize and Making of Bread, 1800, *Parliamentary Reports*, First Series, Vol. IX; 39 and 40 Geo. III, c. 18(Feb. 20, 1800); *Food Supply of the United Kingdom*(1916), Cd. 8421; *Report of the Conference on the Post War Loaf*, Cmd. 6701, pp. 4~8.
58 *Royal Commission on Wheat Supplies*(1921), pp. 7~9.

방법들을 통해 이루어졌다. 우선, 영국 정부는 종종 밀가루를 다른 농산품들 – 예를 들면, 감자, 보리, 벼 등 – 로부터 추출한 분말로 희석시킬 것을 요구하였다. 1917~18년에 이러한 희석 방법으로 7주 이상의 분량에 달하는 밀 공급을 절약할 수 있었다.[59] 다음으로, 나폴레옹 전쟁 기간 동안에도 영국은 비록 그 정도가 작았지만 더 부족한 식량들 대신에 '더 풍부한 식량들'을 대체(공급)하였다. 나폴레옹 전쟁 당시에 영국은 배급제가 존재하지 않았지만 원조 물자 분배의 변화와 상대 가격의 변화를 통해 그러한 대체를 작은 정도로나마 실시하였다. 당시 영국의 행정 교구(parish) 관리들은 정부로부터 원조 물자로 곡물이나 현금 대신 채소, 생선, 쌀, 수프 등을 공급해 줄 것을 요구받았다[60](그러나 그러한 요구는 가난한 사람들로부터 커다란 저항을 받게 되었다). 마지막으로, 영국은 세 차례 전시 식량 부족 모두에서 산업용이나 말 사료용 곡물 사용의 제한을 통해서도 추가적 절약을 이룰 수 있었다.[61]

또한 정상적인 평화 시에도 확실히 커다란 낭비가 있기 마련이다. 예를 들면, 많은 사람들은 자신의 건강을 위해 음식을 너무 많이 먹는다. 많은 요리사들은 음식을 낭비한다. 이러한 경우에 식량 배급제나 가격 인상이 불필요한 소비를 감소시킬 수 있다. 또한 식량 소비 절약을 위한 '선전 활동'도 큰 도움이 될 수 있다. 이러한 선전 활동은 특히 제1차 세계 대전 기간 동안에 매우 활발

---

59 *Royal Commission on Wheat Supplies*(1921), pp. 6~9.

60 Committee on the Assize and Making of Bread, 1800, *Parliamentary Reports*, Vol. IX; Colquhoun, *Useful Suggestions*; William F. Galpin, *The Grain Supply of England during the Napoleonic Period*(New York, 1925), p. 15. 또한 제2차 세계 대전의 경우 Fenelon, *Britain's Food Supplies*, p. 62 참조.

61 P. C. Reg., 155(Dec. 3, 1800); *Commons Journal*, 55, pp. 882, 890; 39 and 40 Geo. III, c. 29(April 4, 1800); 52 Geo. III(July 8, 1812); *The Diaries and Correspondence of the Right Hon. George Rose*, I(London, 1860), pp. 283~85; *Royal Commission on Wheat Supplies*, pp. 10~11; Murray, *Agriculture*, pp. 134, 171; *Horses Rationing Order*, Cd. 8580.

하게 이루어졌다. 왜냐하면 당시 사람들은 자유방임주의(laissez faire) 원리를 신봉하며 배급제가 오랫동안 연기되기를 바랐기 때문이다.[62] 또한 전시에 식량 소비 절약을 위해 다른 조치들도 사용되었다. 두 차례 세계 대전 기간 동안에 가루 반죽으로 만든 사치스러운 과자들과 여타 사치적인 식량들은 그 소비가 감소되거나 금지되었다.[63] 나폴레옹 전쟁 기간과 제1차 세계 대전 기간 동안에는 때때로 갓 구워 나온 신선한 빵(fresh bread)의 판매가 금지되었다.[64] 1800년에 있었던 제빵업자들의 어떤 증언에 따르면 사람들이 오래된 빵(old bread)을 먹는다면 빵 소비가 1/8~1/3 정도 줄어든다고 말하였다. 그러나 일부 사람들은 그러한 조치들이 사람들의 '이성보다는 미각'(more of taste than reason)에 의존하고 있다고 생각하였다.[65]

심지어 어떤 국가에서 식량 부족으로 소비할 수 있는 식량의 '총량'이 감소할 때에도 사람들의 건강(health)과 복지(well-being)의 평균 수준은 오히려 증진될 수 있다. 왜 그런가? 왜냐하면 배급제에 의한 식량 재분배가 가난한 사람들에게 전에 비해 더 많은 식량을 공급해 줄 수 있기 때문이다. 실제로 이러한 경우는 제2차 세계 대전 기간 동안에 영국에서 일어났다.[66]

---

62 *National Food Journal*, Vol. I(Oct. 24, 1917); Beveridge, *Food Control*, pp. 37~39. 특히, Buckmaster 경은 영국 정부의 식량 선전 활동에 대해 다음과 같이 논평하였다. 즉, "정부가 지금까지 '가짜' 약 상인들이 광범위하게 사용해 온 방법들을 영국 대중들에게 권한다는 것은 매우 불운한 일이다"(Lord Buckmaster, House of Lords(May 8, 1917).

63 예를 들면, *National Food Journal*, Vol. I(August 14, 1918); *Cake and Pastry Order*, Cd. 8852를 참고하기 바람.

64 39 and 40 Geo. III, c. 18(Feb. 20, 1800); *Orders of Food Controller*(London, 1918), p. 30.

65 First Report of Committee on the Assize and Making of Bread, 1800; *Parliamentary Reports*, First Series, Vol. IX; *Annals of Agriculture*, XXXV, pp. 238~29. 그러나 그러한 조치들은 제1차 세계 대전 기간에는 유용하지 못하였다. 왜냐하면 당시 영국 정부가 다른 식량들 대신에 '빵 소비'를 권장하였기 때문이었다.

66 R. J. Hammond, *Food*, "History of the Second World War: United Kingdom Civil Series"(London, 1951), I, pp. 368~71.

식량 부족을 개선(해소)할 수 있는 또 다른 대체 유형은 '생산 요소들의 이전'을 통해서이다. 즉, 생산 요소들을 '덜 필수적인 사용(투입)'으로부터 '식량 생산'으로 이전함으로써 식량 부족을 개선(해소)할 수 있다. 그러므로 재배되는 농산품의 유형에 변화가 없더라도 식량 생산량이 증가될 수 있다. 예를 들면, 추가적인 노동과 자본을 사용(투입)하여 목장들을 풀과 사료를 키우는 '목초지'로 바꿈으로써 더 많은 가축 제품들을 생산해 낼 수 있다. 왜냐하면 목장에서의 가축 방목에 종종 많은 낭비가 발생하기 때문이다.[67] 모든 유형의 식량 생산은 항상 더 집약적인 경작(intensive husbandry)을 통해 증가되어야 한다. 그러나 식량 생산의 증가는 보통 사용(투입)되는 추가적 노동과 자본에 비례하지는 않을 것이다. 또한 선박 부족(shipping shortage)은 선박 산업과 조선 산업에 더 많은 노력을 쏟음으로써 완화될 수 있다. 우선, 나폴레옹 전쟁 기간 동안에 영국은 식량 수입업자들에게 보조금 – 예를 들면, 선박 보조금 – 을 지급해 주었다. 이를 통해 영국은 외국으로부터 대량의 식량을 수입해 올 수 있었다. 식량 수입 산업들에게 지급된 그러한 보조금은 곧 "식량을 획득(수입)하는 데 더 많은 자원들이 사용되었다"는 것을 의미한다. 또한 영국은 두 차례 세계 대전 기간 동안에도 선박 산업에 추가적 자원들(보조금)을 사용(지급)하였다.

마지막으로, 전시 군대에서 필요한 노동력이 전시 식량 계획을 방해하였다. 그러나 다른 곳에서는 거의 긴요하지 않은 노동력 – 즉, 여성, 어린이, 신체적으로 장애가 있는 사람들, 전쟁 포로 등 – 을 사용함으로써 영국은 전시 식

---

67 Morrison, *Feeds and Feeding*, p. 206. 이러한 점에 대한 이전의 인식을 보려면 다음을 참고하기 바람: William Mitford, *Considerations on the Opinion of the Committee of the Council Upon the Corn Laws*(London, 1791), pp. 22~23.

량 생산량을 크게 증가시킬 수 있었다.[68] 제2차 세계 대전 경험에 의하면 당시에는 군대에서의 긴급한 노동 수요에도 불구하고 많은 임시 노동자들과 실업자들이 있어서 영국은 노동력에 있어서 오히려 커다란 순 증가를 기록하였다.[69]

본장에서 이제까지 내가 제시하고 설명한 이론들(theories)과 사실들(facts)은 "단지 식량이 '필수품'이기 때문에 어떤 국가에서 전쟁으로 인한 식량 수입의 상실(loss of food imports)이 다른 재화들의 상실보다 반드시 더 나쁘다"라고 주장할 아무런 근거가 없음을 보여 주고 있다. 그러나 본장은 다음 한 가지 중요한 요소를 무시해 왔다. 이 요소는 공급 부족 상태에 있는 식량과 다른 1차 산품들의 생산 증가를 매우 어렵게 하거나 불가능하게 할 수 있는 것으로 '수확 체감의 법칙'을 말한다. '수확 체감의 법칙'이란 "주어진 토지나 다른 자원들에 사용(투입)되는 노동과 자본의 양이 추가(증가)될수록 생산이 체감적으로(즉, 점점 더 적게) 증가되는 경향"을 말한다. 수확 체감의 법칙이 왜 중요한가? 생산 요소 투입이 증가할수록 수확이 체감하는 이러한 경향은 어떤 국가가 식량 수입의 '대규모' 상실에 효과적으로 적응(대처)하는 것을 사실상 불가능하게 만들 수 있기 때문이다. 어떤 국가에서 전쟁으로 대규모 수입 상실이 발생할 때 국내에

---

68 Lord Ernle, "The Women's Land Army," *The Nineteenth Century and After*, LXXXVII(January, 1920), pp. 1~16; Thomas Middleton, *Food Production in War*(Oxford, 1923), pp. 109~10; H. T. Williams, "Changes in the Productivity of British Agriculture," *Journal of the Agricultural Economics Society*, X, No. 4(March 1954), pp. 332~56.

69 또한 전쟁은 필요한 식량의 양을 다소 증가시킬 것이다. 왜냐하면 열심히 일하는 사람들은 더 많이 먹을 것이고, 또한 사람들은 일반 생활에서보다 군대에서 더 많은 식량을 소비할 것이기 때문이다. 나폴레옹 전쟁 기간 동안의 '식량에 대한 추가 수요'에 관한 흥미 있는 논의를 보려면 다음 문헌들을 참고하기 바란다. Sir Gilbert Blane, *Inquiry into the Causes and Remedies of the Scarcity*(London, 1800), pp. 40~42; Thomas Tooke, *A History of Prices*(London, 1838), I, pp. 90~113.

서 식량 생산을 빠르게 증가시키기 위해 생산 요소의 투입을 크게 증가시키더라도 '수확 체감의 법칙' 때문에 식량 생산이 급속히 증가되지 않을 것이다. 이제까지 우리는 이러한 수확 체감의 법칙을 무시하고 논의를 전개해 왔다.

그러면 우리는 어떻게 식량 부족 문제를 풀 것인가? 식량 부족 문제를 푸는 데 유용한 '연역적(deductive)[70] 또는 이론적(theoretical) 방법'은 없다. 이 문제는 오직 '역사적 조사'를 통해서만 풀 수 있다. 전시 식량 문제에 대처하는 방법으로서 역사적 조사가 왜 중요한가? 오직 역사적 조사만이 전시에 어떤 국가(본서의 경우, 영국)가 식량 부족에 어떻게 적응(대처)하였는지를 실제로 보여 주기 때문이다. 다시 말하면, 역사적 조사만이 무질서하고 혼란한 전쟁 상황에서 정치적·행정적 대처 능력을 가진 어떤 국가가 식량 부족에 경제적으로 어떻게 적응(대처)하였는지를 실제로 보여 주기 때문이다.

8. 본서의 전개 순서

아마도 본서에서 다루고자 하는 '역사적 조사'와 관련된 문제들은 다음 장들에서 구체적으로 논의될 것이다. 우선, 제2장에서는 세 차례 대전쟁에서 나타난 '영국의 전시 식량 문제들'에 대해 '일반 역사적 맥락'[71](general historical context)에서 설명할 예정이다. 또한 '전시 식량 부족을 예상하고 평화 시에 영국이 무엇을 해야 하는지'를 논의하고, 이때 제기한 몇 가지 주장들을 강조하

70 [역주] '연역'(演繹)이란 '일반적인 원리'에서 논리의 절차를 밟아 '특수 원리'를 이끌어 내는 것을 말함.
71 [역주] '맥락'(脈絡)이란 사물이 서로 이어져 있는 관계나 연관을 말함.

고자 한다. 제2장에서 제기한 나의 주장들은 영국의 정치사 및 지적 역사에서 중요한 위치를 차지하는 몇몇 유력 인사들과 경제사상사를 연구하는 몇몇 대가들로부터 커다란 관심을 끌기도 하였다. 다음으로, 제3장은 영국이 '혁명기'(1789~99년) 프랑스와 '나폴레옹 1세기'(1796~1815년) 프랑스와 치룬 오랜 전쟁(1793-1814년)을 다룰 것이다. 특히, 나폴레옹 1세와의 전쟁에서 '대륙 봉쇄'(Continental System; [역주] 1806년 나폴레옹이 영국에 대해 취한 봉쇄 정책)가 영국에 미친 효과를 자세히 살펴볼 것이다. 또한 제3장은 "나폴레옹이 결정적인 순간에 영국에 대한 곡물 수출 금지를 완화하지 '않았더라면' 그는 영국을 격퇴시켰을지도 모른다"는 역사학자들 간의 견해 차이를 설명하고, 이를 해결해 보고자 한다. 제4장에서는 제1차 세계 대전(1914~18년)에서 '영국이 처한 상황'에 관해 살펴보고, 전시 식량 공급(war food supplies)과 관련하여 영국과 독일의 서로 다른 운명을 비교해 보고자 한다. 제1차 세계 대전 이전에 영국은 '자유방임적 농업 정책'을 실시하였으나, 독일은 국내 농업을 보호하기 위해 수입품에 '높은 관세'를 부과하였다. 따라서 당시 양국은 전시 대비에 커다란 차이를 보였다. 이러한 차이는 양국의 전시 식량 부족에 '놀라운 결과'를 가져다주었다. 또한 제1차 세계 대전에서 독일은 '무제한적인 잠수함 공격'(unrestricted submarine campaign)을 통해 영국 선박들을 침몰시킴으로써 영국을 굶겨서 굴복시키려 하였다(그러나 독일의 무제한적인 잠수함 공격은 미국을 제1차 세계 대전에 끌어들이는 계기가 되었다). 실제로 독일 잠수함은 당초 계획하였던 것보다 더 많은 영국 선박들을 침몰시켰다. 그러나 독일 잠수함 공격은 영국의 식량 수입 차단을 통해 영국을 아사(餓死)시켜 굴복시키는 데 실패하였다. 왜 독일 잠수함 공격은 실패하였는가? 독일 잠수함 공격의 실패는 일반적으로 인식되는 '호송선 체제'

(convoy system)와 연합국 해군의 성과 때문이 아니라 '선박 부족에 직면하여 영국이 취한 몇 가지 경제적 적응(대응) 조치들(economic adjustments)' 때문이었다. 제5장은 제2차 세계 대전(1939~45년)에서 영국이 겪은 식량 수입의 매우 심각한 상실(severe loss)에 대해 설명한 후, 그러한 상실에 대처하기 위해 영국이 실시한 여러 '정교한 조치들'에 관해 살펴볼 것이다. 마지막으로, 제6장에서는 영국이 세 차례 대전쟁을 통해 수집한 모든 사실적 증거들(factual evidence)을 통합하여, 이를 본장에서 제시한 나의 '이론적 주장들'과 결부시켜 보고자 한다. 그 결과 본서에서 주장한 나의 이론들과 이를 뒷받침하는 역사적 사실들은 (1) 식량 문제뿐만 아니라 '다른 문제들'과 (2) 영국뿐만 아니라 '다른 국가들'에 대해서도 적용될 수 있으며, 그로부터 여러 의미 있는 시사점들을 얻을 수 있을 것이다.

제2장

식량과 전쟁의 두려움

제2장
식량과 전쟁의 두려움

세 차례 대(大)전쟁이 발발하기 전 평화 시에 '일부' 영국인들은 두 가지를 주장하였다. 첫째, 해외 식량 공급에 대한 의존도를 줄이기 위하여 영국이 항구적으로 농업 생산량을 증가시켜 곡물을 꾸준히 비축할 것을 주장하였다. 둘째, 기아가 전쟁의 다른 재난들과 결부되어서는 안 된다고 주장하였다. 또한 이들은 "농업을 장려하고 생산성을 높이는 모든 실용적이고 합리적인 방법을 통해 … 식량 부족(기근)의 재발 가능성에 미리 대비하기 위한 가장 적합하고 안전한 기간은 바로 식량이 풍부할 때"라고 주장하였다.[1] 그러나 당시 대다수의 사람들은 이러한 우려에 전혀 귀를 기울이지 않았다. 왜냐하면 당시에 이러한 전쟁들을 예상하여 '식량 공급의 안전'에 대비하기 위한 중요한 정부 프로그램들이 마련되어 있지 않았기 때문이었다. 따라서 대다수의 사람들은 '일부' 사람들의 우려에 귀를 기울일 이유가 없었다.

혁명기의 프랑스(Revolutionary France)와 전쟁(1793~1814년)이 있기 전에 영국의

1 Seventh Report of the Select Committee on the High Price of Provisions, *Parliamentary Reports*, First Series, Vol. IX.

'일부' 사람들은 당시 새로이 인식하게 된 영국의 해외 식량 공급에 대한 의존도에 관해 염려하였다. 존 싱클레어(John Sinclair) 경(卿)은 1791년에 쓴 책에서 "만약 우리가 우리 스스로 식량을 공급할 수 없다면 우리는 독립 국가가 아니다"[2]라고 언급하였다. 그러나 당시 영국에서 해외로부터의 식량 공급 문제 – 즉, 영국이 해외로부터의 식량 공급에 지나치게 의존하는 문제 – 에 대해 아무런 중요한 조치들이 취해지지 않았다. 1791년 영국 의회에서 새로운 곡물법(Corn Law; [역주] 영국이 곡물 수입에 대해 중과세한 법으로 1846년에 폐지됨)이 통과되었으나, 이 법을 제안한 곡물수출입규제위원회는 "머지않아 영국은 영국 식량의 일부를 (유럽 대륙이 아니라) 멀리 떨어져 있는 미국으로부터의 식량 수확에 의존해야만 할 것"이라고 예상하였다.[3]

그러나 대부분의 영국 사람들은 이 문제에 대해 심각하게 생각하지 않았다. 특히, 셰필드(Sheffield) 경과 윌리엄 미트포드(William Mitford)는 지주측 대변자로서 '1791년 곡물법'(1791 Corn Law)을 강하게 비난하였다.[4] 그 이유는 1791년 곡물법에 의해 부과된 곡물 수입 관세가 곡물의 자급자족을 가져다줄 만큼 – 즉, 곡물 수입을 완전히 금지할 만큼 – 높지 않았기 때문이었다. 또한 이들은 1791년 곡물법에서 비상시 대비용으로 사용될 곡물 창고 건설 – 물론 곡물 창고는 공적 자금으로 건설함 – 을 규정한 조항에 반대하였다.[5] 마지막으로, 이들은

2 Sir John Sinclair, *Address to the Landed Interest on Corn*(London, 1791).

3 *Committees in Council on Laws Regulating the Importation and Exportation of Corn*(1790), p. 4.

4 John Baker Holyrod, Lord Sheffield, *Observations on the Corn Bill, Now Depending in Parliament*(London, 1791) *and Considerations on the Opinion of the Committee of Council*(London, 1791). 또한 Lord Sheffield가 1791년 2월 22일 의회에서 한 논평들도 참고하기 바람. 또한 '1791년 곡물법'에 대한 다른 견해들을 보려면 다음 문헌들을 참고하기 바람. Edgar Corrie, *Considerations on the Corn Laws*(London, 1791), *the Report of the Town Council of Glasgow on the Corn Bill*(Glasgow, 1791), and *Observations by the Chamber of Commerce and Manufacturers*(Glasgow, 1791).

5 *Committees in Council on Laws Regulating the Importation and Exportation of Corn*(1790), p. 18.

곡물 비축이 식량 부족 기간 동안 큰 이익을 얻을 수 있다는 농부들의 희망을 빼앗아 갈 것이라고 주장하였다.[6)]

또한 에드먼드 버크(Edmund Burke)도 1795년에 피트(William Pitt; 1759~1806년) 총리에게 보내는 진정서인 "식량 부족에 대한 생각과 상술(詳述)"[7)]에서 정부의 또 다른 '곡물 저장 제안'을 다음과 같이 신랄하게 비난하였다(버크는 그 당시 영국 정부가 또 다른 곡물 저장 제안을 고려중이라는 이야기를 듣고 진정서를 쓰게 되었다).

> "정부가 나서서 영국 전역에 걸쳐 그러한 곡물 창고를 짓는다면 추정할 수 없을 정도의 많은 경비가 들 것이다. 영국에서 농업이 시작된 이래로 오늘날까지 … 농부의 건초 저장소, …, 헛간 등이 영국의 유일한 곡물 창고였다. … 정부가 시장에 나타나는 순간(즉, 정부가 나서서 곡물 창고를 짓는 순간) 시장의 모든 원칙들이 깨어질 것이다."(Burke, 1795)

그러나 프랑스와의 세 차례 전쟁 기간 동안 영국이 경험한 식량 부족 시기들은 식량 부족에 대비하기 위한 '항구적인 정책'(permanent policy)을 마련하려는 사람들의 수를 잠시나마 늘어나게 하였다. 영국 내에서 수년 동안의 흉작, 유럽에서의 혼란, 나폴레옹의 영국과의 무역 금지 등은 1795~96년, 1800~1년, 1812~13년에 영국에서 심각한 식량 부족을 가져다주었다. 이에 1813년 영국 곡물무역위원회(Committee on the Corn Trade)는 "영국 정부는 곡물에 대한 관세를 과

6 Abstract of Lord Sheffield's Speech in Parliament on March 11, 1791, in *Parliamentary Debates*, XXVIII, pp. 1379~81 and *Observations*, pp. 50~51; Mitford, *Considerations on the Opinion*, p. 14를 참고하기 바람. 다른 견해를 보려면 Edgar Corrie, *Corn Laws*, pp. 60~61을 참고하기 바람.

7 Edmund Burke, *Works*(London, 1852), V, pp. 189~211, 특히 pp. 201~2.

거에 부과해 왔던 수준보다 훨씬 더 높게 인상시켜야 한다"고 권고하였다.[8] 곡물무역위원회의 위원장이었던 헨리 파넬(Henry Parnell) 경은 영국 하원에서 "우리들은 충분한 식량 공급을 위하여 우리의 적들에게 계속 의존해야만 하는 심각한 위험 이외에 어떤 다른 요인도 고려하지 않았다"고 말하였다.[9] 마침내 영국 의회는 다음 해(1814년)에 곡물법에 대한 청원(請願)[10]을 검토하기 위하여 의회에 특별위원회를 만들었다. 영국 의회는 곡물법 청원 특별위원회를 만들면서 "만약 사람들이 그들의 생존 수단(즉, 식량)이 해외로부터의 공급에 덜 의존한다면, 길고 힘든 생존 경쟁(또는 식량 부족) 기간 동안 사람들이 감수해야만 하는 수많은 희생들과 결핍들은 크게 줄어들 것이다"라고 주장하였다.[11]

당시 맬서스(Thomas Malthus; 1766~1834년)도 미래의 전쟁들에 대비하여 최소한 부분적으로 영국의 '높은 관세' 부과를 지지하였다. 그러나 맬서스는 곡물에 대한 관세가 경제 진보를 저해하고, 심지어 인구를 감소시킬 것이라고 인식하였다. 더구나 맬서스는 "관세가 농부들의 '공정한 생계 소득'을 보장하기 위하여 반드시 법으로 규정되어야 한다"는 주장에 깜짝 놀라기까지 하였다. 맬서스는 "이것은 정부의 직분(職分)이 아니다"라고 말하였다. 그러나 애덤 스미스(Adam Smith; 1723~90년)와 마찬가지로 맬서스도 "방위([역주] 여기서는 '식량 안보')가 풍요(opulence)보다 더 중요하다"는 점을 인정하였고, "영국은 해외 공급

---

8 *Parliamentary Reports*, Sess.(1812~13), III.

9 Abstract from *Parliamentary Debates*, XXVI, p. 645. 이러한 견해에 대한 비판은 *The Speech of the Rt. Hon. George Rose*(London, 1814)를 참조하기 바람. 또한 이 연설은 식량 창고 건설 사업을 찬성하고 있다.

10 [역주] '청원'이란 국민이 법률에 정한 절차에 따라 손해의 구제, 공무원의 파면, 법률·명령·규칙 등의 제정이나 개폐, 그 밖의 일을 국회·관공서·지방 자치 단체의 의회에 청구하는 일을 말함.

11 Select Committee on Petitions respecting the Corn Laws, *Parliamentary Reports*, Sess.(1813~14), III. 또한 George Skene Keith 신부는 *General Observations on the Corn Trade*(Edinburgh, 1814)라는 소책자에서 "외국 곡물 수입에 의지하는 것보다 더 바보스러운 일은 없을 것이다"라고 말하였다.

에 대체로 영향을 받지 않을 정도로 아주 높은 관세를 부과해야 한다"고 결론 지었다.[12)]

맬서스의 이러한 생각은 자신의 친구인 리카도(David Ricardo; 1772~1823년)에게는 지나친 것이었다. 당시 리카도의 생각은 맬서스와 아주 달랐다. 리카도는 자신의 유명한 '지대 이론'(theory of rent)을 최초로 발표한 소책자에서 "국가는 가장 생소한 경우에만 '관심이 아니라 열정으로부터' 행동할 수 있으며, 그러한 경우에는 영국의 식량 공급을 중단할 수 있다"고 주장하였다.[13)] 또한 리카도는 이 소책자에서 "나는 '전쟁에도 불구하고 우리는 우리의 소비를 위하여 외국에서 특별히 재배한 곡물을 자유롭게 공급해야만 한다' 는 사실을 분명히 인정한다"고 말하였다. 심지어 "보나파르트(Napoleon Bonaparte; 프랑스 황제, 1769~1821년)가 영국에 가장 호의적이지 않았을 때에도 그는 영국이 흉작으로 국내 곡물 가격이 높았을 때 영국으로의 곡물 수출을 '허가'에 의해 허용해 주었다."[14)]

---

12 T. Malthus, *Observations of the Effects of the Corn Laws*, 2nd ed.(London, 1814); T. Malthus, *Grounds of an Opinion on Restricting the Importation of Foreign Corn*(London, 1815). 맬서스(Malthus)는 1814년에 쓴 첫 번째 소책자에서 적당한 수준의 관세보다 더 비경제적인 것에 대해서는 찬성하지 않았다. 그러나 맬서스는 1815년에 쓴 두 번째 소책자에서 곡물 수확이 평년작(平年作)을 기록한 해들에는 국내에서의 '독립적 공급'에 찬성하였다. 또한 Edmund Silberner, *The Problem of War in the Nineteenth Century Economic Thought*(Princeton, 1946)를 참고하기 바람.

13 Ricardo, *An Essay on the Influcnce of a Low Price of Corn on the Profits of Stocks, with Remarks on Mr. Malthus' Two Last Publications*(London, 1815), pp. 29~31. 리카도의 지대 이론에서 '전시 식량 부족의 중요성'을 보려면 본서 pp. 106~7을 참고하기 바람.

14 Ricardo, *An Essay on the Influence of a Low Price of Corn on the Profits of Stocks, with Remarks on Mr. Malthus' Two Last Publications*(London, 1815), p. 32. 나폴레옹은 '1809~10년에만' 영국으로의 상당한 양의 '곡물 수출'을 허용하였다. 그러나 나머지 전쟁 기간 동안에는 곡물 수출을 허용하지 않았다(이에 대해서는 본서 p. 63을 참고하기 바람). 또한 Ricardo's Letter to Malthus on February 13, 1815, in Piero Sraffa, ed., *Works and Correspondence of David Ricardo*, VI(Cambridge, 1952), pp. 176~78을 참고하기 바람. 특히, 리카도는 "영국이 자유무역을 통해 외국으로부터 다량의 곡물을 수입한다면 곡물 수출국들(예를 들면, 프랑스) 내 농업 집단들은 수입국인 영국을 봉쇄함으로써 보는 대규모 경제적 손실에 대해 크게 반대할 것이다"라고 주장하였다. 이러한 주장을 통해 리카도는 자신의 견해를 뒷받침하였다.

영국 하원에서 베링 의원(Mr. Baring)은 경제학을 '분석의 체계'가 아니라 거의 '종교적인 교의'로 만들려는 대중적 경향의 초기 단계를 보여 주었다. 베링 의원은 하원에서 "전시 식량 부족으로부터 영국을 보호하기 위한 어떤 시도는 '자연에 의한 현명한 공급'(wise provision by nature)에 정반대되는 행위이다"라고 말하였다.[15] 여기서 '자연에 의한 현명한 공급'이란 자연이 각국의 농산물 생산을 다르게 함으로써 모든 국가들이 서로 간에 의존하게 해주는 것을 말한다. 그러나 당시 '자급자족 옹호론'이 승리를 거두었다. 자급자족 옹호론은 주로 정치적으로 힘센 지주 측에게 잘 맞았기 때문이었다. 마침내 1815년에 영국 의회는 유례가 없을 정도의 '높은 곡물 관세'를 통과시켰다.

빈 회의(Congress of Vienna; [역주] 나폴레옹 전쟁 후 1814~15년 오스트리아의 수도인 빈에서 열렸던 국제 평화 회의를 말함) 이후 오랜 평화 기간 동안 영국에서 자주적인 식량 공급에 대한 염려는 점차 사라지게 되었다. 시간이 지남에 따라 영국에서 '자유방임(laissez faire)의 정서'가 놀라울 정도로 우세해졌다. 더구나 일부 열렬한 자유무역주의자들(free traders)은 심지어 전쟁의 위급한 사정이 과연 '자연적인' 시장의 힘(natural market forces)을 구속할 수 있을지, 또는 비교우위의 법칙(law of comparative advantage)을 무효화할 수 있을지에 대해 의혹을 품기까지 하였다. 드디어 영국에서 곡물법이 존재해 있을 기반을 잃게 되었다. 마침내 1846년에 곡물법들(Corn Laws)이 폐지되었다. 그 결과 전시 식량 공급 문제는 공적 논쟁에서 거의 주목을 받지 못하였다.[16]

---

15 Abstract from *Parliamentary Debates*(Feb. 22, 1815), XXIX, pp. 965~79, 특히 p. 972.

16 포터(G. R. Porter)는 자신의 저서인 *The Progress of the Nation*(London, 1836)에서 "영국처럼 인구가 많은 국가를 부양하는 데 필요한 충분한 식량을 수입하는 것은 경제적으로 불가능하다" 고 주장하였다. 따라서 국내 농업은 항상 인구와 같은 보조로 증가할 것이다(G. R. Porter, *The Progress of the Nation*, pp. 143~44).

그러나 미국의 남북 전쟁(Civil War) 기간 동안(1861~65년) 영국에서 다음과 같은 가능성이 제기되었다. 만약 남북 전쟁 기간 동안 영국이 미국으로부터 밀을 계속해서 수입할 수 없었다면 영국은 아마 심각한 식량 부족을 겪었을 것이다. 이러한 가능성은 당시 영국에서 상당한 주목을 받았다. 이러한 추론의 근거는 다음과 같다. 즉, 만약 영국이 남부 연방(Confederate; [역주] 1860~61년 사이에 아메리카합중국을 탈퇴해서 남북 전쟁을 일으킨 미국 남부의 11개 주)의 면화보다 더 많은 양(또는 그 정도)의 아메리카합중국(United States)산 밀을 필요로 하였다면, 이는 남북 전쟁에서 북부 여러 주들에 대한 영국의 태도에 틀림없이 영향을 미쳤을 것이다. 그러나 사실상 영국이 미국으로부터 밀이 수입되지 않았다면 식량 공급에 어려움을 겪었을 것이라는 주장에 대해서는 아무런 근거가 없다. 왜냐하면 당시 영국은 충분한 대체 공급원을 가지고 있었기 때문이다.[17]

영국에서 밀 가격은 1846년 곡물법(Corn Laws) 폐지 이후 25년 이상 동안(즉, 1872년까지) '강세'를 유지해 왔다. 왜 그런가? 비록 국경 국가들(frontier countries)의 정착과 운송 개선 등이 진행되어 왔지만, 점점 커지는 국내 시장에서 영국 농부들의 지배를 능가할 정도는 아니었기 때문이었다. 다시 말하면, 국내 시장에서 영국 농부들이 지배하였기 때문에 영국 내 밀 가격은 강세를 유지해 왔다. 그러나 곡물법이 폐지되고 27년이 지난 1873년부터 영국에 전례 없는 곡물 수입의 홍수가 쇄도하였다. 이로 인해 1873년부터 1896년까지 영국의 밀 가격

17 이 주제에 관한 정보를 알려면 다음 문헌들을 참고하기 바람. Eli Ginzberg, "The Economics of British Neutrality during the American Civil War," *Agricultural History*, X(1936), pp. 147~56; Ephraim Douglass Adams, *Great Britain and the American Civil War*, 2 Vols.(New York, 1925), II, pp. 13~18: Thomas Bailey, *Diplomatic History of the American People*, 6th edition(New York, 1958), pp. 333~38; Frank Owsley, *King Cotton Diplomacy*(Chicago, 1931); Louis Bernard Schmidt, "The Influence of Wheat and Cotton on Anglo-American Relations during the Civil War," *Iowa Journal of History and Politics*, XVI(July 1918), pp. 400~39.

은 가차 없이 하락하였다. 그 결과 영국의 밀 경작이 크게 감소하게 되었다. 1896년에 이르러서 영국의 밀 재배 면적은 1860년대 수준의 약 3분의 1 정도로 크게 감소되었다.[18] 한편, 인구는 19세기 동안 실제로 3배나 증가하였다. 따라서 영국은 국내에서 필요한 밀의 약 5분의 4를 해외에서 수입하게 되었다.[19]

해외로부터의 식량 공급(식량 수입)에 대한 이러한 심한 의존도는 몇몇 강경한 영국인들을 성가시게 하였다. 마스톤(R. B. Marston)은 『전쟁, 식량 부족 및 식량 공급』이라는 책에서 영국의 위험한 식량 사정을 필사적으로 지적하였다.[20] 마스톤은 이 책을 통해 식량 비축과 농업 보호를 위한 많은 제안들을 내놓았다. 또한 미 해군에서 근무하는 마한(A. T. Mahan)이 쓴 『해군력이 역사에 미치는 영향』이라는 학문적인 문서는 전시의 식량 대비를 주장하는 사람들에 의해 자주 인용되었다. 마한은 이 문서에서 영국의 취약한 식량 사정을 설명하고, 영국은 전쟁 발발 시 아마 17세기에 네덜란드가 걸었던 전철(前轍)을 밟게 될 것이라고 암시하였다.[21]

이러한 논의는 1902년 1월에 이르러 최고조에 달하였다. 이때 영국 의회(하원)에서 시튼-카(Seton-Karr) 의원이 정부의 전시 해외 식량 의존에 대한 위험을

---

18 Mancur Olson, Jr. and Curtis Harris, Jr., "Free Trade in Corn," *Quarterly Journal of Economics*, LXXIII(Feb. 1959), pp. 145~68. 일부 학자들은 "1873~96년이 사실상 농업 불황기가 아니었다"고 주장한다. 왜냐하면 당시에 가축 생산이 만족스러운 소득 원천이었기 때문이다. 그러나 "영국에서 밀 생산이 크게 감소하였고, 그로 인해 해외 식량에 대한 의존이 크게 증가하였다"는 사실은 논쟁의 여지가 없다.

19 *Royal Commission on Supply of Food and Raw Materials in Time of War*, Cd. 2643(1905), Appendix No. 1, pp. 86~87.

20 R. B. Marston, *War, Famine and Our Food Supply*(London, 1897); R. B. Marston, "Corn Stores in Wartime," *Nineteenth Century*, XXXVIII(Feb. 1896), pp. 236~39; W. E. Bear, "Our Food Supply in the Event of War," *The National Review*, XXVII(April 1896), pp. 197~207; Ernest E. Williams, *The Foreigner in the Farmyard*(London, 1897); John T. Danson, *Our Commerce in War and How to Protect It*(London, 1897); H. Rider Haggard, *Rural England*(London, 1902), II, p. 560.

21 A. T. Mahan, *The Influence of Sea Power Upon History*, 11th edition(Boston, 1896), pp. 37~38.

조사하기 위해 특별위원회 설치를 제의하였다. 이러한 제의는 단순히 예언적인 아닌 '활발한' 논쟁을 불러일으켰다. 시튼-카 의원이 생각하기로 당시 영국의 가장 큰 위험은 미니애폴리스(Minneapolis; 미국 미네소타주 최대 도시) 곡물 상인들이 밀을 매점해서 밀 가격을 영국인들의 지불 능력 이상으로 올리는 것이었다.

그러나 의회에서 시튼-카 의원의 제안은 많은 반대에 부딪치게 되었다. 그의 반대자들은 미국 곡물이 항상 공평한(중립적인) 최저가격으로 영국에 도착할 것이라고 주장하였다. 또한 이들은 정부의 전시 식량 프로그램은 그 유형이 어떠하든 자유방임주의 경제학의 교리에 위배되므로 그러한 프로그램은 고려할 가치조차 없다고 주장하였다.[22] 심지어 윌리엄 하코트(William Harcourt) 경은 정부의 곡물 저장을 위한 어떤 계획도 '미친 짓'이라고 말하였다. 또한 영국 상무부(Board of Trade) 장관인 제럴드 밸푸어(Gerald Balfour) 의원도 "전시 식량 부족에 대비하여 국가(정부)가 식량 배급 계획안을 입안해야 한다"는 어떤 제안에 대해 다음과 같이 강하게 비난하였다.

> " … 영국 정부가 영국의 전 국민들에게 식량 배급을 해준다는 생각은 … 우리가 생각할 수 있는 가장 불합리하고 터무니없는 생각들 중의 하나이다. … 만약 영국이 필요한 만큼의 상선대(商船隊)를 가지고 있으면 그것으로 충분하다. 그러나 만약 필요한 만큼의 상선대를 가지고 있지 않다면 필요한 것은 조사가 아니라 명백하고 필수적인 의무를 게

22 *Parliamentary Debates: Commons*(Jan. 1902), LXI, pp. 1077~63.

을리해 온 정부의 탄핵이다."[23)]

또한 깁슨 보울스(Gibson Bowles) 의원도 국가의 식량 배급 계획안을 다음과 같이 비난하였다.

> "나는 영국 섬들의 지리적 위치 때문에 영국 정부가 우리의 모든 항구들을 봉쇄할 수 없다고 생각합니다. … 또한 영국 섬들에 대한 수로들도 너무 넓고 길어서 영국을 포함한 세계의 모든 함대와 선대(船隊)가 영국을 봉쇄하는 것은 절대로 불가능할 것입니다. … 만약 영국의 해군 본부 위원회가 정부가 전시에 곡물을 공급하지 못하게 한다면 그들을 체포해서 타워 힐(Tower Hill: 영국의 옛날 처형장)에서 참수해야만 할 것입니다."[24)]

이와 같이 윌리엄 하코트, 제럴드 밸푸어, 깁슨 보울스 등은 정부의 '전시 식량 배급 계획안'을 강하게 반대하였다. 그러한 반대에 직면한 시튼-카 의원은 마침내 전시 식량 조사 제안을 철회하였다. 그러나 그 후에도 몇몇 개별적인 주장들이 여전히 논쟁에 활기를 불어넣었다. 예를 들면, 나폴레옹 전쟁 전문가인 홀란드 로즈(J. Holland Rose)는 1902년 3월호 『월간 리뷰』에서 색다른 주장을 펴는 하나의 논문을 발표하였다.[25)] 홀란드 로즈는 "나폴레옹 전쟁 시 영

23 *Parliamentary Debates: Commons*(Jan. 1902), LXI, pp. 1142~44.
24 *Parliamentary Debates: Commons*(Jan. 1902), LXI, pp. 1153~60.
25 J. Holland Rose, "Our Food Supply in the Napoleonic War," *Monthly Review*, VI(March 1902), pp. 63~76.

국의 식량 공급"이라는 논문에서 "나폴레옹 전쟁 역사는 '전시 식량 조사'(war food inquiry)에 대한 긴급한 필요성을 보여 준다"고 주장하였다. 왜냐하면 만약 나폴레옹이 1810년에 일시적으로 영국에 대한 식량 수출을 허용하지 않았다면 영국은 아마 그 전쟁에서 패했을 것이기 때문이다(앞에서 언급하였듯이 나폴레옹은 1810년에 영국에 대한 식량 수출을 일시적으로 허용하였다).

이윽고 영국 정부는 '왕립 전시 식량 및 원료 공급 위원회'를 설치하기로 결정하였다. 그 결과 이 위원회는 1905년 다음과 같은 역사적인 결론을 내놓았다. 즉, "영국에서 식량 공급이 완전 중지될 위험이 없을 뿐만 아니라 식량 공급이 심각한 방해를 받을 가능성도 없다."[26] 이러한 결론은 당시 영국에서 전쟁 전에 대부분의 영향력 있는 사람들에 의해 '절대 진리'로 받아들여졌다.[27]

당시 영국에서 '수입에 의한 식량 공급'(또는 '해외 식량 공급')에 대한 염려는 거의 존재하지 않았다. 그러나 모두가 그러한 것은 아니었다. 당시 영국에서 가장 논리정연하고 영향력 있었던 몇몇 시인과 소설가들 – 예를 들면, 키플링과 코넌 도일 등 – 은 '영국의 해외 식량 의존'에 대해 매우 염려하였다. 그러나 이들은 당시의 일반적이고 지배적인 분위기 – 즉, 해외로부터의 식량 공급 위험은 없다 – 를 바꿀 수는 없었다. 우선, 러드야드 키플링(Rudyard Kipling: 영국의 시인 및 소설가, 1865~1936년)은 "거대한 증기선"(Big Steamer)이라는 시(詩)를 통해 '영국의 식량 수입 의존의 정도'에 대해 분명하게 염려하였다.[28]

---

26 Cd. 2643(1905), p. 59.
27 Great Britain, Agricultural Tribunal of Investigation, *Report*, Cmd. 2145(1924), VII, Supplementary Memorandum on Defence by Sir William Ashley, p. 209.
28 Rudyard Kipling, *Rudyard Kipling's Verse, Inclusive Edition, 1885~1918*(New York, 1920), pp. 765~66.

"오! 거대한 증기선들이여,
당신들은 영국의 석탄을 싣고 바다와 파도를 건너 어디로 가나요?"
"우리는 여러분들에게 빵, 버터, 소고기, 돼지고기, 양고기, 달걀, 사과, 치즈 등을 가져다주기 위해 외국으로 갑니다."

…

"그러나 만약 항해 중에 당신의 거대한 증기선들에게 무슨 일이 생긴다면, 만약 당신의 증기선이 바다에 난파된다면 어떻게 되나요?"
"그러면 여러분들은 아침 식사 때 커피나 베이컨을 먹지 못할 것이며, 차(茶)를 마실 때 머핀이나 토스트를 곁들이지 못할 것입니다."

…

"그러면 우리는 당신의 거대한 증기선들을 위해 무엇을 해야 하나요? 오, 우리는 바다에서 당신의 안락과 안전을 위해 무엇을 할 수 있나요?"
"넓은 바다를 경계하고, 어느 누구도 여러분들이 먹을 식량을 가져오는데 막지 못하도록 우리들에게 커다란 군함들을 보내주십시오."

"우리의 거대한 증기선들은
여러분들이 먹는 빵과 조금씩 베어 먹는 비스킷,
여러분들이 먹는 사탕과 썰어서 먹는 고깃덩어리 등을
매일 여러분들에게 가져다줄 것입니다.
만약 어떤 사람이 우리의 거대한 증기선들이 영국으로 오는 것을 막는다면 여러분들은 굶어 죽을 것입니다!"

([주] 여기서 마지막 문단의 이탤릭체는 키플링 자신이 한 것임.)

또한 유명한 소설가인 아서 코난 도일(Arthur Conan Doyle; 영국의 추리소설가, 1859~1930년) 경은 키플링보다 영국의 식량 공급에 대해 훨씬 더 염려하였다. 코난 도일 경은 1913년 격주간지인 『리뷰』에서 '영국의 미래 식량 공급'에 대한 어두운 예언으로 가득 찬 논문 한 편을 발표하였다.[29] 이 논문과 다른 저서에서 코난 도일은 다음과 같이 '잠수함'이 영국 식량 위험의 최대 원인일 것이라고 예언하였다. 즉, "영국 해협(English Channel)과 아일랜드해(Irish Sea; 아일랜드와 잉글랜드 사이의 바다) 입구에 정박해 있는 수많은 잠수함들이 영국과 영국 섬들에 어떤 결과를 가져다줄지는 나의 추측을 넘어서는 것이다"라고 묘사하였다. 예를 들면, "영국 이외의 다른 선박들은 파괴될 것이고, 그로 인해 국제적 분쟁들이 초래될 것이다".[30] 그러나 이보다 더 심각한 문제들이 발생할 것이다. 코난 도일은 자신의 소설을 통해 그러한 문제를 언급하였다. 코난 도일은 영국인들에게 '잠수함'이 가져다줄 위험을 경고하기 위하여 "위험(Danger)!"이라는 단편 소설을 쓰기까지 했다. 이 소설에서 코난 도일은 보잘것없는 군사력과 해군력을 가진 어느 한 가상 국가가 서너 대의 잠수함을 가진 영국을 어떻게 격퇴시키느냐를 보여 주었다. 이 소설의 가상에 따르면 영국 잠수함들이 영국 해군만 남기고 다른 배들이 영국 항구에 들어오는 것을 봉쇄하기 위해 출정하는 장면으로 시작하였다. 즉, 영국 잠수함들이 영국 해군 이외의 배들의 입국 봉쇄를 가상하였다. 과연 이러한 '잠수함 봉쇄 작전'(submarine campaign)의 결과는

29 Arthur Conan Doyle, "Great Britain and the Next War," *The Fortnightly Review*, DLIV(Feb. 1913), pp. 219~36.

30 Arthur Conan Doyle, "Great Britain and the Next War," *The Fortnightly Review*, DLIV(Feb. 1913), p. 231; John Dickson Carr, *The Life of Sir Arthur Conan Doyle*(London, 1949), pp. 273~75; Sir Arthur Conan Doyle, *Memories and Adventures*(London, 1924), pp. 316~25.

어떠하였는가? 그러한 잠수함 봉쇄 작전이 시작된 지 몇 주 만에 영국의 곡물 가격은 유례없이 상승하였고, 곡물을 구하기 위한 시민 투쟁이 영국의 사회 구조를 다음과 같이 갈기갈기 찢어 놓았다. 즉, "라나크셔(Lanarkshire) 탄광들과 미들랜즈(Midlands; 잉글랜드 중부 지역들)에서 심각한 폭동이 일어났고, 런던 동부 지역에서 사회주의 봉기가 일어났다. 이러한 사태들은 영국에서 당시 내란의 정도를 보여 주었다."[31] 그러나 '식량 봉쇄'는 영국을 훨씬 더 깊은 고통으로 몰고 갔다. 코난 도일은 그때의 상황을 다음과 같이 서술하였다.

> "대도시들에서 굶주린 군중들은 시청 앞에서 빵을 달라고 아우성쳤고, 공무원들은 어디서나 성난 폭도들의 공격을 받거나 종종 죽임을 당하기도 하였다. 성난 폭도들은 주로 자식들이 눈앞에서 죽어 가는 모습을 보고 절망 상태에 빠진 여성들이었다. 반면에 시골 지역에서는 모든 종류의 뿌리, 나무껍질, 심지어 잡초들까지 식량으로 사용되었다. 런던의 경우 군인들이 초소를 만들어 장관과 대신들의 개인 대저택들을 보호하였고, 근위대들은 의회 건물 주변에서 진을 치고 상시적으로 경계하였다."[32]

코난 도일은 자신의 나쁜 예언이 적중되지 않으려면 세 가지 방법이 있다고 생각하였다. 첫째, (당시 자유당(Liberal) 정치인들이 어떻게 생각하든) 영국 농업을 보호

31 Arthur Conan Doyle, *Danger! and Other Stories*(London, 1918).
32 Arthur Conan Doyle, *Danger! and Other Stories*(London, 1918), pp. 1~49, 특히 pp. 40~41. 이 소설은 *The Strand Magazine*에서 처음 발표되었다.

하고 확대해야 한다. 둘째, (유럽 대륙으로부터 식량 공급이 가능하도록) 영국 해협 아래에 철도 터널을 건설해야 한다. 셋째, (외부로부터 공격을 받지 않고 영국으로 식량을 운반할 수 있는) 잠수함 화물선을 건조해야 한다.[33]

당시(1918년) 영국 총리는 코난 도일 경의 이러한 제안들에 대해 아무런 언급이 없었다. 또한 영국의 유력 신문인 타임즈(*The Times*)는 '켄트(Kent; 잉글랜드 남동부의 주) 앞바다에 정박해 있는 25대의 잠수함 그림과 아일랜드 해협에 있는 25대의 잠수함 그림'을 멋지게 그린 후 이를 조롱하는 기사를 게재하였다.[34] 코난 도일의 무서운 예언들은 당시 상당한 주목을 받았으나 실제 행동으로 연결되지는 못하였다. 왜 그런가? 당시 영국인들의 해군과 자유방임주의에 대한 보편적 믿음은 영국의 식량 공급에 대해 의심할 여지를 남겨 두지 않았다. 이러한 자기만족적 낙관주의는 제1차 세계 대전(1914~18년) 발발 후까지도 보편적으로 유지되어 왔다. 영국인들 사이에서 이러한 믿음이 너무 확고해서 심지어 제1차 세계 대전 발발 후 처음 2년 동안(즉, 1914~15년) 국내 식량 생산량을 증가시키거나 식량 소비를 제한하려는 어떠한 대규모 프로그램도 없었다.[35]

그러나 1917년 2월 독일의 '무제한적인 잠수함 공격'으로 상선들이 침몰됨으로써 이러한 안도감은 마침내 사라지게 되었다. 독일군은 영국 선박들뿐만 아니라 중립국 선박들도 공격하였다. 당시 영국의 농업상이었던 애디슨

---

33 Arthur Conan Doyle, *Danger! and Other Stories* and *Memories and Adventures*(London, 1918) and "Great Britain and the Next War," *The Fortnightly Review*, DLIV(Feb. 1913), p. 233; John Dickson Carr, *The Life of Sir Arthur Conan Doyle*(London, 1949), pp. 273~75.

34 John Dickson Carr, *The Life of Sir Arthur Conan Doyle*(London, 1949), p. 275; Arthur Conan Doyle, *Memories and Adventures*(London, 1924), pp. 316~25.

35 제1차 세계 대전이 개시된 직후에 밀을 비축하려는 시도가 있었고, 설탕 비축 위원회가 설립되었다. 그러나 이러한 느리고 미약한 조치들은 큰 성과를 거두지 못하였다.

(Addison) 경은 그때의 상황을 다음과 같이 묘사하였다.

"1917년 어느 날 34대 가량의 선박들이 독일군의 공격으로 침몰하였다. 여러 번에 걸쳐 우리(영국)의 설탕 비축량은 거의 동이 날 지경이었다. … 국가와 기아를 구분하는 선(線)을 구분할 수 없을 정도였다."[36]

과거 어느 한 영국 농업상이 말한 이 이야기는 (다소 과장되었지만) 영국의 일상 식량이 전쟁의 장난에 달려 있다는 당시 상황의 충격을 잘 나타내 준다.[37] 이러한 걱정은 독일의 전례(前例)에 의해 고조되었다. 독일은 제1차 세계 대전 후반기 동안 '사실상의 기근'을 경험하였다.[38] 이러한 이유로 1917년에 영국은 국내 식량 생산을 증가시키기 위한 두 가지 '긴급 프로그램'을 도입하였다. 첫째, 영국 전역에서 목초지들을 개간하여 씨를 뿌리고 곡물을 거두어들였다. 둘째, 식량 배급(food rationing)을 실시하였다.

다니엘 홀, 크리스토퍼 터너, 그린 등은 제1차 세계 대전의 무시무시한 경험을 바탕으로 "영국이 다시 식량 부족에 포위당하지 – 즉, 식량 공급 위험 상태에 직면하지 – 않으려면 영국의 농업 부문을 확대해야 한다"고 권고하였

---

36 Lord Addison, *A Policy for British Agriculture*(London, 1939), p. 205.

37 Lord Ernle에 따르면 식량 공급에 대한 이러한 관심은 나중에 식량 배급이 보편화될 때까지 일반 대중들에게 심각한 문제로 전혀 인식되지 못하였다. Lord Ernle이 농업부 장관으로서 국내 식량 생산 증대의 필요성에 대해 연설하였을 때 그는 일반 대중들로부터 "왜 외국으로부터 수입해 오지 않나요?"라는 질문 세례를 받게 되었다. 그러나 당시 일반 대중들은 독일 잠수함 공격으로부터 입은 손실과 비축량에 대해 잘 알고 있지 못하였다(이에 대해서는 Lord Ernle, *Whippingham to Westminster, The Reminiscences of Lord Ernle*(London, 1938), pp. 290~91, 299를 참고하기 바람).

38 Ernest H. Starling, "The Food Supply of Germany During the War," *Journal of the Royal Statistical Society*, LXXXXII, Part II(March 1929), pp. 225~55.

다.[39] 또한 영국의 소설가인 존 골즈워디(John Galsworthy; 영국의 소설가 및 극작가로 1932년 노벨 문학상 수상, 1867~1933년)는 "영국이 자신의 식량을 재배하지 않는다는 사실 때문에 영국의 지위가 터무니없이 약하다"라고 묘사하였고, "영국은 항상 영국이 필요로 하는 대부분의 식량을 재배하도록 애써야 한다"고 주장하였다.[40] 마지막으로, 영국에서 농업을 연구하기 위한 정부 위원회들이 설립되어 연구한 결과, "국가 안전을 위하여 평화 시 농작물(곡물) 생산을 증대시켜야 한다"는 결론을 제시하였다.[41]

1930년대 중반에 다시 전쟁 기류가 일어나자 이러한 염려가 되살아나게 되었다. 당시 많은 사람들은 "어금니로 씹을 것이 없다면 완전 무장해도 아무 소용이 없다"고 생각하였다.[42] 즉, 식량이 부족하다면 완전 무장해도 전쟁에 이길 수 없을 것이다. 리밍톤(Lymington) 자작(子爵)은 『영국의 식량 부족』이라는 책을 썼고,[43] 애디슨 경은 "기억하라! 우리는 식량을 재배하는 데 자연의 공정을 빠르게 할 수 없다. 따라서 식량 재배에 알맞은 경작지를 확대하기 위한 과감한 프로그램이 긴급히 필요하다"고 역설하였다.[44] 영국은 1936년 7월에 상원(House of Lords)에서 본격적인 논의가 진행되었고, 여기서 상원 의원들은 정부에 대해 전시 식량 부족에 대비하기 위한 적절한 조치를 취하지 못했다는 이유

---

39 Sir Daniel Hall, *Agriculture After the War*(London, 1916), 특히 Chapter i과 viii; Christopher Turnor, *Our Food Supply*(New York, 1916); F. D. Green, *A New Agricultural Policy*(London, 1921).

40 John Galsworthy, *The Land*(London, 1918), p. 2.

41 *The Agricultural Policy Sub-committee of the Reconstruction Committee*(1918), Cd. 9079; *The Agricultural Tribunal of Investigation*(1923), Cmd(1842). 그러나 후자의 위원회는 '국가 안전' 문제뿐만 아니라 '농업 부문의 고용 증대 필요성'에도 관심을 가졌다.

42 Rural Reconstruction Association, *The Revival of Agriculture*(London, 1936), p. 42.

43 Lymington, *Famine in England*(London, 1938).

44 Lord Addison, *A Policy for British Agriculture*(London, 1939), pp. 20~21.

로 강하게 비난하였다. 또한 영국 하원(House of Commons)에서도 아서 샐터(Arthur Salter) 의원은 식량 비축을 위한 지속적인 운동(campaign)을 제안하였다.[45]

제2차 세계 대전 직전에 존 메이너드 케인즈(John Maynard Keynes; 1883~1946년)는 정부가 곡물 상인들이 곡물(또는 기타 저장 가능한 전쟁 물자)을 저장할 수 있는 창고를 무료로 제공해 주고, 창고를 짓는 데 필요한 자금을 무이자 융자로 제공해 주어야 한다고 권고하였다. 또한 로이 해로드(Roy Harrod)를 비롯하여 다른 경제학자들도 이와 비슷한 제안들을 내놓았다.[46]

그럼에도 불구하고 당시 영국의 더 많은 사람들은 '전시 식량 대비 프로그램'에 냉담하거나 반대하는 것처럼 보였다. 게다가 영국 정부는 전시 식량 부족에 대비하기 위하여 단호한 조치를 취하지 않았다. 또한 영국 정부는 전시 식량 문제에 대비하기 위하여 영국 농업계를 자극하거나 유인하지도 않았다.[47] 당시 영국 총리였던 네빌 체임벌린(Neville Chamberlain; 영국 보수당 정치가 및 총리, 1869~1940년)은 다음과 같이 주장하였다.

> "우리가 전시에 굶어 죽을 수 있다는 생각은 전적으로 잘못된 것이라고 생각합니다. 우리는 우리의 해군과 상선에 의지하여 우리의 무역

45 *Parliamentary Debates: Lords*, CI, pp. 595~669; *Parliamentary Debates: Commons*, CCCXXVI, pp. 2930~40; R. J. Hammond, *Food*, "History of the Second World War: United Kingdom Civil Series" (London, 1951), I, pp. 13~30; Viscount Astor and B. Seebohm Rowntree, *The Agricultural Dilemma*(London, 1935).

46 또한 '곡물 저장 계획'에 대한 그론도나(Grondona) 자신의 계획과 케인즈(Keynes)의 제안을 보려면 다음 책을 참고하기 바람. L. St. Clare Grondona, *Food Reserves*(London, 1939). 그론도나의 계획은 케인즈의 제안과 마찬가지로 전시 부족 대비책뿐만 아니라 '가격 안정' 조치도 도입하려고 하였다. 또한 해로드(Harrod)는 그론도나가 쓴 *Food Reserves* 추천 서문에서 '곡물 저장 계획'을 옹호하였다.

47 또한 국내 농업을 보호하려는 몇몇 조치들이 있었으나 그러한 조치들은 식량 수출국들의 덤핑 정책들을 보상하는 것에 불과하였다. 이에 대해서는 K. A. H. Murray and Ruth L. Cohen, *The Planning of Britain's Food Imports*(Oxford, 1934), p. 89를 참고하기 바람.

로(貿易路)를 굳건히 지키고 우리가 필요한 식량과 원료를 무한정 수입 할 수 있습니다."[48)]

제2차 세계 대전이 터지기 직전에 영국 의회는 '필수 상품 비축법안'을 통과시켰으며, 그로 인해 영국 정부는 단지 소량의 식량만을 비축하였다. 그러나 이 비축량은 너무 적고 너무 늦어서 실질적인 도움이 되지 못하였다.[49)]

그 다음에 제2차 세계 대전이 발발하였고, 독일군으로부터 잠수함 공격이 잇따르자 영국에 식량 부족 위험이 다시 발생하였다. 이에 영국 정부는 또 다시 식량 소비를 제한(즉, 배급)하고 국내 식량 생산량을 서둘러 증가시켜야만 하였다. 영국이 제2차 세계 대전에서 직면한 문제는 이전의 두 번의 전쟁에서 경험한 문제와 똑같았다. 그래서 그 문제를 해결하기 위한 프로그램들과 최종 결과가 놀라울 정도로 이전과 비슷하였다. 이와 같이 "역사는 이상할 정도로 반복되며, 그것도 아주 자세하게 반복된다"는 사실이다. 이 점이 바로 본서가 보여 주려고 하는 것이다.

이번에는 영국에서 '영구적인 농업 부문의 확대'를 주장하는 새로운 목소리들이 등장하였다.[50)] 1943년 연설에서 윈스턴 처칠(Winston Churchill; 영국의 정치

---

48 H. T. Williams, ed., *Principles for British Agricultural Policy*(London, 1960), p. 244.

49 "이 법이 궁극적으로 시행됨에 따라 … 비축을 위해 설탕, 밀, 고래 기름에 대한 구매가 시작되었다. (고래 기름을 제외하고) 설탕과 밀 구매는 국가 안보라는 측면보다 오히려 관습에 어긋나는 것이었다. … 그러나 설탕과 밀 구매량은 총량이 매우 적었으며, 그 결과 거래량의 감소에 의해 쉽게 상쇄되었다. 밀과 설탕에 대한 구매는 주로 1938년과 제2차 세계 대전 발발(즉, 1939년) 사이에 이루어졌다"(R. J. Hammond, *Food and Agriculture in Britain, 1939~45*(Stanford, California; Food Research Institute, Stanford University, 1954), p. 14). 또한 Karl Brandt, *Whaling and Whale Oil During and After World War II*(Stanford, California: Food Research Institute), War-Peace Pamphlet 11(1948)을 참고하기 바람.

다른 한편으로 전시 식량 문제들에 대한 여러 주장과 계획들이 제시되었다(이에 대해서는 R. J. Hammond, *Food and Agriculture in Britain, 1939~45*(1954), pp. 9~18; Murray, *Agriculture*, pp. 50~67을 참고하기 바람).

가, 1874~1965년)은 한편으로 나치주의(Nazism) 정권에 대해 '죽음과 먼지와 재'(death, dust and ashes)를 약속하면서, 다른 한편으로 "평화 시 농업 생산이 전쟁 전에 비해 더 높은 수준에서 유지되어야 한다"고 주장하였다.[51] 어떤 학자의 관찰에 따르면 "1943년과 1944년에 농업과 관련된 거의 모든 기관들은 전후 농업에 대한 계획들을 쏟아 냈다. 이러한 계획들은 많은 문제들에서 차이가 있었으나, 다음 한 가지 사항에서는 의견이 일치되었다. 즉, '전후에 농업은 경작에 알맞은 농지에서는 늘리고, 목초지에서는 줄여야 한다'는 데에는 의견 일치를 보았다."[52] 1945년에 윈스턴 처칠은 다시 한 번 "우리가 전쟁 중에 이룬 식량 생산 증가 프로그램을 버리는 것은 미친 짓이 될 것이다"라고 선언하였다.[53] 또한 1947년에 노동당 정부는 이미 많이 늘어난 농업 부문을 확대하기 위한 4개년 프로그램을 시작하였다. 당시 노동당 정부는 이로부터 4년 후인 1951~52년까지 영국의 농업 생산량을 전쟁 이전의 수준보다 약 50% 이상 생산하기를 원하였고, 4개년 프로그램을 시작한 해인 1946~47년의 생산량 수준보다 20% 이상 생산하기를 원하였다.[54]

그러나 노동당 정부의 4개년 프로그램에는 전시에 영국의 해외 식량 공급 의존을 줄이려는 희망보다 더 중요한 내용 – 즉, 영국의 국제수지(balance of

50 George P. Pollitt, *Britain Can Feed Herself*(London, 1942); Arthur Smith, *Agriculture's Challenge to the Nation*(London, 1942). 이와 다른 주장이나 연구를 보려면 다음 문헌들을 참고하기 바람: D. A. E. Harkness, *A Tract on Agricultural Policy*(London, 1945); *War and British Agriculture*(London, 1941).

51 *The Times*, March 22, 1943.

52 Edith Whetham, *British Farming, 1939~49*(London, 1952), p. 134.

53 Right Hon. W. S. Churchill, *Victory, War Speeches*(London, 1945), p. 82.

54 D. K. Britton, "Agriculture," in G. D. N. Worswick and P. H. Ady, eds., *The British Economy*(Oxford, 1952), Chap. xxi, p. 465. 반대 견해를 보려면 F. W. Bateson, *Towards a Socialist Agriculture*(London, 1946)를 참고하기 바람.

payments)와 교역 조건(terms of trade) 문제 – 이 포함되어 있었다. 당시(1947년) 영국에서는 국제수지 위기 문제와 농업 경제의 확대가 영국의 교역 조건을 개선시킬 것이라는 믿음이 중요한 문제였다. 또한 당시에 동물 사료에서 완전한 자급자족을 달성하려는 시도가 있었다. 그러한 시도는 전쟁에 대한 두려움에서 비롯되었다. 사람들은 여전히 검소한 식생활을 하고 있었으며 전쟁 기간 동안의 엄격한 식량 배급을 잊지 않고 있었다. 영국 농업은 계속해서 정부로부터 매우 높은 보조금들을 받고 있었다. 영국 농부들의 총순소득은 농부들에게 지급되는 정부의 직·간접적 보조금들과 거의 일치하였다.[55]

지난 전쟁에서 겪은 식량 부족의 기억들이 사람들의 뇌리에서 점차 희미해지자 영국인들의 미래 식량 부족에 대한 염려는 확실히 꾸준하게 줄어들었다. 그러나 전시 식량 부족의 유령을 다시 환기시킴으로써 영국 농업을 '더 경제적인 규모'로 축소시키려는 시도에 항의하거나 반대하는 사람들이 여전히 많았다. 1960년 영국 너필드 연구 재단(Nuffield Foundation)은 일단의 저명한 연구자들이 수년 동안에 걸쳐 연구한 권위 있는 연구 결과(보고서)를 발표하였다. 이 연구에서 연구자들은 '전략적 고려'에 대해 여러 장을 할애하였다. 특히, 이 연구는 "농업이 전략적으로 안전하려면 경작 면적을 대략 현재 수준에서 유지해야만 한다"고 주장하였다.[56] 또한 이 연구는 설탕과 밀의 비축뿐만 아니라 비료의 전략적 저장도 권고하였다.[57] 물론 이러한 정책은 분명히 단기 핵전쟁

55 E. F. Nash, "The Competitive Position of British Agriculture," *Journal of Agricultural Economics*, XI(June 1955), pp. 222~34. 이러한 결론과 Colin Clark의 의견일치를 보려면 이 논문의 pp. 235~37을 참고하기 바람. 또한 Graham Hallett, "The Economic Position of British Agriculture," *The Economic Journal*, LXIX(Sept. 1959), pp. 522~40; Sir Ralph Enfield, "How Much Agriculture," *Lloyd's Bank Review*, XXXII(April 1954), pp. 19~32.

56 Williams, *Principles for British Agricultural Policy*, pp. 43~44, 270.

57 Williams, *Principles for British Agricultural Policy*, pp. 274~77.

이외의 상황을 가정하고 있다. 그리고 로버트 트로우-스미스(Robert Trow-Smith)는 그다지 일반적이지는 않지만 결코 이상하지 않은 견해를 다음과 같이 피력하였다.

> "제2차 세계 대전은 격동적이었던 한 시대(즉, 1930년대)의 끝인 1939년에 터졌다. 역사는 1939~40년 기간을 영국 농업이 '수익을 얻으려는 고대의 농업 방식'에서 탈피하여 '국가의 생존을 위한 농업'의 시대로 들어간 순간이라고 기록할 것이다. 이러한 농업 개념은 미래로까지 계속될 수 있을 것이다."[58]

그러나 '국가의 생존(national subsistence)을 위한 농업' 개념이 과연 미래로까지 계속될 수 있는지는 확실하지 않다. 그럼에도 전시 식량 부족에 대비하여 실시한 일부 조치나 프로그램들은 지속되어야만 한다. 왜냐하면 영국 정부가 현재 매우 확대된 농업 부문뿐만 아니라 식량 비축 정책을 그대로 유지하고 있기 때문이다. 식량 비축에 대한 대부분의 사실들은 '공무상 비밀'이라는 구름 아래 감추어져 있다. 그러나 국가 안보라는 이유로 일정 기간 동안 비밀로 유지될 것이다.[59]

세 차례 대(大)전쟁에서 식량 부족을 경험하고, 150년 동안([역주] 대략 나폴레옹 전쟁이 시작된 1793년부터 제2차 세계 대전이 끝난 1945년까지) 치열한 토론을 거친

58 Robert Trow-Smith, *Society and the Land*(London, 1953), p. 208; Rural Reconstruction Association, *Feeding the Fifty Million*(London, 1955). 또한 농업 확대에 대한 정치적 지지를 보려면 Peter Self and H. Storing, *The State and the Farmer* (London, 1962)를 참조하기 바람.

59 Robert Trow-Smith, *Society and the Land*(London, 1953), p. 5.

후에야 비로소 영국은 '농업 부문의 확대'를 원하였던 사람들의 충고를 따랐다. 겉으로 보기에 영국(또는 영국 국민들)은 영국의 과거 경험으로부터 하나의 중요한 '교훈'을 얻은 것처럼 보인다. 즉, 영국은 "기아(식량 부족)가 다시 한 번(네 번째로) 전쟁의 다른 공포들에 더해지지 않도록 해야만 한다"는 귀중한 교훈을 얻은 것 같다. 다시 말하면, 이 교훈은 "영국은 '평화 시'에 농업 부문을 확대해야 한다"는 것을 의미한다.

이러한 교훈은 다음 의문을 제기한다. 이제까지 설명하였듯이 영국은 세 차례 대전쟁에서 해외 식량 공급에 의존하였으며, 이를 피하기 위하여 "평화 시에 농업 부문을 확대해야 한다"는 주장이 꾸준히 제기되어 왔다. 그러면 평화 시 농업 부문의 확대가 세 차례 대전쟁에서 영국의 방위(안전)와 복지를 실제로 촉진시켰는가? 이와 관련하여 구체적으로 다음 세 가지 질문을 제기할 수 있다. 첫째, 영국이 현재 또는 과거에 사용하였던 유형의 정책 – 예를 들면, 평화 시에 곡물 창고에 식량 비축 계획 – 이 '전시에' 과연 유효했었는가? 둘째, 세 차례 전쟁 기간 동안 영국의 식량 생산량이 너무 빠르게 증가해서(또는 식량 소비가 아주 쉽게 조정되어서) 평화 시의 농업 확대가 '전시에' 불필요하지는 않았는가? 셋째, 애디슨 경이 말하였듯이 "식량 생산에 자연의 공정(工程)[60]을 빠르게 하는 것"이 과연 불가능하였는가?[61] 이제 이러한 질문들에 대해 다음 장들에서 자세히 설명해 보기로 한다.

60 [역주] 여기서 '자연의 공정'이란 식량을 생산하는 과정에서 거쳐야 하는 자연적 과정이나 단계를 말하며, '식량 생산에 자연의 공정을 빠르게 하는 것'이란 예를 들면 '속성 재배'를 의미한다.

61 Lord Addison, *A Policy for British Agriculture*(London, 1939), pp. 20~21.

제 3 장

프랑스와의 두 차례 전쟁 (1793~1814년): 혁명 시기와 나폴레옹 1세 시기 프랑스와의 전쟁

제3장

프랑스와의 두 차례 전쟁(1793~1814년): 혁명 시기와 나폴레옹 1세 시기 프랑스와의 전쟁

1. 1793~1802년 전쟁

1793년에 영국과 프랑스 간에 전쟁이 시작되자 양국은 즉시 상대국과 무역 금지(trade restrictions)를 선언하였다. 영국은 프랑스 해안을 모두 봉쇄하였고, 프랑스 혁명 정부는 법규(조례)를 통해 영국과의 모든 무역을 중지하였다.[1] 후자는 나중에 일어난 나폴레옹 대륙 봉쇄(Continental System; [역주] 1806년 나폴레옹의 영국에 대한 정책)의 전조가 되었다.[2]

전쟁 첫 해(즉, 1793년)에 영국의 식량 사정은 좋은 편이었다. 곡물 수확은 더할 나위 없이 좋았고, 당시 제해권(制海權)이 없었던 프랑스는 영국이 당시 식량 공급의 주 원천이었던 발트해 연안 국가들([역주] 에스토니아, 라트비아, 리투아니아 등)과 미국으로부터 곡물 수입을 하지 못하도록 할 수 없었다.

1 [역주] 프랑스 혁명(French Revolution)은 1789~99년에 일어났음.
2 Eli F. Heckscher, *The Continental System*(Oxford, 1922), pp. 25~50; Thomas Tooke, *A History of Prices*(London, 1838), I, pp. 181~82.

그러나 1794년 여름 영국은 큰 가뭄을 겪게 되어 가을의 곡물 수확이 평균 이하를 기록함으로써 전해에 비해 무려 4분의 1이나 감소하였다.[3] 그 다음 해(즉, 1795년)에도 영국의 곡물 수확은 나아지지 못하였다. 1794~95년 겨울에 모진 서리와 혹한(酷寒)이 닥쳤다. 에드먼드 버크(E. Burke)에 따르면 "서리와 혹한이 가혹하게 불어닥쳐 사정이 매우 좋지 않았다. … 그 결과 많은 밀들이 생존하지 못하였다".[4] 영국의 '의회 곡물 고가(高價) 위원회'에 따르면 1795년 밀 수확량은 평균보다 5분의 1(=20%)~4분의 1(=25%) 정도 감소되었다.[5] 또한 곡물 수입도 감소하였다. 왜냐하면 북유럽의 1795년 곡물 수확량이 평균 이하를 기록하였고, 밀혹파리(Hessian fly; [역주] 모기붙이 비슷한 파리의 일종이며, 유충은 밀의 큰 해충으로 알려져 있음)의 맹위로 미국 곡물 수확량이 크게 감소하였기 때문이다.[6] 이러한 결과로 영국의 곡물 가격은 거의 두 배가 되어, 최소한 16세기 이후 가장 비싼 가격을 기록하게 되었다.[7] 당시 영국의 곡물 가격은 흉작 이전에는 평균적으로 50실링(shilling; [역주] 영국의 화폐 단위로 1실링=1/20파운드=12펜스 정도였음. 1971년 2월 15일에 폐지)이었다.

많은 사람들은 당시 높은 식량 가격을 '전쟁' 탓으로 돌렸다. 그래서 어떤 런던 폭도가 1795년 10월 29일에 평화를 요구하면서 영국 국왕을 비난하였다.[8]

---

3 이에 대해서는 The Committee of Council on Trade and Foreign Plantations(1795)에서 있었던 Arthur Young, Claude Scott 등의 의회 증언을 참고하기 바람. Edmund Burke, "Thoughts and Details on Scarcity," *Works*, 8 Vols.(London, 1852), V, pp. 179~211; Edmund Burke, *Thoughts on the Most Safe and Effectual Mode of Relieving the Poor During the Present Scarcity*(London, 1795).

4 Edmund Burke, "Thoughts and Details on Scarcity," *Works*, 8 Vols.(London, 1852), V, p. 204.

5 Parliamentary Committee on the High Price of Corn, *Parliamentary Reports*, First Series, IX, p. 53; Thomas Tooke, *Prices*, I, pp. 181~84.

6 Thomas Tooke, *Prices*, I, p. 182; Sir Gilbert Blane, *Inquiry into the Causes and Remedies of the Scarcity*(London, 1800), pp. 38~39.

7 C. R. Fay, *The Corn Laws and Social England*(Cambridge, 1932), p. 37.

같은 날 영국 하원에서 폭스(Fox) 의원은 영국 정부가 고통스러운 식량 부족을 악화시키는 전쟁을 계속한다는 이유로 정부를 신랄하게 비난하였다.[9] 당시 피트(William Pitt the Younger; 영국 정치가, 1759~1806년) 총리는 전쟁이 곡물 가격에 심각한 영향을 미쳤다는 사실을 부인하였다. 그러나 심지어 에드먼드 버크처럼 전쟁의 용감한 지지자도 피트의 주장이 "대꾸할 가치가 없다"고 말하였다.[10] 사실상, 전쟁은 당시 식량 부족의 주요 원인이 아니었다. 왜냐하면 당시 프랑스는 영국의 곡물 수입을 심각하게 저지할 수 없었기 때문이었다. 전쟁 발발 후 2년간(1794~95년)의 식량 부족 기간 동안 영국의 식량 수입은 전에 비해 오히려 증가하였다.[11] 그럼에도 당시 영국에서 식량 부족은 왜 초래되었는가? 두 가지 이유를 들 수 있다. 우선, 영국 내에서의 군대 확장에 따른 추가적 수요와 유럽 대륙의 혼란한 상태가 영국의 식량 부족을 악화시켰음에 틀림없다. 또한 전쟁의 공포와 불확실성이 '투기적 가격 상승'을 초래하였음에 틀림없다.

당시의 식량 부족이 국민의 생존을 위태롭게 하거나 전쟁 수행을 심각하게 방해하지는 않았던 것처럼 보였다. 그러나 식량 부족은 많은 사람들의 마음속에 깊은 인상을 남기게 되었다.[12] 이러한 식량 부족 기간(1795~96년)을 겪은 후 채 2년이 지나지 않아서 맬서스(Malthus)는 그의 유명한 『인구론』[13](*Essay on Population*; 1798년)을 출간하였다.

---

8 *Parliamentary Debates*, XXXII, pp. 144~55; William Frend, *A Letter to William Devaynes on the Scarcity of Bread*, 2nd edition(London, 1795), p. 2.
9 *Parliamentary Debates*, XXXII, p. 165; *Parliamentary Debates*, XXXIII, p. 239.
10 Edmund Burke, "Thoughts and Details on Scarcity," p. 209; Thomas Tooke, *Prices*, I, pp. 219~20.
11 Lord Sheffield, *Remarks on the Deficiency of Grain*(London, 1800), Appendix 4, 5 and 6.
12 이에 대해서는 본서 pp. 85~107을 참고하기 바람.
13 [역주] 맬서스는 인구와 식량과의 관계에 관한 이론인 '인구론'(人口論)에서 "산술급수적으로 증가하는 식량이 기하급수적으로 증가하는 인구를 따라갈 수 없으므로 여러 가지 인구 증가 억제책을 강구해야 한다"고 주장하였다.

식량 부족이라는 큰 고난을 완화하기 위하여 영국 정부는 다음 몇 가지 시도를 하기에 이르렀다. 우선, 영국 정부는 낭비적이고 불필요한 소비를 방지하려는 여러 법령들을 가결시켰다. 다음으로, 영국 정부는 발트해 연안 국가들에서 곡물을 사기 위하여 정부 대리인들을 파견하였다. 그러나 이러한 시도는 그다지 도움이 되지 못하였다. 왜냐하면 그러한 정책은 부실하게 관리되었을 뿐만 아니라 민간 거래에 의한 수입 유인(import incentive)을 없애버렸기 때문이었다. 마지막으로, 이 식량 부족 기간 동안 영국 정부는 그 유명한 '스핀햄랜드 구제 제도'(Speenhamland System of Relief)[14]를 도입하였다.[15]

이 기간 동안(즉, 1798~1801년) 식량 부족의 원인에 대해 영국인들은 흔히 하는 변명 이상으로 '날씨'에 대해 많은 불평을 하였다. 다시 말하면, 영국인들은 식량 부족의 원인을 주로 '날씨 탓'으로 돌렸다. 1798~99년의 겨울은 가혹하였고, 뒤이은(1799년) 여름은 드물게 비가 내렸다(즉, 가뭄이 오래 계속되었다). 그 결과, 맬서스는 "1799년의 수확량은 양과 질 모두에서 나빴다"[16]고 서술하였다. 또한 길버트 블레인(Gilbert Blane) 경은 "내 생전에 수확량이 이렇게 빈약하였던 적이 없었다"[17]고 말하였다. 이에 영국의 지도자들은 다음 해의 수확에 희망

14 [역주] 1790년대에 도입된 '스핀햄랜드 제도'(Speenhamland System)는 사람들이 버는 최저임금 수준의 빵 가격에 연계된 수당을 지급하는 것과 관련이 있었다. 1795년 5월 6일 버크셔 뉴버리 근처 스핀햄랜드의 지방행정관들이 내린 결정에 따라 영국의 대부분 지역에서 채택한 '빈민구제책'을 말한다. 빈민 노동자의 최저임금을 정하지 않고 노동자의 수입을 적정 수준까지 끌어올린 것으로 일 주일에 노동자 한 사람에게 12kg에 해당하는 빵값과 부인 및 자녀 모두에게 6kg의 빵값을 지급하였다.

15 *A Proposal for a Perpetual Equalization of Pay*(London, 1795); T. Malthus, *An Investigation of the Cause of the Present High Price of Provisions*, 2nd edition(London, 1800); Donald Barnes, *A History of the English Corn Laws, 1660~1846*(London, 1930), pp. 75~77; C. R. Fay, "Corn Prices and the Corn Laws," *Economic Journal*, XXXI(March 1921), pp. 17~27; *Transactions in Parliament in Session of 1795 on the Apprehension of Famine*(London, 1798), 특히 Debates of Nov. 3, 1795, pp. 32~36.

16 T. Malthus, *An Investigation of the Cause of the Present High Price of Provisions*, 2nd edition(London, 1800), p. 8; Lord Sheffield, *Remarks on the Deficiency of Grain*(London, 1800), pp. 5, 11.

을 걸고 기대하기에 이르렀다. 1800년 봄에 영국의 들판은 희망과 기대로 가득 찼지만, 여름에 유례없는 장기간에 걸친 혹서(酷暑)와 나쁜 초가을 날씨는 또 다른 수확량 부족을 가져다주었다.[18)]

또한 1800년의 수확량 부족은 날씨뿐만 아니라 영국과 발트해 연안 국가들 간의 심각한 위기에 의해 야기되었다. 당시 영국은 발트해 연안 국가들로부터 대부분의 곡물을 수입하였다. 1800년 11월에 러시아의 폴 1세 황제(Tsar Paul I)는 영국으로 가는 모든 러시아 항구들을 폐쇄하였다.[19)] 그는 영국이 프랑스로부터 빼앗은 몰타 섬(Malta)을 러시아에게 양도하지 않자 격분하였다. 왜냐하면 그는 몰타 섬의 템플 기사단(Knights Templar; 성지 예루살렘의 보호를 위한 조직) 우두머리로 선출되자 자신이 몰타 섬의 운명에 대해 합법적 지배력을 가진 것으로 인식하였기 때문이다.[20)] 러시아의 출항 금지(embargo)와 그에 따른 영국 재산의 몰수로 영국과 러시아는 사실상 전쟁 상태(state of war)에 돌입하였다.

한편, 당시 스웨덴 사람들, 덴마크 사람들, 프로이센 사람들은 '중립 선박'(neutral shipping)에 대한 영국의 우호적이지 않은 대우에 매우 화가 나 있었다. 이러한 상황에서 러시아의 폴 1세가 이들에게 '발트해 연안 국가들이 하나의 무장 중립(Armed Neutrality)을 위한 제휴'를 제안하자 그들은 그 제안을 쉽게 받아들였다. '무장 중립'이란 가입국들이 해군의 호위 하에 자국의 상선들이 안전하게 항해하는 데 합의하는 것을 말한다. 마침내 1800년 12월에 러시아는 발트해

17 Sir Gilbert Blane, *Inquiry into the Causes and Remedies of the Scarcity*(London, 1800), p. 12.
18 Thomas Tooke, *Prices*, I, pp. 216~17.
19 J. B. Scott, ed., *The Armed Neutralities of 1780 and 1800*(New York, 1918), pp. 513~16.
20 W. A. Phillips and A. H. Reede, *The Napoleonic Period*, II, p. 100, in *Neutrality, Its History, Economics and Law*(New York, 1935~36).

연안 국가들과 각각 '무장 중립 협정'(Armed Neutrality Agreement)에 서명하였다.[21)]

그러나 영국은 이러한 사태를 그저 비뚤어진 눈으로 바라보았다. 영국은 그러한 협정들을 '영국에 대항하는 하나의 동맹'이라고 여기고, 덴마크, 스웨덴, 러시아와의 무역 금지(trade embargo)를 선언하였다. 이때 영국은 무역 금지에서 프로이센(Prussia; 독일 북부에 있었던 왕국(1701~1918년))을 제외시켰다. 왜냐하면 아마 부분적으로 프로이센으로부터 식량 공급이 필요하였을 뿐만 아니라 프로이센 사람들을 무장 중립 협정으로부터 더 쉽게 떼어놓을 수 있을 것이라고 생각하였기 때문이었다. 그러나 프로이센은 영국이 생각하는 대로 하도록 내버려 둘 마음이 없었고, 심지어 영국 배들이 정박할 수 있는 항구를 가진 많은 독일 주들을 일시적으로 폐쇄하겠다고 위협하였다.

1800년의 수확량 부족이 가장 심했다고 여겨졌던 이 시점에 영국은 설상가상으로 영국의 해외 식량 공급의 대부분을 차지해 온 국가들 – 즉, 러시아, 프로이센, 폴란드, 독일, 스웨덴, 덴마크 – 과 더 이상 정규적으로 교역할 수 없게 되었다.[22)]

두 번에 걸친 모진 수확량 부족을 겪기 전에 영국 내에서 곡물의 평균 가격은 쿼터(곡물량의 단위)당 50실링(shilling)에 가까웠다. 그러나 1799년 12월에 곡물의 평균 가격은 쿼터당 93실링 10다임(dime)으로 올랐다. 그러나 최악의 상황까지는 아직 멀었다. 왜냐하면 1800년 5월에 평균 가격은 쿼터당 120실링이었

21 협정 원문을 보려면 다음 문헌을 참고하기 바람. J. B. Scott, ed., *The Armed Neutralities of 1780 and 1800*(New York, 1918), pp. 531~49; G. F. Martens, *Recueil des Principaux Traités d'Alliance, de Paix, de Trêve*(Gottingue, 1817~41), Vol. VII.

22 1800년에 영국은 러시아, 프로이센, 폴란드, 독일, 스웨덴, 덴마크로부터 곡물의 4분 3 이상을 수입하였다; Galpin, *Grain Supply*, Appendix 8.

고, 1801년에는 이보다 더 올랐기 때문이다. 1801년 1월에는 140실링이었고, 1801년 3월 21일이 속해 있는 주(週)에는 무려 156실링까지 올랐다.[23] 맬서스에 따르면 "모진 식량 고난은 나의 '인구 원리'(Principle of Population)[24]를 예증(例證)한다"[25]라고 말하였다. 영국 정부는 당시 상황의 중대성을 잘 알고 있었다. 1800년 11월에 있은 국왕의 연설은 거의 전적으로 식량 부족 문제를 다루고 있었다. 또한 가난한 사람들이 식량 부족에 대해 훨씬 더 염려하였다. 잉글랜드의 많은 지역들에서 폭동들이 발생하였다. 당시 바스(Bath; 잉글랜드 남서부 에이번(Avon)주에 있는 온천지)에서는 "평화와 큰 빵이 아니면 목이 없는 국왕"[26]이라는 포스터가 나붙었다. 또 다른 포스터에서는 "빵이 아니면 피. … 프랑스인들이 우리에게 자유를 얻기 위해 싸우는데 하나의 모범을 보여 주지 않았는가?"[27]라고 주장하였다. 대부분의 사람들은 "전쟁은 식량 부족과 아무런 관계가 없다"라는 정부의 주장을 믿지 않았다. 심지어 프랜시스 버뎃(Francis Burdett) 경은 영국 하원에서 맞은편에 앉아 있는 피트 총리를 바라보면서 "고난과 기근(식량 부족)의 원인은 바로 각료석에 있다"라고 말하였다.[28]

이때 영국 사람들은 재빨리 희생양을 찾았다. 1795년에서처럼 1800년과 1801년에도 영국 사람들은 식량 부족의 책임을 '중간 상인들'(middlemen)에게 덮어씌웠다.[29] 당시 맬서스는 이에 대해 다음과 같이 묘사하였다.

---

23 London *Gazette: Reports from Committees of the House of Commons*, First Series, IX, pp. 185~86.
24 [역주] "식량은 산술급수적으로 증가하지만, 인구는 기하급수적으로 증가한다"는 것을 말함.
25 Malthus, *An Investigation of the Cause of the Present High Price of Provisions*, 2nd edition(London, 1800), p. 27.
26 Home Office, 42: 49, George to Portland, March 16, 1800, in Galpin, *Grain Supply*, p. 19.
27 Home Office, 42: 51, Combe to Portland, Sept. 14, 17, 18, 22, 1800, in Galpin, *Grain Supply*, p. 19.
28 Galpin, *Grain Supply*, p. 31.

"분별 있는 많은 사람들조차도 '어딘가에 사기와 부정이 있을 것'이라는 평민들의 보편적인 아우성에 동조하였다. 따라서 일반 대중들의 분개는 … 모두 중간 상인들에게 돌아갔다."[30)]

심지어 영국 수석 재판관(Lord Chief Justice)이었던 케넌(Kenyon) 경도 다음과 같이 말하면서 이러한 비난 대열에 끼어들었다.

"사적 개인들(평민들)이 대중의 행복을 짓밟으면서 사적으로 식량을 소비하고 있다. … 정의의 칼을 한 번 빼면 반드시 그들에게 완전한 법(정의)의 복수가 내려지기 전까지 절대로 칼집에 다시 넣어서는 안 될 것이다. 돈도 사람도 이것을 절대로 막지 못할 것이다."[31)]

그러나 도량이 더 넓은 사람들은 그러한 비난에 현혹되지 않았다. 예를 들면, 에드먼드 버크는 (중간 상인들에 의한) 곡물 투기를 없애려는 정부 제안들을 "분별없고, 야만적이며, 더 나아가 사악한 행위"라고 비난하였다. 또한 맬서스(T. Malthus)도 "밀 공급은 너무 많은 사람들의 손에 달려 있고, 밀 공급을 통제하는 데 필요한 자본의 양도 너무 많아서 (중간 상인들에 의한) 독점이 고가(高價)의

---

29 Thomas Wright, *The Crying Frauds of the London Markets*(London, 1795), and *A Short Address to the Public on the Monopoly of Small Farms*(London, 1795); Philanthropus, *Reflections on Monopolies and the Corners of Provisions*(Leicester, 1795).

30 Malthus, *An Investigation of the Cause of the Present High Price of Provisions*, 2nd edition(London, 1800), p. 3; George Chalmers, *Estimate of Comparative Strength of Great Britain*, new edition(London, 1804); Sir Gilbert Blane, *Inquiry into the Causes and Remedies of the Scarcity*(London, 1800), pp. 25~35.

31 *Annals of Agriculture*(1795), XXV, p. 111.

원인이 될 수 없다"고 지적하였다. 마지막으로, 피트 총리와 폭스(Fox) 의원도 "중간 상인들에 대한 비난은 현실적이지 않다"라고 생각하였다.[32)]

1801년 늦은 봄에 곡물 가격은 최고조에 도달하였고, 그 후부터 조금씩 하락하기 시작하였다. 당시 적당한 가격 하락은 중간 상인들의 어떠한 노력 – 예를 들면, 공급량 증가 – 때문이 아니라 영국이 발트해 연안 국가들과 가지고 있었던 난국(亂局)이 해결된 데 기인하였음에 틀림없다. 또한 영국은 무장 중립 국가들에 대해 단호한 조치를 취하였다. 당시 영국은 코펜하겐(덴마크의 수도)을 공격하기 위해 해군 소함대를 파견하여 덴마크 사람들(즉, 덴마크)에게 4월 2일에 타협하도록 강압하였다. 이에 두려움을 느낀 스웨덴 사람들(즉, 스웨덴)은 4월 하순에 영국과 협상을 시작하였다.[33)] 거의 동시에 러시아의 폴 1세가 교살(絞殺)당하고, 그의 아들 알렉산더 1세(Alexander I)가 러시아의 전제군주(황제)가 되었다. 알렉산더 1세는 영국과 유화(宥和) 관계를 유지하려고 애썼다. 그 결과 발트해 연안 국가들의 영국에 대한 식량 수입 저지 장벽들은 세워진 지 얼마 안 되어 제거되었다.

통계 자료들과 1801년 늦은 봄에 있었던 적당한 '가격 하락'으로부터 다음과 같은 사실을 도출할 수 있다. 즉, 여러 외교적 논쟁, 그로 인한 무역 금지, 발트해 연안 국가들과의 분쟁 등은 발트해 지역으로부터 영국의 식량 수입량에 중대한(그러나 압도적이지는 않은) 영향을 미쳤음을 알 수 있다. 그럼에도 1801년

32 Burke's Letter to Arthur Young, May 23, 1797, in *Works*, II, p. 398; Malthus, *An Investigation of the Cause of the Present High Price of Provisions*, 2nd edition(London, 1800), 여러 곳에서; Galpin, *Grain Supply*, pp. 23~25.

33 W. A. Phillips and A. H. Reede, *The Napoleonic Period*, II, p. 106, in *Neutrality, Its History, Economics and Law*(New York, 1935~36).

영국의 '총' 곡물 수입은 전에 비해 오히려 '증가' 되었다. 왜 그런가? 우선, 미국으로부터의 수입 증가 때문에 영국의 총곡물 수입이 증가하였다. 다른 한편으로 프로이센, 독일, 덴마크, 스웨덴 등으로부터의 식량 수입도 예상과 달리 크게 감소되지 않았다. 다행히 외교적 위기 기간들이 짧았고, 프로이센과 북유럽 국가의 식량 수송 선박들에 대한 '영국의 보호 보증'(guarantee of protection) 때문에 발트해 국가들로부터 영국의 식량 수입은 그다지 감소하지 않았다[34](심지어 영국은 이들 선박이 본국으로 돌아갈 때에도 보호해 주었다). 이러한 결과로 영국에서 기근(식량 부족)은 1801년 가을에 완전히 끝났다. 1801년 가을에 새로운 곡물이 수확되었고, 1801년 10월 1일에 영국은 나중에 '아미앵 조약'(Treaty of Amiens)의 토대가 된 예비 평화 협정에 서명하였다([역주] 아미앵(Amiens)은 프랑스 북부 Somme 강 유역에 있는 도시).

당시 영국은 식량 부족에 잘 견뎌 내면서 계속해서 전쟁을 수행하였다. 영국은 식량 부족 하에서 전쟁을 어떻게 계속 수행하였는가? 수확량 부족에 직면해서도 영국이 거둔 부분적 성공은 상당 부분 식량 부족 문제를 해결하기 위하여 취한 여러 유형의 정책들 때문이었다. 당시 영국은 식량의 소비 절약, 수입 장려, 생산 촉진을 위한 여러 조치들을 취하였다.

필수적이지 않은 소비를 억제하기 위하여 영국 정부는 (1) 밀(wheat)로부터 증류(蒸溜)를 금지하였고(또한 스코틀랜드에서는 밀뿐만 아니라 어떠한 곡물로부터의 증류도 금지하였다), (2) 밀로부터 녹말의 제조를 금지하였고, (3) 빵을 만든 후 24시간 내에 빵의 판매를 금지하였고(왜냐하면 사람들이 오래된 빵을 덜 먹는다고 여겨

---

34 Galpin, *Grain Supply*, Appendix 8; F. O. 64: 60, Carysfort to Grenville(Feb. 18, 1801) and F. O. 64: 60, Grenville to Carysfort(March 3, 1801), pp. 128~29.

졌기 때문임), (4) 밀기울(bran)의 낭비를 줄이기 위하여 '흑빵법'(Brown Bread Act)을 제정하여 의결하였다.[35] 또한 부유층에 의한 '자발적' 소비 억제를 유도하기 위한 여러 시도들도 있었다. 영국 캔터베리 대주교는 "강제적 통제는 필요하지 않다"고 말하였고, 또 일련의 '극기 결의안들'(self-denying resolutions)을 제출하여 영국 상원에서 통과되었다. 영국 국왕(정부)은 곡물 소비의 검약(儉約)과 정부 소유 말들(horses)에 대한 귀리의 사용 감소를 촉구하는 포고문(성명서)을 발표하였다.[36] 이 밖에도 많은 사소한 절약안들이 제안되어 일부는 의결되었다. 심지어 어떤 목사는 (밀 소비를 줄이기 위해) 영국에서 개들의 수를 감소시킬 것을 주장하는 팸플릿을 만들기도 하였다. 또한 정부는 머리에 바르는 분의 사용을 금지하기도 하였다.[37]

일반적으로 그러한 절약안들은 당시에 두드러진 효과를 미쳤음에 틀림없다. 1800년 12월에 있었던 영국 식량 고가 위원회(Committee on the High Price of Provisions)의 보고에 따르면, (1) 다음 수확기 이전에 '증류소들의 영업 정지'를 통해 360,000쿼터의 곡물을 절약할 수 있고,[38] (2) '밀로부터 녹말 제조의 금지'로 40,000쿼터의 곡물을 절약할 수 있을 것이라고 예상하였다. 또한 동 위원회는 (1) 영국의 곡물 수확이 평균보다 4분의 1 정도 감소할 것이며, (2) 국내 평균 밀 생산량이 6,700,000쿼터가 될 것이라고 예상하였다.[39] 이를 바탕으로 우리

---

35 29 and 40 Geo. III, c. 8; 29 and 40 Geo. III, c. 25; 39 and 40 Geo. III, c. 18; 41 Geo. III, c. 16.

36 Galpin, *Grain Supply*, pp. 12, 26.

37 Barnes, *Corn Laws*, p. 73; John Donaldson, *A Letter to the Hon. William Pitt on the Use of Hair Powder*, 2nd edition(London, 1795).

38 그러나 버크(E. Burke)는 "증류소들의 정지는 아무런 효과가 없을 것"이라고 생각하였다. Edmund Burke, *Works*, V, p. 207.

39 *Parliamentary Reports*, IX, Sixth Report of the Committee; 이에 대한 반대 견해를 보려면 John Coakley Lettsom, *Hints Respecting the Distresses of the Poor*(London, 1795).

는 이러한 두 가지 절약안들 – 즉, 증류소들의 영업 정지와 밀로부터 녹말 제조 금지 – 이 실제 공급량과 평균 공급량 간의 차이 가운데 약 4분의 1 정도를 메웠을 것이라고 유추할 수 있다. 그러나 동 위원회는 만약 민간인들에 의한 '자발적 절약 노력'이 있었다면 추가적으로 300,000쿼터의 곡물을 더 절약할 수 있었을 것이라고 추정하였다(아마 이 추정은 너무 낙관적이었던 것 같다).

그러나 '밀가루로 만든 흰빵에 대한 금지'는 성공하지 못하였다. 그 당시 실험들에 따르면 '밀가루로 만든 빵'(물론 약간의 밀기울도 포함됨)은 매우 건강에 좋고 영양분이 많은 것으로 나타났지만, 정부는 '대부분의 평민들이 이 빵을 먹지 않을 것'이라고 예상하였다. 그러나 이러한 예상은 잘못된 것으로 나타났다. 어떤 논평자에 따르면 이러한 종류의 절약안들은 "부자들로 나왔다"[40]라고 서술하였다. 또한 이러한 종류의 절약안들은 "흑빵(dark bread)이 이전의 비참한 생활수준을 나타내는 상징이었다"는 사실을 고려하지 않았다. 빵 굽는 사람들에 따르면 "우리는 우리의 눈을 위하여(즉, 흰색 또는 흑색) 빵을 만들 수밖에 없다"라고 말하였다. 많은 지역들에서 가난한 사람들은 호밀이나 다른 '열등한' 곡물로 만든 빵들([역주] 이러한 빵들은 흑색임)로 전환하기를 몹시 싫어하였다. 심지어 이든(F. Eden) 경은 자신의 쓴 『가난한 사람들의 국가』(*State of the Poor*)라는 책에서 "가난한 사람들은 호밀로 만든 빵에 적합한 이(teeth)가 없다"[41]라고 말할 정도로 흑빵을 싫어하였다. 또한 영국 정부는 가난한 사람들

---

40 Gov. Thomas Pownall, *The Considerations on Security and High Prices of Bread Corn and Bread*(Cambridge, 1795); J. L. Hammond and Barbara Hammond, *The Village Laborer*, in Sir W. Ashley, "Place of Rye in the History of English Food," *Economic Journal*, XXXI(Sept. 1921), pp. 285~309.

41 Fay, *The Corn Laws and Social England*(Cambridge, 1932), p. 4; Sir Gilbert Blane, *Inquiry into the Causes and Remedies of the Scarcity*(London, 1800); Sir Frederick Eden, *The State of the Poor*(London, 1797).

에게 일부 쌀이나 감자 가루로 만든 빵을 먹을 것을 권하였으나, 그 노력은 허사였다. 애슐리(W. Ashley) 경에 따르면 "가난한 사람들은 피트 총리의 호소에 전혀 귀를 기울이지 않았다. 피트 총리는 근거 없는 편견을 떨쳐 버리고 혼합 밀가루로 만든 빵을 먹도록 간절하게 호소하였지만 그들은 이를 끈질기게 듣지 않았다".[42]

또한 영국 정부는 식량 수입을 장려하기 위하여 보조금들과 다른 장려금들을 제공하였다. 영국 정부는 모든 종류의 밀(곡식), 옥수수(미국 밀), 그리고 쌀 수입에 대해 수입 보조금(import bounty)을 지급하였다. 심지어 스웨덴 청어도 면세로 영국에 수입되었다.[43] 당시 영국인들은 해외 식량의 '모든' 공급원들로부터 결코 차단되지 않았기 때문에 자유롭게 수입하여 소비할 수 있었다. 그러나 문제는 그들에게 개방된(즉, 그들이 소비할 수 있는) 분야들에서 '가격이 매우 비쌌다'는 점이다. 이러한 상황에서 수입 보조금들은 수입을 크게 장려하였음에 틀림없다. 반면에 많은 종류의 곡물들과 때때로 모든 종류의 식량에 대해서는 '수출'이 금지되었다.[44] 1800년과 1801년에 국제적인 어려운 상황에도 불구하고 영국의 수입량은 '최고조'에 달하였다. 이때의 수입량은 1795~96년에 수립한 최고 기록을 능가하였고, 전쟁 이전의 평균 수입량보다 수배나 더 많았다.[45]

그러나 영국 정부가 취한 장기적으로 가장 중요한 조치는 수입 증가가 아

42 Sir W. Ashley, "Place of Rye in the History of English Food," *Economic Journal*, XXXI(Sept. 1921), pp. 285~309.

43 39 and 40 Geo. III, c. 29; 39 and 40 Geo. III, c. 35; 39 and 40 Geo. III, c. 53; 41 Geo. III, c. 19; 41 Geo. III, c. 2.

44 예를 들면, 41 Geo. III, c. 2(Nov. 24, 1800); 39 and 40 Geo. III, c. 91(July 28, 1800).

45 Barnes, *Corn Laws*, Appendix, C, p. 300; W. T. Comber, *An Inquiry into the State of National Subsistence*(London, 1808).

니라 '생산 증가'를 촉진시킨 조치들이었다. 예를 들면, 감자 재배를 위해 농부들에게 장려금이 지급되었다. 감자는 에이커당 곡물보다 훨씬 더 많은 영양소들을 가지고 있기 때문이다. 또한 행정 교구의 관리들은 감자나 다른 채소들을 재배하기 위하여 공동 목초지를 작은 구획으로 나누어 가난한 농부들에게 할당해 주었다.[46] 또한 영국 농무성(Board of Agriculture)은 식량 부족 시에 빠른 수확을 위하여 농부들에게 봄밀 경작에 대해 장려금을 지급하였다.[47] 마지막으로, 영국 농무성과 하원 황무지 및 공유지 위원회의 권고로 영국 하원은 1801년에 '공유지의 울타리치기'[48](Enclosure) 과정을 편리하게 하는 하나의 법안을 통과시켰다.[49] 이 법은 경작지의 양을 크게 증가시키는 데 기여하였다.[50]

그러나 무엇보다도 생산 증가와 소비 절약을 위한 가장 효과적인 자극제는 '높은 가격'에서 비롯되었다. 이를 인식한 영국 정부는 어떤 종류의 곡물에 대해서도 가격 상한(price ceiling; 최고 한도)을 설정해 두지 않았다. 맬서스의 주장에 따르면 "높은 가격은 (1) 삶의 모든 경로에서 '진정한 절약'을 실행하고, (2) 많은 양의 수입을 장려하고, (3) 사익 추구라는 강력한 동기에 의해 농부들을 움직이게 하는 데 가장 효과적이었다. 또한 '높은 가격'은 고발된 농부들과 곡물 도매상들을 교수형에 처하는 것보다 의도한 목적을 이루는 데 더 적합하였

46 "Second Report of Select Committee on High Price of Provisions," *Parliamentary Reports*, First Series, IX, p. 27; Galpin, *Grain Supply*, p. 27.

47 Arthur Young, *On the Advantages Which Have Resulted from the Establishment of the Board of Agriculture*(London, 1809).

48 [역주] '울타리치기'란 공유지를 사유지로 하기 위해 울타리를 둘러치는 일을 말함. 공유지로부터 사유지를 분리하여 울타리를 침. 영국 경제사에 따르면 '인클로저'란 소작지나 마을의 공유지를 회수 또는 매수하여 울타리를 둘러치고 목초지로 했던 일을 말함. 영국에서는 15~19세기까지 계속되었음.

49 Arthur Young, *On the Advantages Which Have Resulted from the Establishment of the Board of Agriculture*(London, 1809); Committee on the Cultivation and Improvement of Waste, *Parliamentary Reports*, First Series, Vol. IX; 41 Geo. III, c. 109.

50 이에 대해서는 본서 pp. 108~9를 참고하기 바람.

다"고 말하였다[51]([역주] 맬서스는 1800년에 『높은 식량 가격의 원인에 대한 연구』(*An Investigation of the Cause of the Present High Price of Provisions*)라는 책을 출간하였다. 당시 맬서스는 식량 가격이 높은 원인에 대해 큰 관심을 가지고 그 이유를 연구하려 하였다).

2. 1804~14년 전쟁

1801년 3월부터에서 1804년 3월까지 영국의 곡물 가격은 꾸준히 하락하였다. 비록 1804년에 프랑스와의 전쟁이 다시 시작되었음에도 영국의 곡물 가격은 계속 하락하였다. 영국의 밀 가격은 1803년과 1804년에 이르러 쿼터(quarter; 곡식량의 단위. 1쿼터=8부셸=약 16말)당 당시 평균 가격인 60실링 정도로 하락하였다. 이 수준은 전쟁 이전의 평균 수준보다 여전히 약간 더 높았지만 당시에는 너무 낮아서 많은 사람들은 '새로운' 가격 수준으로 – 즉, 가격을 더 올려서 – 지주들을 더 잘 보호해 주어야 한다고 생각하였다.[52]

그에 따라 영국에서 1804년에 새로운 곡물법이 통과되었다. 이 법에 따라 곡물 가격이 쿼터당 63실링을 넘지 않는다면 높은 관세 부과에 의해 곡물 수입을 제한하고자 하였다. 이 법은 영국 농업을 너 크세 보호하기 위해서 취해진 적절한 조치였다.[53] 당시 영국의 평균 이하 곡물 수확량(즉, 낮은 곡물 공급)과 함께 새로운 관세법의 통과는 '가격 상승'을 가져왔다. 그 결과 도시에 사는 많은

51 Malthus, *An Investigation of the Cause of the Present High Price of Provisions*(London, 1800), p. 20.
52 *Commons Journal*, Vol. 59, pp. 83~84, 124, 187, 192.
53 44 Geo. III, c. 109(July 20, 1804).

집단들이 새로이 제정된 곡물 관세를 비난하기 시작하였다. 그러나 가격은 심각한 식량 곤란을 가져올 만큼 상승되지는 않았다.[54)]

더 불운한 징조들은 국내가 아니라 유럽 대륙으로부터 왔다. 당시 유럽 대륙에서 나폴레옹은 영국이 식량 수입의 대부분을 의존하고 있던 국가들에 대해 헤게모니(지배권)를 행사하고 있었다. 1805년 12월 2일에 나폴레옹은 '아우스터리츠 전투'(Battle of Austerlitz)에서 승리하였다([역주] 아우스터리츠는 슬로바키아와의 접경에 있는 체코의 도시로 1805년 나폴레옹 1세가 러시아와 오스트리아 연합군을 격파한 곳임). 이 전투로 나폴레옹은 오스트리아와 '프레스버그 강화(講和) 조약'(Peace of Pressburg)을 체결하였다. 다음 해(즉, 1806년) 나폴레옹은 예나(Jena)와 아우어슈타트(Auerstadt)에서 프로이센 군대를 격퇴시켰다. 이 승리는 나폴레옹이 그의 유명한 '대륙 봉쇄'(Continental System; 1806년 나폴레옹의 영국에 대한 정책)를 공포하게 된 결정적 계기를 만들어 주었다. 나폴레옹의 대륙 봉쇄는 마침내 1806년 11월에 베를린에서 공표되었다.

1807년 6월 14일에 나폴레옹은 프리드랜드(Friedland)에서 러시아 황제(Tsar) 군대를 격퇴시킨 후 러시아와 '틸지트 조약'(Treaty of Tilsit)을 체결하였다. 틸지트 조약에서 프로이센(Prussia; 독일 북부에 있었던 왕국(1701~1918년))과 러시아는 대륙 봉쇄를 따르기로 합의하였다.[55)] 대륙 봉쇄를 더욱 확대시키기 위하여 나폴레옹은 당시 유럽의 두 중립국이었던 덴마크와 포르투갈에게도 대륙 봉쇄를

---

54 Tooke, *A History of Prices*, I, pp. 258~64; Galpin, *Grain Supply*, pp. 38~42, 141; Comber, *An Inquiry into the State of National Subsistence*.

55 당시 러시아 황제는 영국과 프랑스 간에 강화(講和)가 이루어지지 않는 경우에만 대륙 봉쇄에 참가하기로 합의하였다. 물론 영국과 프랑스 간에 강화가 실패하였다. 틸지트(Tilsit) 회담이 있었던 그 달에 러시아, 프로이센, 오스트리아는 영국에 대해 선전 포고하였다.

따르도록 명령하였다. 덴마크는 영국의 코펜하겐(Copenhagen; 덴마크의 수도) 폭격에 격분해서 대륙 봉쇄에 기꺼이 참여하였다. 또한 나폴레옹은 포르투갈을 공격하여 대륙 봉쇄를 강제로 따르게 하였다. 그 결과 상트페테르부르크(St. Petersburg; 러시아 북서부의 항구 도시로 제정 러시아의 수도)에서 트리스테(Triste; 이탈리아 북동부에 있는 항구 도시)에 이르는 유럽의 모든 해안들은 나폴레옹의 대륙 봉쇄에 따라 영국과의 무역을 폐쇄하게 되었다. 그러나 당시 스웨덴은 대륙 봉쇄에 따른 영국과의 무역 금지에 참여하지 않은 유일한 유럽 국가였다. 이에 나폴레옹은 러시아 황제에게 스웨덴을 공격하도록 시켰다.

동시에 미국인들은 영국과 나폴레옹 간의 전쟁으로부터 그들이 받은 '고압적인 대우'에 분개하였다. 당시 미국인들이 영국과 프랑스로부터 받은 '고압적인 대우'란 무엇을 말하는가? 우선, 영국은 나폴레옹 지배 하에 있는 유럽의 모든 영토들이 '봉쇄 상태'에 있다고 선언하였고, 중립국 및 교전국의 선박들이 유럽 대륙의 항구들에 접근하는 것을 금지하였다. 또한 나폴레옹은 영국 섬들에 닿는 모든 선박들은 '사략선(私掠船; 전시에 적의 상선을 나포할 수 있는 허가를 받은 민간 무장선)들의 주요 목표물'이 될 것이라고 선언하였으며, 만약 그들 선박이 프랑스 항구에 들어온다면 압류할 것을 명령하였다. 이에 미국은 영국과 프랑스의 이러한 '위압적인' 조치들로 인해 1807년 12월에 '미국 출항 금지법'(American Embargo Act)을 제정하기에 이르렀다. 이 법은 모든 미국 선박들이 미국 항구들을 떠나지 못하도록 규정하였다. 이 결과로 영국의 또 다른 주요 식량 공급원인 미국이 자국 선박의 '출항 금지'를 선언하였다.

당시 나폴레옹은 대부분의 유럽 대륙을 지배함으로써 대륙 봉쇄를 실시하였고, 또한 미국 정부도 2차 영·불 전쟁(1804~14년)의 나머지 대부분의 기간

(1807~14년) 동안 영국과의 무역을 금지하였다. 이러한 상황에서 영국은 어떠한 피해를 보았는가? 그러나 당시 영국(그리고 아일랜드)의 곡물 생산은 1795년에 겪은 최초의 전시 부족(wartime shortage) 이후로 크게 늘어났으며, 그로 인해 영국은 나폴레옹의 대륙 봉쇄 초기에는 큰 어려움이 없이 잘 지낼 수 있었다. 우선, 1806년과 1807년에 전통적인 해외 공급원인 발트해 연안 국가들로부터 거의 밀을 수입할 수 없었음에도 불구하고 당시 영국의 곡물 가격은 싼 편이었다. 그 대신 미국과 아일랜드로부터의 수입이 커다란 국내 생산을 보충하였다. 또한 1808년에 미국으로부터의 수입은 '미국 출항 금지법'으로 인해 아주 소량에 불과하였고, 유럽 대륙은 나폴레옹의 대륙 봉쇄령으로 대부분 영국에 대해 무역을 금지하였다. 그러나 영국은 국내의 밀(곡물) 생산이 크게 증가해서 자국 수요를 충분히 감당할 수 있었으며, 심지어 수출을 위한 약간의 잉여도 가지게 되었다.[56)]

나폴레옹의 대륙 봉쇄에도 불구하고 영국은 1809년 가을까지는 모든 일이 순조로웠다. 그러나 영국은 1809년 가을에 다시 한 번 수확량(식량) 부족을 겪게 되었다.[57)] 반면에 1809년에 프랑스의 곡물 수확량은 아주 좋았다. 프랑스는 1806년 이래로 곡물을 풍부하게 수확하였는데, 1809년의 곡물 수확량은 좋은 정도가 아니라 너무 풍작이어서 '거의 재난에 가까울 정도'였다.[58)] 이에 프랑스는 곳간이 부서질 정도의 어마어마한 곡물 수확량이 프랑스의 가격 구조 붕괴(즉, 가격의 대폭락)를 가져오고, 그로 인해 농민들의 불만이 초래될지도 모른

56 Barnes, *Corn Laws*, Appendix C, p. 300.
57 Tooke, *A History of Prices*, I, pp. 291~96.
58 A Letter from the House of Dubois Violette of Nantes to the French government. 여기서 인용은 Galpin, *Grain Supply*, p. 170에서 따온 것임.

다고 우려하였다. 이로 인해 나폴레옹은 '특별 허가증' 하에서 영국으로의 곡물 수출을 허용하기로 결정하였다.[59] 이것이 프랑스가 대륙 봉쇄령에도 불구하고 영국에 곡물을 수출하게 된 이유이다.

이것은 언뜻 보아서는 이해가 되지 않는다. 왜 그런가? '대륙 봉쇄'에 가장 역점을 둔 나폴레옹이 영국 사람들이 곡물을 절실히 필요로 한 해(1809년)에 영국에 곡물을 팔았다(수출하였다)는 사실은 다소 의아하게 보이기 때문이다. 그러나 그것은 잘못 본 것이 아니다. 나폴레옹은 국내 곡물 수확과 대륙 봉쇄에 세심한 주의를 기울였다. 나폴레옹은 "곡물 문제는 국왕들에게 가장 중요하고 신중을 요하는 문제이다"라고 썼으며, 또한 샤프탈(Jean-Antoine(Claude) Chaptal, comte de Chanteloup; 장앙투안(클로드) 샤프탈, 샹틀루 백작 – 프랑스의 화학자 및 정치가(1756~1832년))에게 "나는 식량 부족으로 인한 이러한 혼란과 불안을 두려워한다. 오히려 나는 20만 명의 적군들과 싸우는 전투를 덜 두려워한다"고 외친 적이 있었다.[60]

영국에 곡물을 수출하려는 나폴레옹의 결정은 포위 공격이나 봉쇄라는 우리의 생각에 확실히 상반되지만, 그 당시에는 결코 모순적(paradoxical)이지 않은 것처럼 여겨졌다. 많은 '실제적인 사람들'(practical men)처럼 나폴레옹도 모든 이론을 '정치경제학자들의 수다'나 '공상가들의 헛소리'라고 외견상 거부하였다. 그러나 나폴레옹은 자신도 모르게 '중상주의 무역 이론'에 사로잡혀 있었

59 F. E. Melvin, *Napoleon's Navigation System*(Philadelphia, 1919), pp. 78~87(Melvin은 "나폴레옹이 실제로는 이미 1809년 봄에 '곡물 수출 허가증'을 발급하기 시작하였다"고 주장하였다); 또한 Tooke, *A History of Prices*, I, p. 295; Galpin, *Grain Supply*, Chapter X를 참조하기 바람.

60 Letter to Eugene, Viceroy of Italy, August 6, 1810(이것은 Heckscher, *Continental System*, p. 74와 p. 341에서 인용한 것임).

다. 나폴레옹은 한때 그의 동생인 네덜란드의 루이 왕(King Louis)에게 영국으로의 진(gin) 수출에 대해 편지를 쓰면서 "영국인들은 반드시 진 값을 화폐로 지불해야 돼! 다른 재화로 진 값을 지불해서는 절대로 안 될 것이야! 너는 내 말이 이해가 되느냐?"라고 말하였다.[61] 나폴레옹의 대륙 봉쇄는 근본적으로 영국의 수입 차단보다는 영국의 '수출'을 막으려는 데 있었다. 다시 말하면, 나폴레옹의 '대륙 봉쇄'의 근본 목적은 영국이 유럽 대륙으로부터 수입을 하지 못하게 막으려는 것보다 영국이 유럽 대륙으로 수출을 하지 못하게 차단하려는 데 있었다([역주] 이것은 당시 나폴레옹이 '중상주의'(즉, 수출 증대를 통해 자국 내 금·은의 축적) 사고에 사로잡혀 있었음을 의미함). 따라서 나폴레옹의 대륙 봉쇄에 의한 영국의 수출 차단은 (1) 영국에게 국제 수지 적자를 가져다주고, (2) 그로 인해 금이 유출되어 영국 내 금의 감소를 초래하고, (3) 유럽 대륙에 있는 영국의 동맹국들을 지원하지 못하게 하고, (4) 국내 신용을 붕괴시켜, 마침내 영국 상업과 무역의 위기를 가져다줄 것으로 여겨졌다. 나폴레옹은 이와 같은 식으로 '상인들의 섬'(isle of shopkeepers)이자 '현대의 카르타고'(modern Carthage)인 영국은 멸망하게 될 것이라고 생각하였던 것 같다.[62]

나폴레옹이 영국에 곡물을 수출하기로 한 데에는 다른 이유들이 있었다. 첫째, 영국은 나폴레옹의 모든 노력과 열정에도 불구하고 유럽 대륙과 무역을 하고 있었다. 심지어 나폴레옹 군대의 일부는 영국산 천으로 만든 군복을 입고

---

61 이 편지는 Correspondence from the *Memoires de Ste.-Helene*에 인쇄되어 있다(이것은 Heckscher, *Continental System*, p. 71에서 인용한 것임).

62 J. Holland Rose, "Our Food Supply in the Napoleonic War," *Monthly Review*, VI(March 1902), pp. 63~76; J. Holland Rose, "The Continental System," *Cambridge Modern History*, IX, p. 371; Heckscher, *Continental System*, pp. 25~28, 71, 335, 340~45; Melvin, *Napoleon's Navigation System*(1919), Chapter III.

있었다. 이것을 보고 네덜란드의 루이 왕은 "프랑스 군인들은 영국과 무역을 중지하는 것은 '자신의 피부가 땀 흘리지 못하도록 하는 것'과 마찬가지로 여긴다"라고 꼬집었다.[63] 둘째, 나폴레옹은 '허가제' 하에서 프랑스로부터 영국으로 식량 수출을 허용함으로써 무역으로 재정 수입(收入)을 조달할 수 있었다. 이중 일부 수입은 불법적 자금에 의해 마련되었을 것이다. 마지막으로, 나폴레옹은 유사시에 프랑스로부터 곡물 수출 없이도 영국이 그럭저럭 견딜 수 있었을 것이라고 분명히 인식하였을 것이다.[64] 이러한 이유들로 나폴레옹은 영국에 곡물을 수출하기로 결정하였을 것이다.

프랑스는 1810년에 225,710쿼터의 밀을 영국에 수출하였고, 또한 이보다 더 많은 양이 프랑스가 지배하는 다른 유럽 국가들로부터 영국에 수출되었다. 그러나 1810년 여름에 나폴레옹은 프랑스의 가을 수확량이 흉작이 될 것이라는 소문을 들었다(실제로 이 소문은 충분한 근거가 있는 것으로 판명되었다). 나폴레옹은 많은 고민을 한 후 마침내 영국으로의 곡물 수출을 중단하였다.[65]

1810년 가을에 발생한 프랑스의 식량 부족 때문에 영국은 1813년 때까지 프랑스로부터 많은 양의 곡물을 수입하지 못하게 되었다. 영국은 1813년에 가서야 드디어 나폴레옹을 저지할 수 있었다(나폴레옹이 1813년에 북유럽에서 패배하였기 때문이다). 그러나 영국은 세관 검사관들을 매수함으로써 항상 유럽 대륙

63 Heckscher, *Continental System*, pp. 38, 367.

64 이에 대해서는 본서 pp. 105~6을 참고하기 바람. 또한 Heckscher, *Continental System*, p. 346; Melvin, *Napoleon's Navigation System*(1919), Chapter III; C. R. Fay, "Corn Prices and the Corn Laws," *The Corn Laws and Social England*(Cambridge, 1932), p. 21(여기서 페이(Fay)는 나폴레옹은 처음에 영국을 아사(餓死)시키려 했으나, 나중에는 영국의 금과 은 등의 지금(地金)을 고갈시키려는 정책으로 전환했다고 주장하였지만, 이것은 '잘못된' 주장임); François Crouzet, *L' Economie Britannique et le Blocus Continental*(Paris, 1958), II, pp. 564~72.

65 Galpin, *Grain Supply*, p. 171.

과 약간의 무역을 계속할 수 있었다. 또한 그 후 몇 년 동안 영국은 유럽과 미국에서도 곡물 공급 부족이 심각하다는 것을 느끼게 되었다. 1811년 가을에 영국의 곡물 수확량은 평상시 수확량의 5/8(=63%) 정도에 불과하였다.[66] 이러한 흉작은 결코 영국 식량 문제의 끝이 아니었다. 1812년의 겨울 날씨는 러시아의 군대들뿐만 아니라 영국 농업에게도 가혹하였다. 이로 인해 1812년 영국의 수확량은 매우 적었다. 1793~1814년에 걸친 전쟁 기간 동안 내내 영국의 날씨는 나빴다. 1793년에서 1814년 사이에 있었던 22번의 수확기 중에서 무려 14번(=64%)에 걸쳐서 수확량이 부족하였고, 2번의 경우만 수확량이 풍부하였다.[67]

영국의 이러한 고난에 더하여 유럽에서 식량이 부족한 상황에서 '상업 위기'(commercial crisis)가 발생하였다. 곡물 가격이 아직 상승하기 전인 1810년 후반에 시작된 유럽의 상업 위기는 유럽 대륙뿐만 아니라 영국도 괴롭혔다. 따라서 '상업 위기의 원인'으로 식량 사정에 의지하는 것은 틀린 생각일 것이다.[68] 1811년 10월부터 식량 부족이 끝난 1813년까지 곡물 가격은 매주 쿼터당 100실링을 초과하였다. 특히, 1812년 8월에 이르러 밀은 쿼터당 무려 155실링이라는 엄청난 가격으로 팔렸다.[69] 식량 소비를 절약하기 위하여 1795년과 1800년 사이에 영국 의회에서 통과된 대부분의 비상조치들이 이 시기에 다시 제정되었다. 당시 영국은 실업, 높은 세금, 전례 없이 높은 식량 가격 등이 동시에 발생하여 큰 고통과 압박을 받게 되었다. 또한 1810년 후반에 폭동이 발생하여 상

---

66 Tooke, *A History of Prices*, I, pp. 319~22.

67 Lord Ernle, *English Farming*, 6th edition(London, 1961), p. 210; Tooke, *A History of Prices*, I, pp. 82, 84~85; George Chalmers, *An Estimate of Comparative Strength of Great Britain*, new edition(London, 1804), p. 331.

68 N. J. Silberling, "Financial and Monetary Policy in Great Britain during the Napoleonic Wars," *Quarterly Journal of Economics*, LXXIII(Feb. 1924), pp. 145~68.

69 당시 밀(곡물) 가격에 대한 정기 보고를 보려면 *London Gazette*를 참고하기 바람.

업 위기 기간 내내 계속되었다. 당시 맨체스터(Manchester; 영국 서부 대(大)맨체스터주의 주도(州都)로 방적업의 중심지) 근처에 나붙은 벽보에는 다음과 같은 내용이 들어 있었다:

"가난한 사람들이 빵을 달라고 큰 소리로 외친다.
섭정 왕자(Prince Regent)는 곧 처형될 것이다.
가난한 사람들을 학대하는 모든 부자들도 곧 죽음에 처할 것이다."[70]

그러나 당시 폭동들은 높은 식량 가격 때문만이 아니었다. 당시 폭동들은 대체로 실업의 주범이라고 여겨진 '새로운 기계들'에 반대하는 것이었다.[71] 당시에 일어난 대부분의 폭동들의 성질은 샬롯 브론테(Charlotte Brontë; 영국의 소설가, 1816~55년)의 소설인 『셜리』(Shirley)에도 잘 묘사되어 있다. 이 소설에서 묘사된 폭동은 로버트 무어(Robert Moore)의 공장에 설치된 새로운 기계들에 반대하는 것이었고, 높은 식량 가격에 대해서는 거의 언급이 없었다.

1813년 영국에서의 높은 수확량과 그해 북유럽에서의 나폴레옹의 패배는 마침내 영국에 다시 '식량 풍부'를 가져다주었다. 영국은 프랑스와의 전쟁 기간 동안에 겪었던 세 번째 식량 부족 – 즉, 1795~96년과 1800~1년에 이어 1812~13년에 겪은 식량 부족 – 도 잘 견뎌 내었다. 1812~13년에 겪었던 영국의 식량 부족은 1795~96년이나 1800~1년의 식량 부족에 비해 견디기가 덜 힘들었

70 Home Office, 40: 1, Letter from W. R. Hay(당시 맨체스터 경찰관), 이 내용은 Galpin, *Grain Supply*, p. 79에서 인용한 것임.
71 *Parliamentary Papers*(1812), no. 210; *Parliamentary Debates*, XXIII, p. 496.

다. 그러나 1812~13년의 경우 식량 수입에 대한 장애가 가장 컸었다. 마침내 1813년 가을에 영국은 국내 수확량이 크게 증가하여 인구 증가에도 불구하고 영국의 식량 사정은 '자급자족 수준'에 가까울 정도였다.

그러나 가장 중요한 일은 "나폴레옹의 대륙 봉쇄로 대부분의 해외 식량 공급원을 잃었고 전쟁 기간 동안 대다수의 혹독한 날씨와 계절에도 불구하고 영국은 막강한 나폴레옹과의 전쟁에서 식량 부족 때문에 좌절하지 않았다"는 점이다. 식량 부족의 심각성을 부인하는 것은 결코 현명하지 못한 일일 것이다. 또한 식량 부족이 가난한 사람들에게 가져다준 고난을 무시하는 것은 냉담한 일일 것이다. 그러나 영국에서 '식량 부족 문제'는 결코 인구 증가를 억제하거나 국가 붕괴를 위협할 정도로 심각하지는 않았다.

당시 폭동들은 심각하였지만 이것이 지나치게 강조되어서는 안 될 것이다. 그 당시에 일어났던 식량 폭동들은 결코 전례가 없었던 것은 아니었다. 사무엘 존슨(Samuel Johnson; 영국의 문학가, 1709~84년)은 평화로운 1766년에 쓴 글에서 영국이 당면할 또 하나의 식량 부족에 대해 다음과 같이 표현하였다:

> "가난한 사람들의 비참함은 쉽게 감내할 수 없을 정도였다. 이미 영국의 많은 지역들에서 가난한 사람들은 공개적으로 정부에 반항하였으며, 이로 인해 최고의 정치적 악들 중의 하나인 즉각적인 폭력에 의한 지배의 필요성이 야기되었다.
>
> 로마 황제 줄리어스 시저(Julius Caesar; 로마의 장군 및 정치가, B.C.100~B.C.44)는 '문다 전투'(Battle of Munda)[72]를 치룬 후에 '나는 매번 승리하기

72 [역주] Battel of Munda에서 원문에서는 Mundo로 되어 있으나 이것은 Munda가 옳음.

위해 싸웠지만, 이번만은 살기 위해 싸웠다'고 선언하였다. 그동안 우리는 종종 '어떻게 잘 살지'에 대해서만 생각해 왔다. 그러나 이제 우리는 '어떻게 생존할지'에 대해 물어 보아야 한다."[73]

그 당시 많은 사람들은 자신의 일상적인 삶이 오로지 '식량을 얻기 위한 투쟁'이라고 생각하였다. 다른 어떤 문제보다 '배고픔이나 굶주림'은 그것이 사람들의 뇌리 속에 생생히 기억되기 때문에 몹시 두려운 것이다. 이것이 바로 당시 영국의 '전시 식량 부족 문제'를 고찰할 때 우리가 유념해야 하는 사항이다.[74]

저명한 나폴레옹 연구자인 로즈(J. Holland Rose)는 영국의 전시 식량 문제의 중요성을 '지나치게 과장'하였다. 로즈에 의하면 "나폴레옹은 1810년에 대륙봉쇄를 강행함으로써 영국을 굶겨서 굴복시키려 하였다"고 주장하였다. 특히, 로즈는 "프랑스와 그 동맹국들로부터 영국으로 곡물 수출을 금지하는 나폴레옹 황제의 칙령은 분명히 우리(영국)를 굶겨서 굴복시킬 수 있었다"고 주장하였다. 그러나 이러한 오판으로 나폴레옹은 '그의 인생에서 최고의 기회'를 잃게 되었다.[75]

영국은 1810년에 '나폴레옹의 곡물'(즉, 프랑스로부터의 곡물 수입)이 없었더라도(또한 1811년과 1812년에 프랑스부터 소량의 곡물 수입이 없었다고 하더라도) 국내

---

73 Samuel Johnson, "Considerations on Corn"(이 글은 W. G. Hamilton's *Parliamentary Logick* (London, 1808)의 부록에 게재되어 있음).

74 '식량 부족(기근)의 잊혀지지 않는 성질'을 보려면 다음 문헌을 참고하기 바람. Fox, *Parliamentary Debates*(Nov. 23, 1795), XXXII, p. 241; Sir Gilbert Blane, *Inquiry into Scarcity.*

75 Holland J. Rose, *The Life of Napoleon I*(London, 1904), II, pp. 208~30, 특히 p. 221; Holland Rose, "Our Food Supply in the Napoleonic War".

에서 농업 생산량이 크게 증가하여 이 기간 동안에 확실히 생존하였을 것이다. 1810년 동안에 영국은 프랑스와 그 동맹국들로부터 1,306,441쿼터의 곡물을 수입하였다.[76] 이때의 곡물 수입량은 엄청났지만 이것이 영국의 총소비량에서 차지하는 비중은 크지 않았다. 1810년 당시 영국(England)과 웨일스(Wales)의 인구는 약 1,000만 명 정도였고, 평균 곡물 소비는 1인당 1쿼터 정도였다. 나폴레옹과 그 관할 국가로부터의 수입은 영국 총소비의 약 13% 정도에 불과하였고, 나폴레옹의 대륙 봉쇄에 의한 이 정도의 식량 상실은 제1차 세계 대전(1914~18년)에서 스웨덴이 직면한 것과 비교해 볼 때 영국에서 아주 작은 소비 감소에 해당된다. 1917~18년에 스웨덴의 곡물 공급은 평상시의 절반 미만이었던 것으로 추정된다.[77] 물론 영국은 두 차례 세계 대전에서 훨씬 더 많은 식량 수입 감소를 겪게 되었다. 또한 나폴레옹이 대량의 곡물 수출을 허용한 유일한 해인 1810년에 영국에서 곡물 낭비를 방지하는(또는 곡물 소비 절약을 위한) 많은 조치들이 시행되지 않았다(그러나 영국은 두 번째 식량 부족을 겪었던 1800~1년에는 곡물 소비 절약을 위한 다양한 조치들을 실시하였다).

마지막으로, 제1장에서 이미 설명하였듯이 자국 식량 공급원의 일부를 잃어버린 어떤 국가 – 예를 들면, 영국 – 가 발휘할 수 있는 적응력(flexibility)을 고려해 보자. 무엇보다도 식량 부족에 직면하여 영국이 어떠한 '적응력'(대처력)을 발휘하였는지에 대해 살펴보기로 하자.

먼저, 페이(C. R. Fay)에 따르면 "식량 위기에 직면하여 영국 농업이 보여 준

---

76 Galpin, *Grain Supply*, Appendix 8.

77 Galpin, *Grain Supply*, p. 196 또는 Appendix 8. 또한 나폴레옹이 곡물 수출을 엄격히 금지하였을지라도 영국은 밀수를 통해 프랑스로부터 약간의 곡물을 수입할 수 있었다(이에 대해서는 Heckscher, *Continental System*, p. 338를 참고하기 바람).

대응은 놀라울 정도로 뛰어나서 영국은 해외로부터 한 쿼터의 밀(곡물) 수입 없이도 잘 생존할 수 있었다"고 정확히 지적하였다.[78] 또한 프랑스 학자인 크로제(François Crouzet)는 두 권의 연구서인 *L'Economie Britannique et le Blocus Continental* I과 II([역주]『대륙 봉쇄 하에서의 영국 경제 I, II』)에서 "나폴레옹은 결코 영국을 굶겨서 굴복시킬 수 있는 완전한 힘을 가지고 있지 못하였다"고 주장하였다. 당시 영국은 아일랜드나 미국, 발트해 연안 국가들로부터도 곡물을 수입할 수 있었기 때문이다(그러나 이러한 주장에 대해 크로제가 제시한 이유들[79]은 본서의 주장과는 다소 다르다).

또한 영국이 프랑스와의 두 번째 전쟁(1804~14년) 후반에 이르러 식량 위기에 직면해서도 상당히 '안전한 상태'를 유지할 수 있었던 가장 중요한 요인은 '국내(그리고 아일랜드) 식량 생산의 놀라운 증가'에 있었다. 이것이 실로 이제까지 설명의 핵심이다.

불행하게도 이 전쟁 기간 동안(1804~14년) 영국의 식량 생산에 대한 통계 자료는 없다. 그러나 여러 종류의 증거들을 통해 이 기간 동안 영국의 식량 생산이 크게 증가하였다는 사실을 보여 줄 수 있다. 이제 아래에서는 (1) 영국 농업에 대한 투자 증가, (2) '울타리치기'가 더 많은 경작지를 가져다준 정도, 그리고 (3) 당시 영국의 식량 생산에 대해 언급한 사람들의 평가나 추정 등을 차례대로 살펴보기로 하자.

---

78 C. R. Fay, *Corn Laws*, p. 38.

79 François Crouzet, *L'Economie Britannique et le Blocus Continental*(Paris, 1958), I and II. 크로제(Crouzet)에 따르면 "나폴레옹이 1810년에 비록 막강한 힘을 가지고 있었지만 영국의 곡물 수입을 '모두' 막을 수는 없었다"라고 주장하였다. 왜냐하면 나폴레옹은 아일랜드나 미국으로부터의 수입을 전혀 통제할 수 없었고, 또한 발트해 연안 국가들로부터의 수입에 대해서도 매우 제한된 정도의 통제력만을 가지고 있었기 때문이다.

첫째, 영국에서 농업에 대한 투자 증가를 살펴보자. 경제사상사를 연구하는 학자들은 "나폴레옹 전쟁 기간 동안 영국 농업에 대량의 투자가 있었다"는 사실을 안다고 하더라도 결코 놀라지 않을 것이다. 전쟁 기간 동안 영국에서 농업에 대한 투자는 경제 분석의 역사에서 가장 중요한 진보들 중의 하나인 '리카도의 지대 이론'(Ricardian Theory of Rent)이 등장하는 역사적 계기를 마련해 주었다. 이것은 마치 전시 식량 부족이 맬서스로 하여금 자신의 역사적인 '인구 이론'(Malthusian Theory of Population)을 저술하도록 하는 계기가 된 것과 같다. 전쟁 직후인 1815년에 리카도(D. Ricardo)는 『낮은 곡물 가격이 자본(stock)[80]의 이자에 미치는 영향에 대한 에세이』를 발간하였다. 여기서 리카도는 "곡물에 대한 수요 증가가 농부들로 하여금 메마른 토지를 개간해서 경작하도록 유인하였으며, 그로 인해 개간과 경작에 드는 지출금(비용)이 증가하였다"고 주장하였다. 가장 메마른 토지인 '한계 토지'(marginal land; 수지가 안 맞을 정도의 메마른 땅)에 대한 개간과 경작 비용이 곡물 가격을 결정하였고, 또한 지대를 인상시켰다. '인구 법칙'(principle of population)에 따라 곡물 가격이 인상되면 노동자의 임금이 올라가고, 그로 인해 자본 수익(즉, 이자)이 감소될 것이다. 만약 어떤 산업에서 자본 수익(이자)이 생기지 않는다면 당해 산업에 대한 투자가 일어나지 않을 것이며, 그로 인해 사회는 정체될 것이다. 또한 곡물에 대한 관세는 곡물 가격을 인상시키고, 그로 인해 그 국가(사회)는 더욱더 빠르게 정체될 것이다.

프랑스와의 전쟁 기간 동안 영국이 겪은 식량 부족, 높은 곡물 가격, 그리고 농업의 확대는 리카도의 독창적 분석과 우울한 예언을 촉발시킨 계기가 되

---

80 [역주] 스톡(stock)은 '자본'에 대한 고어임.

었다. 왜냐하면 리카도(1772~1823년)는 1793년(그의 나이 21세)에 성인으로서 자신의 삶을 시작하였고, 영국에서 대기근이 있었던 1799년(그의 나이 27세)에 애덤 스미스의 『국부론』(1776년 발간)을 우연히 마주친 후 비로소 '정치경제학'에 대한 관심을 본격적으로 가지게 되었기 때문이다.[81]

리카도뿐만 아니라 다른 경제학자들도 프랑스와 전쟁 기간 동안 '영국 농업의 투자 증가'와 그로 인한 '지대 증가'를 인식하였다. 예를 들면, 맬서스(T. R. Malthus), 웨스트(E. West), 토렌스(R. Torrens) 등도 농업에 대한 투자 증가와 지대 증가 현상을 강조하였다. 실제로 이들은 '리카도의 지대 이론'보다 불과 며칠 정도 앞서서 자신의 책들을 발간하였다.[82] 또한 '의회 곡물법 청원 위원회' 도 "'많은 추가 자본들'이 농업에 사용되었다"고 강조하였다[83](그러나 동 위원회는 곡물 관세의 인상 필요성에 대해서는 대부분의 경제학자들과 의견이 달랐다).

또한 당시 영국 사회를 특징지을 수 있는 사상 유례없었던 '농업열'(農業熱)도 그 당시 농업에 대한 지대한 관심과 투자를 보여 주는 추가적 증거이다. 당시 '유익한 농업'(good farming; 농사짓기)이 매우 유행해서 심지어 가장 바쁘고 저명한 많은 인사들 – 예를 들면, 폭스(Fox), 버크(Burke), 베드포드(bedford) 공작 등 – 도 농업에 커다란 관심을 기울였다. '농사짓기 실험'은 당시 교양 있는 토론의 인기 있는 화젯거리였다.[84]

---

81 Piero Sraffa, ed., *The Works and Correspondence of David Ricardo*(Cambridge, 1955), X, pp. 29, 35~36.

82 T. R. Malthus, *Inquiry into Rent and Grounds of an Opinion;* West Edward, *Essay on Application of Capital to Land*; Robert Torrens, *Essay on the External Corn Trade*. 이러한 책들과 리카도의 책은 '모두' 1815년 2월에 발간되었다. 이는 '곡물법에 대한 의회에서의 논쟁'에 영향을 미치기 위해 모두 1815년 2월에 출간된 것으로 생각된다. 정확한 출간 일자를 보려면 Sraffa, *The Works and Correspondence of David Ricardo*(1955), IV, pp. 4~5를 참고하기 바람.

83 *Parliamentary Reports*, Sess.(1813~14), III; George Skene Keith, "General Observations on the Corn Trade and Corn Laws," *Farmer's Magazine*(1814); François Crouzet, *L'Economie Britannique et le Blocus Continental*, II, p. 868.

당시 영국의 높은 곡물 가격에 비추어 볼 때 영국 사람들의 농업에 대한 이러한 관심과 투자는 전혀 놀랄 일이 아니다. 사무엘 존슨이 말한 바에 따르면 "사람들은 이익이 될 만한 일은 무엇이든지 더 많이 하려고 할 것이다. 왜냐하면 일을 더 많이 할수록 더 많은 이익을 얻을 수 있기 때문이다. … 사람들은 부자가 되기를 원하지만 이익이 있을 때에만 열심히 일할 것이다".[85] 또한 당시 많은 사업가들이 그들의 자본을 '농업'에 투자하려고 하였을 것이다.[86] 왜 그런가? 아마 당시 공급 탄력성([역주] 정확히 말하면, 공급의 가격 탄력성) - 이 매우 높았을 것이다([역주] 여기서 공급 탄력성은 '가격 상승이 생산(공급)을 증가시키는 정도'를 가리키며, 일반적으로 '가격 변화에 대한 공급(생산)의 변화 정도'를 말함). 그래서 사업가들은 자신의 자본을 농업에 투자하려고 하였을 것이다[87](그러나 공급 탄력성은 1800년대 후반에 와서야 높아지게 되었다).

둘째, '울타리치기'가 더 많은 경작지를 가져다준 정도를 살펴보자. 전쟁 기간 동안 울타리치기의 커다란 증가가 영국에서 식량 생산량을 증가시킨 하나의 요인이다. 1776년에서 1790년 기간 동안(즉, 프랑스와의 두 번째 전쟁 전)에 매년 평균 25개의 '울타리치기 법안들'(Enclosure Bills)이 의회에서 통과되었다. 그러나 1793년에 전쟁이 발발하자 울타리치기 법안들의 수가 급속도로 증가하였다. 그 이유는 1802년에 영국에서 울타리치기법 제정을 촉진시키기 위한 법이 의회에서 통과되었기 때문이다. 그 결과 1802~13년 기간 동안 영국에서 울

84 Ernle, *English Farming*, pp. 207~23.
85 Samuel Johnson, "Considerations on Corn," pp. 244~46.
86 W. H. R. Curtler, *A Short History of English Agriculture*(Oxford, 1909), p. 243.
87 Mancur Olson, Jr. and Curtis C. Harris, Jr., "Free Trade in Corn," *Quarterly Journal of Economics*, LXXIII(Feb. 1959), pp. 160~64.

타리치기 법안들의 수가 가장 급속도로 증가하였다. 특히, 이 기간 동안 매년 평균 99개의 울타리치기 법안들이 통과되었다.[88]

논리적으로 '울타리치기'가 개간되는 토지의 양을 감소시킬 수 있을 것이다. 예를 들면, 현재 구획되지 않고 공동으로 경작되는 토지에 울타리를 쳐서 목초지로 만드는 경우 개간지의 양을 줄일 수 있을 것이다. 그러나 이러한 일은 영국에서 대체로 발생하지 않았다. 1810년 영국 상원의 '증류소 및 곡물 거래 위원회'는 의회에서 증언한 많은 사람들에게 울타리치기가 곡물 생산을 증가시켰는지 여부에 관해 물어보았다. 그 결과 13명은 그렇다고 대답하였고, 2명은 모호한 대답을 하였다. 또한 길버트 슬레이터(Gilbert Slater)는 울타리가 쳐진 황무지와 공유지의 양을 추정해 보았다. 그 결과, (1) 1761년에서 1792년 동안 매년 평균 14,946에이커에 울타리가 쳐졌고, (2) 1793년에서 1801년 동안 매년 평균 30,432에이커에 울타리가 쳐졌고, (3) 1801년에서 1815년 동안 매년 평균 52,839에이커에 울타리가 쳐졌다. 그러나 프랑스와의 두 번째 전쟁(1793~1814년)이 끝나자 이내 영국에서 '울타리치기 운동'(Enclose Movement)은 서서히 감소되었다.[89]

마지막으로, 영국의 식량 생산에 대해 언급한 사람들의 평가나 추정에 관해 살펴보자. 1800년에 영국 '식량 고가(高價) 위원회'는 영국의 평소 밀(곡물) 소비량이 7,000,000쿼터를 넘지 않았다고 추정하였다. 또한 동 위원회는 당시 평균 밀(곡물) 수입량이 약 325,000쿼터이었기 때문에 영국 내 평균 밀(곡물) 수확량(생산량)은 대략 6,700,000쿼터이었다고 추정하였다(분명히 씨앗용으로 마련해

---

88 G. R. Porter, *Progress of the Nation*(London, 1836), pp. 155~56.
89 *The English Peasantry and the Enclosure of Common Fields*(London, 1907), Appendix A, p. 267.

표 3-1 영국의 국내 밀(곡물) 생산량 추정치

추정자	연도	밀 소비량	밀 수입량	밀 생산량 추정치
식량 고가 위원회	1800년	7,000,000쿼터	325,000쿼터	6,700,000쿼터
아서 영	1814년	-	-	8,412,838쿼터

주: 역자가 만든 표임.

둔 밀의 양은 여기서 제외되었을 것이다).[90] 또한 1814년에 아서 영(Arthur Young)은 영국의 연간 평균 밀(곡물) 생산량은 8,412,838쿼터이었다고 추정하였다.[91]

그러므로 〈표 3-1〉을 보면 영국의 국내 밀 생산이 14년여 동안(1800~14년) 170만 쿼터 이상[92](즉, 4분의 1 이상) 증가된 것으로 추정된다. 이것은 프랑스와의 1차 전쟁(1793~1802년) 말기에서 2차 전쟁 기간 동안(즉, 1804~14년)의 추정치이다. 그러나 프랑스와의 두 차례 전쟁 기간 동안을 '모두' 고려한다면 영국의 국내 밀(곡물) 생산 증가는 이보다 훨씬 더 컸을 것이다. 왜냐하면 영국의 국내 밀 생산량은 프랑스와의 2차 전쟁 발발(즉, 1804년) 이전에 비해 1800년 직전 여러 해 동안 더 증가하였기 때문이다. 특히, 1795년과 1796년에 밀 가격이 높았기 때문에 아마 밀 생산이 증가하였을 것이다.[93] 다시 말하면, 1800년 이전의 여러 해

90 Sixth Report of the Committee, *Parliamentary Reports*, IX.

91 Select Committee on Petitions Respecting the Corn Laws, Sess.(1813~14), III, p. 145.

92 [역주] 즉, 1814년의 밀 추정량인 8,412,838쿼터에서 1800년의 밀 추정량인 6,700,000쿼터를 빼면 14년간 영국의 국내 밀 생산 증가량은 1,712,838쿼터가 된다.

93 영국 정부는 1794년, 1795년, 1801년에 곡물 생산과 면적에 대해 대규모 조사를 실시하였다. 그러나 그 결과들은 본 연구의 목적에는 거의 부합하지 않는다. 그러한 조사들은 주로 지방의 지사나 목사들에 의해 '지방 수준'에서의 추정치들을 조사하였다. 그러나 당시 추정치들은 다양한 원칙들에 의거하여 수집되었기 때문에 그 결과들을 일반적으로 비교할 수는 없다. 그러나 레스터주(Leicestershire)의 Guthlaxton Hundred 지역의 경우 지방 추정치들을 서로 비교해 볼 수 있다. 이에 따르면 1793~1801년에 곡물 생산 면적이 약 3분의 1 정도 증가하였음을 보여 주었다. 반면에 글로스터주(Gloucestershire)의 15개 행정 교구들에 대한 추정치에 따르면 곡물 생산 면적이 명확히 증가하지 않았음을 보여 주었다(이에 대해서는 W. E. Minchinton, "Agricultural Returns and the Government during the Napoleonic Wars," *The Agricultural History Review*, I(1953), pp. 41~42를 참고하기 바람. 또한 Minchinton은 Joan Thirsk 여사로부터 레스터주에 관한 정보를 얻었다).

를 고려한다면 영국의 국내 밀 생산량은 170만 쿼터보다 훨씬 더 많이 증가되었을 것이다. 또한 영국에서 울타리치기 비율이 1802~13년 기간 동안 매우 증가함으로써 밀 생산이 크게 증가하였다('울타리치기 운동'에 관해서는 방금 전에 살펴보았다). 그러므로 영국 식량 고가 위원회의 1800년 밀 생산 추정치는 아마 그 당시의 생산량을 실제보다 과장하고 있을지도 모른다. 따라서 1800년의 실제 밀(곡물) 생산량의 증가는 이보다 더 적을 것이다.[94)]

나폴레옹 전쟁 기간(1793~1814년) 동안 잉글랜드와 웨일스의 인구는 아마 영국 역사상 가장 높았던 비율 중의 하나로 크게 증가하였다. 영국의 인구 조사(Census) 통계에 따르면 1801~11년 사이의 잉글랜드와 웨일스의 인구는

---

94 아서 영(Arthur Young)은 다음 가정에 기초하여 자신의 추정치를 계산하였다. 즉, 잉글랜드와 웨일스 지역의 10,791,115명의 인구 중 78.7%(즉, 8,500,000명)가 귀리나 보리로 만든 빵이 아니라 밀(드물게 호밀)로 만든 빵을 먹었다고 가정하였다. 또한 아서 영은 다음을 가정하였다. 즉, 밀을 소비한 사람들의 평균 밀 소비량은 1년에 1쿼터라고 가정하였다. 현대의 모든 연구자들은 아서 영의 이러한 추정치에 동의하고 있다. 이러한 추정치는 20세기 초 영국 사람들의 평균 소비량보다 거의 3분의 1이나 더 크다. 그러나 그 당시 대다수 영국 사람들은 다른 식량들을 훨씬 더 많이 소비할 수 있었다(이에 대해서는 Report of the Royal Commission on Supply of Food and Raw Material in Time of War, Cd. 2643(1905), p. 100; Tooke, *Prices*, I, p. 214; Sheffield, *Deficiency of Grain*, p. 21을 참고하기 바람). 또한 아서 영은 1811년과 1812년의 수입 초과분이 평균 187,162쿼터라고 추정하였다(그러나 이러한 수치는 너무 적은 것으로 여겨진다. 왜냐하면 1811년과 1812년에 수입이 매우 적었기 때문이다. 또한 아서 영은 이들 두 해 동안 수입 초과를 너무 적게 추정한 것 같다. 그러나 어쨌든 이러한 점이 당시 영국 생산량에 대한 그의 전체 추정치에 큰 영향을 미치지 않을 것이다).따라서 아서 영은 잉글랜드와 웨일스 지역의 밀 생산량이 8,412,838쿼터라고 추정하였다.

이러한 접근법의 단점은 다음과 같다. 즉, 밀로 만든 빵을 먹는 인구 비중에 대한 추정치가 매우 조잡하고 부정확하기 때문이다. 그러나 영국 식량 고가 위원회의 1800년 추정치는 밀가루로 만든 빵을 먹는 인구 비중을 더욱 과장한 것 같다. 영국 식량 고가 위원회는 그 추정치를 보여 주지 않았지만 1801년 인구 조사 보고서를 기초로 해서 본다면 당시 인구는 8,892,536명이었으며, 이 중 밀 소비자들의 수는 7,000,000명이었다. 이는 총인구 중 78.4%가 밀로 만든 빵을 먹었다는 것을 의미한다. 이것은 사실상 아서 영이 1814년에 가정한 비율과 같다. 그러나 밀로 만든 빵을 먹는 인구 비중은 나폴레옹 전쟁 말기에 비해 20세기 초에는 분명히 더 작았을 것이다. 예를 들면, 셰필드 경(Lord Sheffield)은 1799년에 인구의 3분의 2만이 밀로 만든 빵을 먹었다고 주장하였다(이에 대해서는 Sheffield, *Deficiency of Grain*, p. 21을 참고하기 바람). 또한 에슐리 경(Sir W. Ashley)은 유럽 대륙에서뿐만 아니라 영국에서도 대다수의 사람들이 밀이 아니라 '곡물'로 만든 빵을 먹기 시작하였음을 보여 주었다(이에 대해서는 W. Ashley, "The Place of Rye in the History of English Food," *Economic Journal*, XXXI(September 1921), pp. 285~309를 참고하기 바람). 마지막으로, 찰스 스미스(Charles Smith)는 자신이 수십 년 전에 조사한 면밀한 연구에 따르면 총인구의 62.5%만이 밀로 만든 빵을 먹었으며, 반면에 8%는 호밀로 만든 빵을 먹었고, 나머지 사람들(즉, 29.5%)은 귀리나 보리로 만든 빵이나 곡식을 먹었다고 주장하였다(이에 대해서는 C. Smith, *Three Tracts on the Corn Trade and the Corn Laws*(London, 1766)를 참고하기 바람).

8,892,536명에서 10,164,256명으로 무려 14.3%나 '증가'하였다.[95] 전쟁 기간 동안 식량 부족으로 인구가 감소될 수 있었지만 영국과 웨일스의 인구는 오히려 크게 증가하였다. 이는 무엇을 의미하는가? 분명히 인구가 식량 공급에 의해 커다란 제약을 받았던 나폴레옹 전쟁 시기에 이러한 높은 인구 증가율은 식량 부족이 아무리 고통스럽다고 하더라도 그것이 결코 대량 기아를 가져다주지는 않을 것이라는 사실을 의미한다.

그러나 이러한 인구 증가에도 불구하고 당시 해외로부터 밀(곡물) 수입은 감소되었다. 1801년에 약 140만 쿼터의 밀(곡물)이 수입되었으나, 1812년에는 단지 30만 쿼터의 밀(곡물)이 수입되었다. 또한 몇 년간의 평균치를 보면 1795~1801년 사이의 밀(곡물) 수입량은 평균 520만 쿼터였으나, 1806~12년 사이의 밀(곡물) 수입량은 평균 350만 쿼터에 불과하였다.[96] 이와 같이 나폴레옹 전쟁 기간 동안 영국 내 인구 증가에도 불구하고 밀(곡물) 수입량은 갈수록 크게 감소하였다(〈표 3-2〉 참조). 또한 영국이 전쟁 말기에 소량의 밀(곡물)을 수입하였으나 이중 상당 부분은 아일랜드로부터 수입되었다. 당시 아일랜드는 영국의 높은 곡물 가격 때문에 생산이 크게 증가하였다. 따라서 아일랜드의 수출 증가는 영국의 국내 생산 증가로 간주될 수 없을 것이다.[97]

이제까지 우리는 (1) 영국 농업에 대한 투자 증가, (2) 울타리치기에 의한 경작지 확대, 그리고 (3) 영국의 식량 생산에 대한 통계 자료 및 추정치 등에 관해 차례대로 살펴보았다. 이제 본장의 '결론'을 서술하고자 한다. 많은 사람들

95 R. Price Williams, "On the Increase of Population in England and Wales," *Journal of the Statistical Society*, XLIII(Sept. 1880), pp. 462~96.
96 *Customs Tariffs of the United Kingdom*, C. 8706, pp. 256~58.
97 Select Committee on the Corn Trade, *Parliamentary Reports*, Sess.(1812~13), Vol. III.

표 3-2 영국의 밀(곡물) 수입량

연도	밀(곡물) 수입량
1801년	140만 쿼터
1812년	30만 쿼터
1795~1801년간 평균	520만 쿼터
1806~12년간 평균	350만 쿼터

주: 역자가 만든 표임.

은 "전쟁에 직면해서도 필요하였다면 영국 농업은 더 많은 일을 수행하였을 것이다"라고 확신하였다. 한 예로 농업부(Board of Agriculture)에 따르면 "전쟁 기간 동안 경작지의 커다란 증가에도 불구하고 커다란 준비 비용이 없이도 경작지로 전환할 수 있는 목초지들이 영국에 '여전히 많이' 남아 있었다"고 주장하였다.[98]

또한 영국 의회 내 '곡물 거래 특별 위원회'의 평가에 따르면 이러한 사실은 곧 "영국이 전시에 해외 식량 공급에 의존하지 않으려면 평화 시에 영국 농업 생산에 보조금을 주는 것이 현명하고 실용적인 대책"이라는 점을 시사해 준다. 이를 바탕으로 다음과 같이 결론지어도 결코 이치에 어긋나지 않을 것이다. 즉, 역사적으로 영국은 나폴레옹과의 전쟁 기간 중에도 큰 어려움이나 비용 없이 1812년 수준 이상으로 식량 생산을 증가시킬 수 있는 능력을 가지고 있었다는 사실을 알 수 있다. 그러한 잠재력은 곧 비록 영국이 평화 시에 농업 부문을 확대하지 않았지만 "전시에 식량이 부족하면 국내 농업 생산을 충분히

98 Select Committee on the Corn Trade, *Parliamentary Reports*, Sess.(1812~13), Appendix 2 & 3.

증가시킬 수 있다"는 것을 의미한다.

본장을 마무리하기 전에 나폴레옹 전쟁 기간(1793~1814년) 동안 영국의 식량 사정에 대한 가장 중요한 몇 가지 사실들을 지적하면 다음과 같다. 첫째, 당시 영국의 식량은 어려웠지만 결코 재난을 초래하지는 않았다. 둘째, 식량 부족에 직면해서 낭비적인 소비를 막고, 농업을 장려하고, 수입에 보조금을 지급함으로써 영국은 자국의 여러 난국에 꽤 성공적으로 대처하였다. 당시 영국은 국내에서는 나쁜 날씨가 비정상적으로 여러 해 동안 지속되었을 뿐만 아니라, 해외에서는 대륙 봉쇄와 같이 식량 수입을 강하게 제한한 외교적·군사적 곤경에도 직면하고 있었다. 그럼에도 불구하고 영국은 이러한 난국에 슬기롭게 대처하였다. 마지막으로, 나폴레옹은 1810년에 프랑스로부터 잉여 곡물을 영국으로 수출함으로써 어리석게도 영국을 원조하게 되는 결과를 초래하였다. 그러나 심지어 이러한 도움이 없었더라도 영국은 식량 부족에 잘 대처하였을 것이다.

제4장

제1차 세계 대전: 1914~18년

제4장

제1차 세계 대전: 1914~18년

1. 영국 농업의 침체기: 1873~96년

나폴레옹 전쟁(1796~1815년)과 제1차 세계 대전(1914~18년) 간 수십 년 동안([역주] 이 기간을 '영국 농업의 침체기'라 부름) 영국의 농업은 크게 쇠퇴하여 평화 시 영국 농업의 극히 일부에 불과하였다. 나폴레옹 전쟁 전에 영국은 결코 식량의 자급자족(self-sufficiency)을 이룩하지 못하였지만 최소한 자급자족 수준 가까이에 있었다. 그러나 제1차 세계 대전 직전에 영국의 농업은 영국 식량의 아주 적은 부분만을 공급하였다. 예를 들면, 제1차 세계 대전 전에 영국 사람들이 먹었던 빵의 5조각 중 4조각은 외국에서 재배된 밀로 만들었고, 빵 5조각 중 3조각은 수입된 버터를 발라서 먹었다. 또한 영국은 돼지 기름의 5분의 4(=80% 정도)를 수입하였고, 햄과 베이컨의 3분의 2(=66% 정도)와 치즈의 4분의 3(=75% 정도)도 수입하였다.[1] 그 이유가 무엇인가? '영국 농업의 쇠퇴'가 이러한 유례없는

1 Sir William Beveridge, *British Food Control* (London, 1928), p. 359; Great Britain, Board of Agriculture and

식량 수입에 의존하는 원인이 되었다. 영국 농업의 쇠퇴는 오랫동안 진행되어 왔지만, 특히 1873~96년(즉, 나폴레옹 전쟁과 제1차 세계 대전 사이 20여 년 기간)에 걸친 '영국 농업의 불황기'(agricultural depression) 동안 가속화되었다. 물론 당시에 농업 불황의 고통을 최소화하려는 여러 시도들이 있었지만 영국에서 식량 부족 문제가 해결되지 않은 원인은 무엇인가? 무엇보다도 부분적으로 영국 농부들의 '농업에 대한 유인(incentive) 부족'으로 영국 내에서 식량을 더욱더 적게 생산하게 되었음은 부인할 수 없다.[2] 다시 말하면, 영국 농업이 쇠퇴하게 된 근본적인 원인은 영국 농부들의 농업에 대한 유인 부족 때문이었고, 그로 인해 영국은 해외로부터 대규모 식량 수입에 의존하게 되었다.

또한 공업에 비해 상대적으로 더 낮은 농업 수익이 당시 늘어나는 영국 사람들의 전례 없는 해외 식량 의존을 가져다준 또 하나의 요인이라는 데 의심의 여지가 거의 없다. 그러나 놀랍게도 어느 누구도 "영국이 농업 침체(agricultural recession)를 멈추기 위해 아무 일도 하지 않았다"는 사실에 의문을 제기하지 않았다. 당시 영국이 농업 침체에 직면하여 왜 아무런 정책도 취하지 않았는가? 영국 농업의 침체와 그로 인한 영국의 유례없는 해외 식량 의존은 사실상 영국의 순수한 '자유무역 정책'(free trade policy)에 의해 뒷받침되고 촉진되었다. 당시 영국은 그리고 유럽에서 영국만이 '자유무역 정책'을 따르고 있었다. 영국의

Fisheries, *Agricultural Statistics*, XLVIII(1913), Part. IV. 관련 참고 문헌들을 보려면 M. E. Bulkley, *Bibliographic Survey of Contemporary References for the Economic and Social History of War*(Oxford, 1922)를 참조하기 바람.

2 Mancur Olson, Jr. and Curtis Harris, Jr., "Free Trade in Corn," *Quarterly Journal of Economics*, LXXIII(February 1959), pp. 145~68; Great Britain, Ministry of Reconstruction, *Report of the Agricultural Policy Sub-committee*, Cd. 9079, pp. 7~11; Sir Daniel Hall, *Agriculture After the War*(London, 1916), pp. 1~29; T. W. Fletcher, "The Great Depression of British Agriculture, 1873~96," *The Economic History Review*, 2nd Series, XIII(April 1961), pp. 417~32.

무역과 농업 정책은 주요 유럽 국가들의 정책들과 크게 '대비'되었다. 당시 유럽 국가들은 신세계(남북 아메리카 대륙)로부터 값싼 식량의 유입과 범람을 차단하기 위하여 수많은 '관세 장벽들'(tariff walls)을 설치하였다.

영국과 유럽 국가들 간의 농업과 무역 정책의 이러한 차이는 많은 원인들을 가지고 있지만, 부분적으로 '전쟁 발생 가능성'에 대한 각기 다른 반응에 기인하였다. 영국 사람들은 대체로 그들의 수입이 영국 해군의 힘에 의해 항상 안전할 것이라고 느꼈지만, 일부 대륙 국가들(특히, 독일)은 그들 대부분의 식량을 감히 외국에 의존하지 못하였다. 독일 관세 논의에서 종종 군사적 주장들이 등장하였다. 특히, 몇몇 연구자들은 독일은 "대포의 보호 하에서 곡물을 재배하고 가축을 키워야만 한다"고 주장하기도 하였다.[3]

당시 영국과 유럽 대륙은 농업과 무역 정책의 완연한 차이로 인해 다음 세 가지 다른 결과가 초래되었다. 첫째, 영국 사람들은 그들이 소비하는 칼로리(calorie)의 35%만을 국내에서 생산하였지만, 독일 사람들은 그들이 필요로 하는 칼로리의 80% 이상을 국내에서 생산하였다. 둘째, 영국 사람들은 확실히 독일 사람들만큼 천부적으로 좋은 토양을 가지고 있었지만 평균 100에이커의 농지에서 단지 45~50명의 사람들에게 식량을 공급한 반면에, 독일 사람들은 평균 100에이커의 농지에서 70~75명의 사람들에게 식량을 공급하였다.[4] 마지막으로, 영국 사람들은 인구 1,000명당 단지 43에이커의 밀을 심었지만, 독일 사람

3 Alexander Gerschenkron, *Bread and Democracy in Germany* (Berkeley and Los Angeles, 1943), 여러 곳에서, 특히 pp. 54, 87~88; J. H. Clapham, *The Economic Development of France and Germany, 1815~1914* (Cambridge, 1955), pp. 178~83, 209~14; Count von Schwerin-Lowitz, "German Agriculture," in *The Recent Development of German Agriculture*, Board of Agriculture and Fisheries of Great Britain, Cd. 8305, pp. 49, 50, 56, 62.

4 Board of Agriculture, *German Agriculture*, p. 6.

들은 1,000명당 308에이커(또한 프랑스 사람들의 경우는 1,000명당 468에이커)의 밀을 심었다.[5)]

비록 영국과 독일이 매우 대조적인 농업 정책을 가지고 있었고, 또한 평화 시 매우 다른 농업 생산량을 가지고 있었지만, 양국은 제1차 세계 대전 당시에 '똑같은' 식량 문제에 직면하게 되었다. 제1차 세계 대전에서 영국은 '해상(海上) 봉쇄'(surface blockade)를 통해 독일 사람들을 굶겨 죽이려 하였고, 독일은 '해중(海中) 봉쇄'(submarine blockade)를 통해 영국 사람들을 아사(餓死)시키려 하였다. 그 결과 (식량 봉쇄에 거의 준비가 안 된) 영국 사람들과 (식량 봉쇄에 오랫동안 대비해 온) 독일 사람들은 봉쇄의 긴급한 상황에 대처하기 위하여 자신의 농업 생산량을 조정하지 않을 수 없었다.[6)] 이에 대해 아서 샐터 경(Sir Arthur Salter)은 다음과 같이 지적하였다.

> "당시 영국과 독일 간의 전쟁은 육군들 간의 전쟁(a war of armies)이었을 뿐만 아니라 바다에서의 '봉쇄 전쟁'(a war of blockade)이었다. 한 쪽(영국)은 '해상 봉쇄'를 하였고, 다른 쪽(독일)은 '해중(잠수함) 봉쇄'를 하였기 때문이다. 이러한 두 개의 봉쇄 전쟁 이면에 두 적대 국가의 경제 체제(economic system)가 생존을 위한 치열한 투쟁에 참여하게 되었다. 또한 제1차 세계 대전의 여러 기간들에 걸쳐서 종종 대두된 '기아(飢餓) 압력'(pressure of starvation; [역주] 굶어 죽을지도 모른다는 두려움)은 (1) 참호전을

5 Benjamin Hibbard, *Effects of the Great War upon Agriculture in the United States and Great Britain*(New York, 1919), p. 173.

6 W. Arnold-Forster, *The Blockade, 1914~19*, Oxford Pamphlets on World Affairs, No. 17(Oxford, 1939).

벌이는 육군들이나 봉쇄된 해군들의 문제 해결뿐만 아니라 (2) 양국의 '농업 생산량 조정'이라는 또 하나의 문제를 해결해 주는 것처럼 보였다."[7]

영국에 대한 독일의 잠수함 봉쇄는 서서히 시작되었다. 전쟁 발발 후 1년이 지난 1915년 2월에서야 비로소 독일은 영국 주변의 해역을 '전쟁 수역'(War Zone; 중립국의 권리가 교전국에 의해 존중되지 않는 공해상의 교전 해역)으로 선포하였다. 전쟁 수역에서 적군의 함대들과 중립국 선박들은 위험 상태에 돌입하게 된다. 그러나 중립국들(특히, 미국)의 위협과 항의들은 독일이 상선들에 대한 '무제한적인 공격'을 계속하지 못하게 하였다. 상선들에 대한 무제한적인 공격은 독일의 성공적인 잠수함 봉쇄 작전에 반드시 필요한 것이었다. 전쟁 발발 후 적어도 18개월 동안 영국 사람들은 대체로 중립국들 덕분에 유보트(U-boat; [역주] 제1차 및 제2차 세계 대전 중에 활약한 독일의 잠수함)로부터의 무제한적이고 가혹한 공격을 모면할 수 있었다. 또한 전쟁 초기에 독일은 단지 소수의 잠수함만을 보유하고 있었다. 이러한 이유로 독일은 나중에 자국의 잠수함을 증강시킬 때까지 '효과적인 봉쇄'를 수행할 수 없었다.[8] 윈스턴 처칠(Winston Churchill)은 그의 저서에서 전쟁 발발 후 처음 2년 동안 독일 잠수함들은 거의 "우리가 감지할 수 있을 정도의 불편함을 주지 않았다"고 기술하였다.[9]

---

7 James Arthur Salter, *Allied Shipping Control*(Oxford, 1921), p. 1.

8 Winston S. Churchill, *World Crisis*, 4 Vols.(London, 1923~29), II, pp. 227~98; Earl Jellicoe, *The Submarine Peril*(London, 1934); C. R. Cruttwell, *A History of the Great War*, 2nd edition(Oxford, 1936), pp. 187~203, 376~89.

9 Winston S. Churchill, *World Crisis*, II, p. 293.

2. 영국의 전시 식량 부족 대비 노력 부재

독일 잠수함 공격이 전쟁 후반에 이를 때까지 효과적으로 수행되지 못하였기 때문에 전쟁 초반에 영국 사람들은 충분한 식량을 수입하는 데 아무런 어려움을 겪지 않았다. 당시 영국의 식량 수입은 해상 통과가 너무 쉬워서 전쟁 발발 후 처음 2년 동안 (비록 독일의 잠수함 증가에 의해 분명히 잠재적 문제가 내재되어 있었음에도 불구하고) 영국은 '미래의 식량 부족'에 대비하기 위하여 사실상 아무 일도 하지 않았다.[10] 당시 영국 정부는 영국의 식량 사정에 대해 너무 만족한 나머지 1914년 9월 하원(House of Commons)에서 "곡물 재배 면적을 증가시키기 위해 농부들에게 금융적 유인을 제공하는 것은 정당화되지 않을 것이다"라고 말하였다.[11] 또한 영국 농부들은 1873~96년간 영국 곡물 가격의 폭락 결과로 경작지 농업의 위험을 여전히 경계하고 있었으며, 그로 인해 목초지를 개간하도록 권장하는 어떠한 정책도 반대하였다. 그 결과, 1915년의 경우 전쟁 이전인 1904~13년 기간 동안의 평균보다 훨씬 더 적은 면적이 경작 곡물 재배에 사용되었다.[12] 더욱이 영국 정부도 식량 소비에 대한 배급 또는 다른 통제를 위한 조치나 계획들을 전혀 준비하지 않았다. 왜 그랬는가? 부분적으로 그러한 조치들이 당시 영국에서 유행한 '자유방임주의'(laissez faire doctrine)에 대한

10 Sir Stephan Tallents, *Man and Boy*(London, 1943), pp. 230~51. 영국에서 제1차 세계 대전 초기에 식량 공급에 대한 비교적 자신에 찬 분위기에 대한 하나의 사례를 보려면 Henry Rew, *Food Supplies in War Time*, Oxford Pamphlets on World Affairs, No. 45(Oxford, 1914)를 참고하기 바람. 또한 영국에서 제1차 세계 대전 초기에 억지로 밀을 비축하려는 시도가 있었으나, 사실상 곡물 저장량은 더 이상 증가되지 않았다. Beveridge, *Food Control*, pp. 13~15, 348~49; E. M. H. Lloyd, *Experiments in State Control*(Oxford, 1924), pp. 311~12.

11 Thomas Middleton, *Food Production in War*(Oxford, 1923), p. 107.

12 Thomas Middleton, *Food Production in War*(Oxford, 1923), p. 111.

열광에 나쁜 영향을 미치기 때문이었고, 부분적으로 영국 정부가 자국의 식량 수입을 보호할 수 있는 영국 해군의 능력에 지나치게 자신하고 있었기 때문이다.[13] 이러한 결과로 제1차 세계 대전 후반(1916~17년)에 독일의 잠수함 공격(submarine campaign)이 본격적으로 시작되었을 때 독일은 다음 두 가지를 거부해 온 영국과 맞서게 되었다. 당시 영국은 평화 시에 만일의 전시 식량 부족(wartime food shortage)에 대비하기를 일관되게 '거부'해 왔을 뿐만 아니라, 심지어 전쟁이 발발한 후 2년이 지난 후 독일이 더 많은 잠수함들을 건조하기 위하여 필사적으로 노력하였으나 영국은 여전히 식량 부족에 대비하기를 '거부'하였다. 이와 같이 당시 영국은 전쟁 발생 전이나 심지어 전쟁 발발 초기에도 곧 일어날지 모를 '식량 부족'에 전혀 대비하지 않았다.

3. 영국의 전시 식량 부족 대비 노력

그럼에도 불구하고 당시 영국에서 "식량 부족에 대비하기 위해 단호한 조치를 취해야 한다"고 주장하는 사람들이 생겨났다. 이들의 수는 1916년에 이르러 더욱 많아졌다. 왜냐하면 1916년에 영국에서 흉작이 발생하여 식량 가격이 상승하였으며, 또한 굶주린 독일 사람의 등장 사례 등으로 인해 많은 사람들이 자신의 식량 공급에 대해 불안해하였기 때문이다. 또한 1916년 후반에 독일은 잠수함 공격을 제한하였음에도 불구하고 독일 잠수함대의 수가 빠르게

13 William Beveridge, *British Food Control*(London, 1928), pp. 5~19; E. M. H. Lloyd, *Experiments in State Control*(Oxford, 1924), 여러 곳에서.

증가함으로써 더 많은 영국 선박들을 파괴하기 시작하였다. 그 결과 영국 제도(諸島, British Isles; [역주] Great Britain, Ireland, the Isle of Man, 기타 작은 섬들을 포함) 내에서 식량 공급에 대한 불안감이 더욱 고조되었다. 이러한 이유들로 많은 영국 사람들은 당시 애스퀴스(Herbert H. Asquith; 영국의 정치가(1852~1928년)로 총리(1908~16년)를 역임함) 정부의 다소 우유부단한 식량 및 농업 정책을 비난하기 시작하였다. 당시 윈스턴 처칠은 "식량 부족에 대비하는 정책이 필요하다"고 주장하는 강력한 지지자들 중 한 사람이었다. 처칠은 정부가 임의적인 자유시장 조치를 지나치게 강조하고 있다고 비난하였고, 영국의 식량 정책은 이제 "과감하게 전쟁 상황을 기반으로 수립되어야 한다"고 주장하였다.[14] 당시 영국 무역부(Board of Trade) 장관이었던 월터 런시먼(Walter Runciman)은 1916년 11월에 인정하기를 "우리(정부)는 본의 아니게 자발적 조치를 취하는 데 조금씩 느려 왔으며",[15] 그 결과 "너무 적고(too little) 너무 늦게(too late) 일한다"고 신랄하게 비난 받게 되었다. 이에 대해 처칠은 다음과 같이 주장하였다.

> "… 정부가 왜 사적이고 자발적인 행동을 조금씩 연기하도록 하는지가 항상 하나의 의문이었다. 그러한 관행은 식량 규제와 공급, 그리고 선박 규제의 경우에서 나타났다. 결국 필요한 모든 것이나 현재 극단적이라고 생각되는 거의 모든 것은 비참한 환경에 의해 우리에게 강요될 것이다. … 임시 조치들은 정부에 의해 최대한 오래 연기될 것이

14 *Parliamentary Debates: Commons*, LXXXV, pp. 2505~22, 2508.
15 *Parliamentary Debates: Commons*, LXXXVII, p. 862; Stephan Tallents, *Man and Boy* (London, 1943), pp. 230~51.

다. … 임시 조치들이 채택될 때에는 최초의 많은 유용성들이 사라질 것이다. 전쟁에서 우리 눈에 잘 띄는 것은 대개 구식이나 폐물뿐이다. …

그러나 왜 지금 임시 조치들을 취하지 않는가? … 시간이 지나갈수록 사람들이 겪는 어려움은 더 커지고, 또한 그러한 임시 조치들로부터 우리가 받을 수 있는 구제는 더 적어질 것이다."[16]

과연 처칠의 주장은 옳았다. 처칠은 "전쟁이 끝나기 전에 영국은 영국의 농업 경제에 관해 다음과 같은 광범위한 권한을 가진 '식량생산부'(Food Production Department: FPD)를 설립할 것"을 주장하였다. 즉, 영국 식량생산부에 대해 다양한 종류의 식량을 배급·배분하며, 상선의 총톤수를 안전하게 유지하기 위하여 영국 상선 산업 전체를 통제하고, 식량 가격을 총체적으로 지시할 수 있는 권한을 부여하고자 하였다.[17] 또한 1902년 영국 무역부 장관이었던 제럴드 밸푸어(Gerald Balfour)는 '식량 배급 계획'(food rationing scheme)을 "인간이 생각할 수 있는 가장 터무니없고 엉뚱한 생각들 중의 하나"라고 불렀지만, "정부의 식량 배급 계획은 전시 식량 부족의 가능성에 대비한 하나의 예방책으로 입안되어야 한다"는 어떤 제안을 환영하였다. 이와 같은 밸푸어의 이율배반적 태도는 당시 영국에서 유행한 경제 정책의 규범(즉, 자유방임주의)으로부터 크게 벗어난 것이었다.[18] 그러한 식량 배급 계획은 다른 많은 과감한 조치들과 함께

16 *Parliamentary Debates: Commons*, LXXXVII, pp. 827~1167, 1106~7.
17 Samuel J. Hurwitz, *State Intervention in Great Britain*(New York, 1949), 여러 곳에서.
18 *Parliamentary Debates: Commons*, LXI, pp. 1142~43.

제1차 세계 대전이 끝나기 전에 실행에 옮겨졌다. 그러나 당시 영국은 자유방임주의에 대한 고수와 영국 해군에 대한 절대적인 확신을 가지고 있었다. 영국의 이러한 자세는 곧 '위기에 대비할 필요가 없다'는 것을 의미한다.

나폴레옹 전쟁(1796~1815년)과 제2차 세계 대전(1939~45년)에서 영국은 그들의 식량 수요를 충족시키고도 남는 농업 지역을 보유하거나 지배하였던 나폴레옹(프랑스)과 히틀러(독일)라는 적과 대면하였다. 그러나 제1차 세계 대전(1914~18년)에서 영국은 운 좋게도 영국처럼 식량 수입 손실에 취약한 적인 '독일'과 대면하였다. 이에 영국은 이러한 기회를 충분히 활용하였다. 또한 영국은 전쟁 개시 때부터 독일을 무자비하게 봉쇄하였으며, 전쟁이 진행될수록 봉쇄는 꾸준히 더욱 효과적이었다. 중립국들의 불평과 국제법의 규칙에 의거하여 영국은 적군(敵軍)의 군수품뿐만 아니라 독일 민간인들의 식량도 봉쇄하였다. 이와 때를 맞추어 영국은 유럽 중립국들로부터의 식량 수입도 제한하였다. 이는 중립국들부터 수입된 식량이 독일로 재(再)수출되는 것을 방지하기 위함이었다. 미국이 중립국이었을 때는 영국의 봉쇄에 반대하였지만, 전쟁 참가 후에는 봉쇄에 가담하여 독일의 목을 더욱 단단히 조이는 데 크게 일조하였다.[19]

영국과 미국의 이러한 봉쇄로 당시 독일 사람들은 커다란 고통을 겪었다. 많은 독일 사람들은 '거의 기아를 면할 정도의 식사 상태'에 있었다. 1916년 가을에 독일에서 배분된 배급량에는 단지 1,344칼로리의 열량만 들어 있었다. 또

---

19 Arnold-Forster, *Blockade; Cruttwell, Great War*, pp. 187~203; Sir William Beveridge, *Blockade and the Civilian Population*, Oxford Pamphlets on World Affairs, No. 24(Oxford, 1939); Archibald Hurd, *Germany Besieged: Memories of 1870~71*, London and *The Fortnightly Review* (August 1916).

한 그해 독일의 감자 수확이 실패로 끝났다. 마지막으로 독일 당국은 1916년 수확량이 과대평가되었다는 사실을 발견하였으며, 그로 인해 독일에서는 또 한 번의 배급량 삭감이 필요하였다. 독일 제국의 공식 통계에 따르면 전쟁 이전에 예상한 수보다 1915~18년의 4년 동안 약 769,000명의 '민간인들'이 더 사망하였을 것으로 추정하였다. 독일 민간인 사망률은 1915년에 9.5%로 증가하였고, 1916년에 14%로, 1917년에 32%로, 전쟁 마지막 해인 1918년에는 37%로 증가하였다.[20] 독일의 에리히 폰 루덴도르프(Erich von Ludendorff) 장군은 다음과 같이 말하였다:

> "국내에서의 사기 저하는 '식량 사정'과 밀접히 관련되어 있었다. … 광범위한 막사들에서 육체적·정신적 저항력의 감퇴가 목격되었고, 그로 인해 겁 많고 히스테리적인 기분을 가져다주었다. 이러한 나약한 기분은 많은 독일 사람들이 적의 선전술에 매료되어 '평화주의 성향'을 불러일으키게 하였다. … 또한 이러한 기분은 '허약'을 가져다주는 커다란 요인이었다. … 이러한 기분은 강한 애국적 감정에 의해 어느 정도 없앨 수 있지만, 장기적으로 '음식물이나 영양 상태 개선'에 의해서만 극복될 수 있을 것이다.
>
> 이와 같이 우리의 적들에 의한 기아 봉쇄는 승리를 거두었으며, 그로 인해 우리에게 커다란 육체적·정신적 고통을 가져다주었다."[21]

---

20 Ernest H. Starling, "The Food Supply of Germany During the War," *Journal of the Royal Statistical Society*, LXXXXII(March 1920), pp. 225~55; Beveridge, *Blockade*; L. P. Thompson, *Can Germany Stand the Strain?*, Oxford Pamphlets on World Affairs, No. 19(Oxford, 1939); George Bruntz, *Allied Propaganda and the Collapse of the German Empire in 1918*(Stanford, California, 1938), pp. 161~69.

또한 독일 제독이었던 쉬어(Sheer)는 "겨울이 다가오면 나무에서 잎들이 떨어지는 것과 같이 계속되는 영국의 봉쇄는 독일의 멸망을 의미한다"고 말하였다.[22] 몇몇 영국 학자들도 제1차 세계 대전에서 영국의 봉쇄가 없었다면 연합국은 그 전쟁에서 승리할 수 없었을 것이라는 데 동의하였다.[23]

독일은 해외 식량 공급에 대한 의존으로부터 벗어나기 위해 그렇게 오랫동안 준비해 왔으며, 또한 평화 시에 독일 사람들이 소비하는 칼로리의 80%를 공급해 왔다. 그럼에도 이러한 국가(즉, 독일)가 영국의 봉쇄로부터 모진 고통을 당하였다는 사실은 놀랄 만한 일이다. 왜 그런가? 아마 주된 이유는 독일 농업이 전쟁 기간 동안 식량 생산을 확대시킬 수 없었기 때문이다([역주] 반면에 영국은 전쟁 기간 동안 식량 생산을 증가시킬 수 있었다). 독일의 식용 곡물 생산은 1912~13년(전쟁 직전 해)에 1,310만 톤에서 1917~18년(전쟁 마지막 해)에 860만 톤으로 크게 감소하였다. 이러한 감소는 부분적으로 나쁜 날씨 때문이었다.[24] 본질적으로 독일은 전쟁 기간 동안 식량 생산을 증가시킬 수 없었다. 그러나 당시 독일의 식량 부족의 비참함이 초래된 데에는 다른 이유들이 있었다. 우선, 독일 농부들은 전시에도 가축의 수를 줄이지 않고 일정하게 유지하였다.[25] 그로 인해 사람들이 먹을 수 있는 식량을 증가시킬 수 없게 되었다. 다음으로, 독일에서 식량 문제를 악화시킨 또 다른 요인은 '불공평한 식량 분배'에 있었다. 우

21 Erich von Ludendorff, *My War Memories*, I, pp. 349~55.
22 Admiral Scheer, *Germany's High Sea Fleet in the World War*(New York, 1934), p. 217.
23 Cruttwell, *Great War*, p. 187.
24 Ernest H. Starling, "Food Supply," p. 233.
25 스탈링(Ernest Starling)에 따르면 1913년 1월 1일에 독일에는 소가 20,994,000마리, 1916년에는 20,874,000마리, 1917년에는 20,095,000마리 있었다. 전쟁 전에 비해 전쟁 후에 소의 마리 수가 조금 감소하였을 뿐이다. 또한 전쟁 전에 2,500만 마리의 돼지가 있었으나 1916년 1월 1일에는 1,700만 마리가 남아 있었다(Starling, "Food Supply," pp. 225~55).

선, 독일 농부들이 많은 식량을 소비하였다.[26] 또한 암시장들(black markets)이 발달하였으며, 독일 정부는 이러한 불법시장들을 준(準)합법적으로 만들어 주었다. 예를 들면, 당시 독일 정부는 군수 공장에서 일하는 노동자들의 영양실조를 막기 위하여 군수품 공장들로 하여금 식량을 사들이도록 권장하였다. 그 결과, 식량을 살 돈이 충분하지 않은 사람들에게는 겨우 살아갈 만큼의 식량이 공급되었다.[27] 이와 같이 당시 독일에서는 식량 분배가 불공평하게 이루어짐으로써 식량 부족 문제가 악화되었다.

당시 "독일 사람들이 한편으로 식량 봉쇄를 견디면서, 다른 한편으로는 그들의 적에게도 똑같이 '목조르기'(즉, 식량 봉쇄)를 하려고 하였다"는 점은 결코 놀라운 사실이 아니다. 독일 사람들은 적에게 왜 목조르기를 하려고 하였는가? 제1차 세계 대전 당시 독일은 오랫동안 식량을 준비해 왔고, 평화 시에 농업을 크게 확대하였음에도 불구하고 영국의 식량 봉쇄로 식량 부족을 겪게 되었다. 이에 독일 사람들은 자신들이 식량 부족을 겪는다는 것은 곧 식량 수입의 손실에 대처하기 위해 아무런 준비도 하지 않은 '영국'은 당연히 식량 부족에 '취약할 것'이라고 생각하기에 이르렀다. 이러한 이유로 독일 해군은 잠수함 공격에 대한 제한이 해제된다면 영국을 굶주려서 '확실히' 패배시킬 수 있을 것이라고 확신하였다. 또한 독일 해군은 단지 무제한적인 유보트 공격만으로 영국을 6개월 안에 굴복시킬 수 있을 것이라고 오랫동안 장담해 왔다.[28] 그러나 당시 베스만-홀베그(Bethmann-Hollweg) 총리가 이끄는 독일 정부는 유보트

26 "독일 생산자들(즉, 농부들)은 그들이 필요한 모든 식량을 가지고 있었다"(Erich von Ludendorff, *My War Memories*, I, p. 351).
27 Starling, "Food Supply," pp. 235~36.
28 Admiral Scheer, *Germany's Fleet*, p. 236; Grand Admiral von Tirpitz, *My Memoirs*, 2 Vols.(New York, 1919).

공격이 미국을 전쟁에 끌어들여 연합국 편에 서게 할 것이라고 예상하고, 전쟁 개시 후 1916년까지 독일 해군을 꾸준히 제지해 왔다. 그러나 1917년 1월에 '육지'에서의 군사적 상황이 매우 나빠져서 전쟁에서 독일이 승리할 가망이 없어 보였다(당시 러시아도 여전히 전쟁 상태에 있었다). 이에 독일의 군사 지휘관들은 완전 무제한적인 잠수함 공격에 대한 강력한 열의를 가지고 독일 정부를 압박하기 시작하였다. 그 결과 1917년 1월 9일에 개최된 '플레스 회의'(Pless Conference)에서 독일의 운명을 결정하는 역사적인 결정이 취해졌다. 플레스 회의에서 힌덴부르크(Hindenburg; 독일의 장군 및 정치가, 1847~1934년) 장군과 루덴도르프 장군은 베스만-홀베그 총리와 독일 황제를 압박하여 '전면적인 잠수함 봉쇄'(submarine blockade)에 동의하게 만들었다. 그들은 독일의 전면적인 잠수함 봉쇄가 '미국과의 전쟁'을 의미할 것이라고 잘 인식하고 있었다.[29] 독일 황제의 군사 지휘관들은 '잠수함 공격을 위해' 미국과의 전쟁을 기꺼이 불사하려고 하였다. 그들은 왜 그런 생각을 하였는가? 왜냐하면 독일의 군사 지휘관들은 독일의 잠수함들이 미국을 전쟁으로부터 고립시킬 것이라고 생각하였기 때문이다. 또한 독일의 군사 지휘관들은 잠수함 공격이 영국을 격퇴시킬 것이라고 '확신'하였기 때문이다. 이러한 믿음은 독일 해군의 비망록(備忘錄)에 잘 나타나 있다. 당시 독일 해군 비망록에 따르면 1917년 8월 1일까지 영국의 패배가 통계적으로 확실하다고 보여 주었다. 독일 해군 비망록에 의하면 당시 영국은 총 2,000만 톤가량의 선박을 보유하고 있었다. 이중에서 영국의 군사적 필요량, 다른 연합국들의 필요량, 연안 선박, 수리 중인 선박 등을 빼면 순수하게

29 Churchill, *World Crisis*, III, pp. 210~23.

수입에 사용될 수 있는 영국 선박은 단지 800만 톤에 불과하였다. 동시에 영국과 미국에서의 흉작이 발생하여 멀리 떨어져 있는 아르헨티나와 이보다 훨씬 더 먼 호주로부터 대량의 밀을 수입해야만 하였다. 이로 인해 75만 톤의 선박이 추가적으로 필요하였다. 당시 독일은 '무제한적인 잠수함 공격'(unrestricted submarine campaign)으로 매달 60만 톤의 영국 선박을 파괴할 수 있을 것으로 추정하였다. 이러한 예상이 옳다면 잠수함 공격 개시 후 5개월 만에 독일은 300만 톤의 영국 선박을 파괴할 수 있을 것이다. 또한 독일은 해상 위협을 통해 중립국 선박들이 영국으로 항해하지 못하게 함으로써 영국의 수입을 거의 5분의 2 정도 감소시킬 것으로 예상하였다. 독일의 예상대로라면 당시 영국은 마땅히 강화(講和; 교전국끼리 싸움을 그만두고 서로 화의함)에 임할 것이다.[30] 이에 대해 당시 독일 해군 참모총장은 해군 비망록을 요약한 자신의 편지에서 다음과 같이 언급하였다.

> "이러한 유리한 상황은 우리(독일)에게 '확실한' 성공을 가져다줄 것이다. … 따라서 나는 다음과 같은 결론을 내리고자 한다. 우리(독일)는 미국과의 전쟁 위험을 무릅쓰고서라도 '무제한적인 유보트 공격'을 개시해야만 한다. 유보트 공격은 평화를 보증하기 위하여 1917년 8월 1일 전에 개시되어야만 한다."[31]

30 Letter of Transmittal and Memorial of the Chief of Admiralty Staff of the Navy, Admiral von Holtzendorf, to Chief of the General Staff, Field Marshal von Hindenburg, of December 22, 1916, published by the Carnegie Endowment for International Peace, Division of International Law, *Official German Documents Relating to the World War*, 2 Vols.(New York, 1923), II, pp. 1214~77; *Official German Documents Relating to the World War*, I, pp. 216~684; *Official German Documents Relating to the World War*, II, pp. 685~1213.

당시 독일 황제는 독일 해군의 편을 들었고, 베스만-홀베그 총리도 마지못해 하면서도 과감한 조치가 취해져야 한다고 시인하였다. 그 결과 독일 잠수함 공격은 아무런 제한 없이 1917년 2월 1일에 계획대로 개시되었다.[32)]

1917년 2월 1일에 개시된 독일 잠수함 공격으로 영국 상선의 파괴율이 바로 증가하였다. 3월에 잠수함 공격이 맹렬하게 진행되었고, 4월에는 독일 해군의 예상을 훨씬 뛰어넘었다. 그 결과 독일 해군 비망록에서의 추정치가 오히려 '너무 보수적인' 것으로 드러났다. 잠수함 공격이 시작된 1917년 2월 1일에서 8월 1일까지 6개월에 걸쳐 침몰된 선박 톤수는 평균 642,833톤에 이르렀으며, 이는 독일 해군 비망록이 추정한 600,000톤을 초과하였다(〈표 4-1〉 참조).[33)] 따라서 독일 해군의 준비된 계획에 따라 8월 1일 이전에 예정된 양 이상의 영국 선박 톤수가 파괴되었다.

또한 독일 해군의 비망록은 잠수함 공격 개시 시에 영국 선박의 이용 가능성을 결코 잘못 판단하지도 않았다. 왜냐하면 해군 비망록에서 영국 선박의 이용 가능성에 대한 통계치는 대체로 정확하였기 때문이다. 마지막으로, 독일의 유보트 손실을 추정할 때 독일 해군은 오히려 '너무 비관적'이었다. 실제로 독일 해군은 그들이 잃는 유보트 1대당 3대의 유보트를 새로 건조한 것으로 나타났다.[34)]

1917년 4월에 영국의 상선 파괴(총 881,027톤을 파괴)는 독일 해군 비망록이

31 이 문장은 Admiral Scheer, *Germany's Fleet*, pp. 249~52의 번역에서 인용한 것이다. Letter of Transmittal and Memorial in Carnegie Endowment, *Official German Documents*, II, pp. 1214~77.

32 Churchill, *World Crisis*, III, pp. 219~23; Cruttwell, *Great War*, pp. 376~81; Ernest May, *The World War and American Isolation, 1914~17*(Cambridge, 1959), pp. 404~15.

33 Great Britain, *Merchant Tonnage and the Submarine, Supplementary Statement*, Cd. 9221(London, 1918).

34 Carnegie Endowment, *Official German Documents*, I, p. 512; Cruttwell, *Great War*, pp. 378, 381.

표 4-1 독일 잠수함 공격으로 파괴된 영국의 총선박 톤수

시기	파괴된 총선박 톤수
1917년 2월	540,006
1917년 3월	593,841
1917년 4월	881,027
1917년 5월	596,629
1917년 6월	687,507
1917년 7월	557,988
합계(6개월간 파괴된 총선박 톤수)	3,856,998
6개월간 파괴된 평균 선박 톤수	642,833

자료: Charles Ernest Fayle, *Seaborne Trade*, 3 Vols.(London, 1921~24), III, p. 465.
주: 이러한 수치들에 취역(就役)된 보조 선박들의 수는 제외되어 있으나 어업 선박들의 수는 포함되어 있다. 또한 이러한 수치들에는 독일 잠수함 공격으로 파괴된 영국 소유 선박뿐만 아니라 모든 비(非)영국 선박들의 수도 포함되어 있다. 특히, 잠수함 공격으로 파괴된 영국 선박의 수는 총손실의 약 5분의 3을 차지하였다.

예측한 것(매달 600,000톤 파괴)보다 거의 300,000톤을 초과하였다(〈표 4-1〉 참조). 특히, 4월의 마지막 2주일간 독일 잠수함 공격으로 영국은 73대의 원양 항행 선박을 잃었다. 이러한 손실률로 외국으로 나가는 영국 선박은 단지 3 대 1의 확률로 무사 귀환할 수 있었다.[35] 한편, 프랑스도 전시에 더 많은 식량 수입이 필요하였고, 이는 선박 부족을 더욱 악화시켰다. 프랑스의 밀 생산은 평화 시에도 프랑스의 필요를 겨우 충족시킬 정도였으며, 전시에는 전쟁 이전 수준에 절반도 미치지 못하였다.[36] 1917년 4월에 이르러 독일 잠수함 공격이 성공을 거두고 있는 정도를 잘 알고 있는 연합국 지도자들에게 전시 상황은 암담하게

35 Lord Ernle, "The Food Campaign of 1916~18," *Journal of the Royal Agricultural Society of England*, LXXXII(1921), p. 2.
36 Michel Augé-Laribé and Pierre Pinot, *Agriculture and Food Supply in France During the War*(New Haven, 1927).

보였다. 다행히 일반 대중들은 독일 잠수함 공격의 성공 규모에 대해 알지 못하고 있었다. 많은 영국의 지도자들은 상황이 빠르게 바뀌지 않는다면 영국은 몇 달 이내에 패배할 것이라고 예상하였다.[37] 이러한 '우울한 4월'에 미국 해군의 심스(Sims) 제독이 영국 해군과 협의하기 위해 영국을 방문하였다. 심스 제독은 영국 해군 제독인 젤리코(Jellicoe)로부터 연합국의 절망적인 선박 사정을 듣고 깜짝 놀랐다. 당시 심스 제독은 젤리코 제독과의 불길한 대화를 다음과 같이 기록해 두었다.([역주] 아래 대화는 본문을 참고하여 역자가 만든 것임.)

젤리코: "이러한 손실이 계속된다면 우리가 이 전쟁을 계속하는 것은 불가능합니다."

심스: "이런 상황에서 당신(영국)은 무엇을 하고 있습니까?"

젤리코: "우리는 우리가 할 수 있는 모든 일을 하고 있습니다. 우리는 모든 수단을 강구하여 대(對)잠수함 부대를 증강하고 있습니다. …"

심스: "독일이 마치 전쟁에서 이기고 있는 것 같군요."

젤리코: "아마 우리가 이러한 손실을 곧 멈추지 않으면 독일이 이길 것입니다."

심스: "이 문제에 대한 해결책은 없나요?"

젤리코: "현재로서는 아무런 해결책이 없다고 봅니다."[38]

---

37 William S. Sims, *The Victory at Sea*(Garden City, N.Y., 1920), pp. 12~14; Lord Salter, *Memoirs of a Public Servant*(London, 1961), pp. 99~101; Carnegie Endowment, *Official German Documents*, I, pp. 511~20.

38 Sims, *The Victory at Sea*, p. 9.

당시 연합국은 불리한 상황을 어느 정도 누그러뜨리고 손실을 1917년 4월에 본 손실 수준 아래로 감소시키기 위한 '대항 무기'를 개발하고 있었다. 그 무기는 바로 '호송선'(convoy)이었다. 호송선은 영국 해군이 예상하였던 것보다 훨씬 더 유용하였지만, 독일 해군 비망록의 추정치가 거짓임을 입증할 만큼 효과적이지는 못하였다.[39] 당시 영국 해군 본부는 호송선의 유용성을 의심하였으며, 또한 로이드 조지(Llyod George; 영국의 정치가(1863~1945년)로 총리(1916~22년)를 역임함) 총리는 해군 본부에 대해 그것을 실험해 보도록 압박을 가하였다. 그러나 실제로 호송선은 독일 해군 비망록의 추정치가 너무 보수적으로 보이지 않을 정도로만 효과적이었다. 호송선들이 1917년 4월에 본 연합국의 선박 손실 수준에 이르지 못하도록 하는 데에는 효과적이었지만, 8월 1일에 이르러 독일은 그들의 예상만큼 많은 선박들을 파괴하였다. 당시 독일 해군은 '8월 1일'을 '확실한 성공'(certain success)을 가져다줄 날로 예상하였다. 어떤 의미에서 보면 오히려 호송선 때문에 독일 해군의 추정치가 '옳았던 것'으로 증명되었다. 만약 호송선이 없었다면 독일 해군은 '확실한 성공'을 가져오기 위한 '결정적인 기간'(1917년 2~7월을 말함)에 독일 잠수함에 의한 파괴 규모를 더 적게 예상하였을 것이다. 독일 해군의 코흐(Koch) 제독은 전쟁이 끝난 후 다음과 같이 진술하였다.

"전쟁에서 우리를 궁지에 빠뜨린 것은 유보트가 아니었다. 반대로 해군 작전을 수행하는 독일 지휘관들의 예상이 독일 해군의 추정치보

39 Cruttwell, *Great War*, pp. 385~89; Sims, *The Victory at Sea*, pp. 88~117; Jellicoe, *Submarine Peril*, pp. 121~74; Herbert Hoover, *The Years of Adventure, 1874~1920*(New York, 1951), p. 225.

다 더 높았기 때문이었다."[40]

다시 말하면, 독일 해군의 지휘관들은 잠수함에 의한 파괴 규모를 추정치보다 '너무 높게' 잡았던 것이다.

4. 영국의 경제적 대응책

그러나 '1917년 8월 1일'이 지나갔지만 영국은 패배하지 않고 여전히 전쟁 중에 있었고, 궁극적으로 승리할 것이라고 예상하고 있었다. 영국 사람들은 굶주리지 않았으며, 사실상 독일 사람들보다 더 잘 먹고 있었다. 그 이유가 무엇인가? 독일 잠수함 공격이 계획대로 진행되었으나 영국은 왜 화평(和平)을 청하지 않았는가? 왜 독일은 전투에서 이겼으나(win the battle) 전쟁에서는 졌는가(lose the war)?

간단히 말하면, 영국은 때때로 미국과 함께 하거나 독자적으로 일련의 '경제적 대응책들'(economic countermeasures)을 과감하게 시행하였다. 영국의 경제적 대응책들은 영국으로 하여금 독일 잠수함에 의해 파괴된 상선 없이도 잘 살아갈 수 있게 해주었다. 영국은 경제적 대응책들을 어떻게 시행하였는가? 영국은 선박 및 수입 정책, 식량 소비 패턴, 농업 생산 등에 있어서 일련의 '대체'

40 Testimony of Admiral Reinhard Koch on Nov. 6, 1919, before the Second Subcommittee of the Committee of Inquiry appointed by German National Constituent Assembly(이것은 Carnegie Endowment, *Official German Documents*, I, p. 512에 기록되어 있다); Cruttwell, *Great War*, pp. 378, 381.

(substitution)와 '조정'(adjustment)을 통해 독일 잠수함 공격에 의한 선박의 파괴를 보충할 수 있었다. 당시 영국은 '막대한 비용을 들이면서' 선박 부족을 극복할 수 있었다. 그러나 그러한 경제적 대응책들 때문에 영국이 선박 부족을 극복할 수 있었다는 사실은 의심할 여지가 없다.

영국이 시행한 경제적 대응책들은 어디에 바탕을 두고 생겨났는가? 우선, 영국의 이러한 경제적 대응책들은 주로 1916년 12월에 애스퀴스 정부가 로이드 조지 정부로 교체됨으로써 단행되었다. 당시 애스퀴스 정부는 "'기다리면서 관망하는'(wait and see) 정책"을 폈으나 로이드 조지 정부는 "'밀어서 앞으로 나아가게 하는'(push and go) 정책"을 추진하려고 하였다. 이에 새로 집권한 로이드 조지 정부는 신속히 '해상운송부'(Ministry of Shipping)와 '식량생산국'(Food Production Department)을 만들어 '식량관리관'(Food Controller)을 임명하였다. 그리고 이 기관들에게 광범위한 권한을 부여하였다.[41] 로이드 조지 정부에 의해 새로 만들어진 기관들은 다른 정부 기관들과 함께 곧 영국 수입의 90%를 관리하게 되었다.[42] 이러한 기관들을 통해 영국은 그동안 단호한 전시 식량 정책을 실시하는 데 방해가 되어 온 상업적·이념적 고려 대상들을 단번에 없앨 수 있었으며, 또한 생산자들, 중간 상인들, 소비자들 모두 독일의 식량 봉쇄로부터 영국을 지키기 위해 마련된 새로운 프로그램들을 따르게 되었다.

둘째, 일부 경제적 대응책들은 '미국과의 긴밀한 협조'를 바탕으로 하고

---

41 당시 영국의 애스퀴스 연합 정부는 이미 1916년 11월에 '식량관리관'을 임명하기로 합의하였으나, 그 전에 애스퀴스 연합 정부가 무너졌다: Beveridge, *Food Control*, pp. 1~2; Salter, *Allied Shipping Control*, p. 70; Ernle, "Food Campaign," p. 5; Tallents, *Man and Boy*, pp. 230~51.

42 William Beveridge, *The Public Service in War and Peace*(London, 1920), p. 4; William Beveridge, *Power and Influence*(New York, 1955), p. 141.

있었다. 당시 미국은 독일의 무제한적인 잠수함 공격으로 영국을 지원하게 된 영국의 새로운 동맹국이었다. 영국의 경제적 대응책들은 대부분 '미국의 협력과 지원'에 의존하고 있었으며, 주로 영국의 선박 및 수입 정책과 관련되어 있었다. 당시 영국은 자국의 모든 원양 선박을 강제로 사용하였고, 또한 선박과 적화(積貨; 화물을 선박에 싣는 것)의 배분은 오로지 독일 잠수함 위협에 대처하려는 목적에 맞추어져 있었다. 또한 영국은 성대한 '해상운송동맹회의'(Allied Maritime Transport Council)를 결성하기 위하여 미국 및 다른 연합국들과 동맹하였다. '해상운송동맹회의'는 회원국들의 선박 정책(shipping policy)을 조정하기 위해 설립되었다.[43] 당시 영국은 왜 미국과 동맹하게 되었는가? 왜냐하면 당시 영국이 특히 미국과 동맹함으로써 여러 방법을 통해 '선박 부족'(shipping shortage)을 놀라울 정도로 완화시킬 수 있었기 때문이다. 영국은 미국과의 동맹으로 선박 부족을 완화하기 위하여 어떠한 방법들을 사용하였는가?

선박 부족을 완화하기 위한 획기적인 방법들 중에서 '대서양 집중'(Atlantic Concentration) 전략이 가장 대표적이다. 이 방법은 "독일 잠수함 공격을 받지 않은 영국 선박들을 '북대서양 항로'(North Atlantic route)에 훨씬 더 많이(즉, '집중적으로') 배치한 전략"을 말한다. 즉, 당시 영국은 미국과의 동맹으로 잠수함 공격을 받지 않은 영국 선박을 '대서양 노선'에 집중 배치하였다. 이것은 영국이 미국과 캐나다로부터 훨씬 더 많은 수입을 하고 더 먼 공급원(예를 들면, 호주, 뉴질랜드 등)으로부터 훨씬 더 적게 수입하는 것을 의미한다. 그 결과, 영국은 주어진 선박들로 전에 비해 더 많은 수입품을 영국으로 운반할 수 있게 되었다. 대

43 Fayle, *Seaborne Trade*; Salter, *Memoirs of a Public Servant*, pp. 105~22; Salter, *Allied Shipping Control*, 여러 곳에서.

서양 노선으로의 이러한 선박의 전환은 대규모로 진행되었다. 그로 인해 북미(미국, 캐나다, 멕시코를 말함)는 1914년에 영국 수입량의 24%를 공급하였고, 1917년에는 이 비율이 43%로 증가하였으며, 전쟁 마지막 해인 1918년에는 49%로 크게 증가하였다. 반면에 남양주(Australasia; 호주, 뉴질랜드 및 그 부근의 여러 섬들을 말함), 동아시아, 남미 등으로부터 오는 영국의 수입 비중은 감소하였다.[44] 이러한 경향은 일반적으로 수입품뿐만 아니라 특히 식량에도 적용되었다. 전쟁이 일어나기 전에 미국은 매년 평균적으로 약 640만 톤의 식량과 사료를 수출하였다. 그러나 전쟁 말기인 1917~18년에 미국은 1,510만 톤의 식량과 사료를 수출하였다.[45] 물론 이 중에서 많은 부분은 영국으로 수출되었다. 이것은 결코 우연이 아니며 잠수함 공격에 대처하기 위한 자연적인 방법이었다는 사실은 당시 미국의 '식량행정관'(Food Administer)이었던 허버트 후버(Herbert Hoover)의 연설에 잘 나타나 있다. 허버트 후버는 1917년 미국에서 식량 보호 운동을 펼치고 있었던 어떤 집단에 대해 다음과 같이 연설하였다.

> "나는 여러분 모두가 '세계에 식량 부족이 존재한다'는 사실에 마음이 사로잡혀 있다고 생각합니다. 그러나 아마 여러분들은 '식량 부족'(food shortage)이 '선박 부족'(shipping shortage)의 결과라는 점을 알지 못할 것입니다. 또한 여러분들은 오늘날 세계에 3대 식량 원천이 있다는 사실을 알지 못하고 있습니다. 첫 번째 원천은 남양주와 말레이시아,

44 Fayle, *Seaborne Trade*, III, pp. 480~81.
45 Herbert Hoover, *Years of Adventure*, p. 270; Frank M. Surface and Raymond Bland, *American Food in the World War and Reconstruction Period*(Stanford, California, 1931), pp. 22, 266, 932; Beveridge, *Food Control*, p. 134.

동인도([역주] 인도, 인도차이나, 타이, 미얀마, 말레이 군도 등을 포함한 지역), 중국 그리고 일본이며, 두 번째 원천은 남미(South America)이고, 세 번째 원천은 북미(North America)입니다. 오늘날 전쟁으로 인한 선박의 점차적 감소와 함께 소위 '동양 식량 원천'(Eastern Pool)은 연합국 세계로부터 거의 완전히 고립되어 왔습니다. 그러나 현재 호주에 250,000,000부셸(bushel; 1부셸은 약 36리터 또는 약 2말) 정도의 밀이 있고, 자바(Java; 인도네시아의 중심섬)에 100만 톤의 설탕이 있고, 동인도에 아마 500,000톤의 콩과 100만 톤의 쌀, 그리고 4,000~5,000톤의 식물성 기름이 있습니다. 만약 현재 이러한 식량들이 연합국들에게 공급된다면 … 우리가 지금처럼 수고할 필요는 없을 것입니다. 그러나 현재 세계에 식량은 풍부하지만 그것을 멀리까지 운반하는 데 필요한 '선박'이 없습니다.

이러한 이유로 우리(미국)가 현재 고립되어 있는 거대한 식량 공급 원천을 대신해 주어야만 합니다. … 또한 시간이 갈수록 우리는 더 많은 식량을 적화(積貨)해야 할 것입니다. 왜냐하면 시간이 갈수록 선박이 일정하게 감소하기 때문입니다.

우리는 현재 고립되어 있는 거대한 식량 공급 원천을 대신해야만 하는 불가피성에 직면해 있습니다. 우리는 이미 미국으로부터 우리의 정상 잉여분(normal surplus)을 수출해 왔습니다. … 또한 우리는 대체로 우리가 필요한 양보다 약 80% 더 많은 단백질을 소비하고 있습니다. 우리는 아마 필요한 양보다 100% 더 많은 지방을 소비하며, 또한 절대적으로 필요한 양보다 25~30% 더 많은 탄수화물을 소비하고 있습니다. 따라서 우리는 우리의 식량을 보호해야 합니다. …

'식량 보호'는 지금부터 다음 수확기까지 우리의 가장 중요한 문제입니다. 그 다음은 우리의 식량을 어떻게 증가시키느냐의 문제입니다. 이를 위해 미국에서 식량 생산 촉진책이 절대적으로 필요합니다."[46]

미국은 전쟁에 가담한 후 식량 소비를 제한하고 식량 생산을 증가시키기 위한 광범위한 조치들을 도입하였다. 심지어 미국은 식량을 절약하는 데 필요하다는 주장의 결과로서 많은 절주(節酒) 및 직접적인 금주(禁酒) 조치들이 실행되었다. 또한 농부들에게 식량 생산 증가 시 가격 인상을 해주겠다고 약속하였다.[47]

보통의 미국 사람들은 독일 잠수함 공격에 의한 손실의 정도를 제대로 알지 못하였으며, 또한 '식량 부족'이 실제로 존재한다고 생각하였다. 그러나 사실상 '식량 부족'은 존재하지 않았고, 다만 '선박 부족'이 있었을 뿐이다. 또한 미국에서 실제로 식량 생산의 증가와 식량 소비의 절약이 발생하였다. 이러한 식량 생산의 증가와 식량 소비의 절약은 독일 잠수함 공격으로 파괴된 상선들을 '대체하는' 역할을 하였다.

북미(미국과 캐나다) 식량 공급원에 대한 이러한 집중(concentration)은 영국과 미국에 대해 이익과 손실을 동시에 가져다주었다. 영국은 세계의 다른 지역들과 상업 및 해상 관계를 상실하게 되었고, 미국은 자국의 식량 소비 수준을 제한해야만 하였다.[48] 또한 더 먼 지역들에서 더 효율적으로 생산되고 조달될 수

46 이 내용은 Edith Guerrier, *We Pledged Allegiance*(Stanford, California, 1941), pp. 69~72에서 인용한 것이다.

47 William Mullendore, *History of the United States Food Administration*(Stanford, California, 1941); Edith Guerrier, *We Pledged Allegiance*; Thomas Nixon Carter, *Government Control of the Liquor Business in Great Britain and the United States*(New York, 1919).

있는 제품들이 선박 부족으로 미국과 캐나다에서 더 높은 비용으로 판매되었다. 그러나 당시 선박 부족으로 인한 더 높은 비용들 때문에 '대서양 집중'(Atlantic Concentration) 전략은 심지어 평화 시에도 존재할 수 있었을 것이다. 그러나 이러한 비용들은 전쟁에 승리하기 위해 지불되지 않으면 안 되는 것이었다. 그 결과 유럽 연합국, 미국, 캐나다 등은 승리에 필수적인 선박 용량을 절약하기 위하여 그들의 '무역 패턴'(trade pattern)을 재편성하지 않을 수 없었다.

또한 영국은 수출량을 제한함으로써 선박 용량의 부족을 완화할 수 있었다.[49] 일반적으로 수출품은 출항하는 선박들에 적재하기 때문에 입항하는 선박들에 적재되는 수입품과 직접 경쟁하지는 않는다. 그러나 영국 수출품은 상당한 양이 해외로부터 수입한 원료들을 사용하여 생산되어 영국에서 가공되거나 완성된다. 따라서 수출이 감소되면 수입의 필요성도 감소할 것이다. 그 결과 장기적으로 경제적 손실이 초래된다.[50] 또한 영국은 수출이 감소됨으로써 수출로 벌어들이는 수입(收入) 손실을 보상하기 위하여 해외에서 더 많은 돈을 빌려야 할 것이다. 당시 영국의 상황은 어떠하였는가? 당시 영국의 미국으로의 수출은 1917년과 1918년에 크게 감소되었으나, 미국으로부터의 수입은 최고조에 달하였다.[51] 그 결과 당시 영국은 미국에 대해 엄청난 부채(즉, 무역 적자)를 지게 되었다. 또한 당시 미국도 이러한 무역 왜곡에 따른 비용을 많이 떠

48 Francis Hirst, *The Consequences of the War to Great Britain*(New Haven, 1934); John Maurice Clark, *The Costs of the World War to the American People*(New Haven, 1931).

49 Charles Ernest Fayle, *The War and the Shipping Industry*(London, 1927), pp. 99~101; Fayle, *Seaborne Trade*, III, 여러 곳에서; Hurwitz, *State Intervention*, pp. 196~204.

50 Hirst, *Consequences of the War*; J. Russell Smith, *Influence of the Great War Upon Shipping*(New York, 1919).

51 Fayle, *Seaborne Trade*, III, pp. 480~83.

맏게 되었다. 그러나 이러한 대규모 부채(적자) 문제는 전쟁이 끝난 후 혼란한 경제적 상황에서 대부분 잊혀졌다.

물론 당시 미국 경제는 독일 잠수함들을 격퇴하는 데 직·간접적으로 일조할 수 있었다.[52] 즉, 미국은 간접적으로 이러한 비용들 일부의 부담뿐만 아니라 직접적으로 대규모 자원을 화물 선박의 건조에 배분함으로써 독일 잠수함들을 격퇴하는 데 기여할 수 있었다. 그러나 새로운 선박들은 대체로 1917년 8월 1일까지 건조되지 못하였다. 독일 해군의 비망록에 따르면 당시 독일은 '1917년 8월 1일'을 잠수함 봉쇄로부터 '확실한 성공'을 거둘 수 있을 것으로 예상한 날이었다. 그럼에도 불구하고 영국이 8월 1일까지 강화(講和)에 임할지 여부는 8월 1일 이전에 일어났던 일뿐만 아니라 미래의 예상에도 달려 있었다. 이러한 점에 비추어 볼 때 '미래의 상선 건조의 증가'는 적절한 것이었다. 또한 이러한 의미에서 '호송선 체제'(convoy system)는 매우 중요하였다. 당시 영국에서 호송선이 왜 중요하였는가? 당시 영국의 호송선은 독일로 하여금 그들이 승리를 기대한 날(즉, 8월 1일)까지 침몰시키기로 예상한 모든 선박들을 침몰시키지 못하게 하는 데에는 실패하였다. 그러나 호송선은 영국이 잠수함 봉쇄에서 견뎌 낼 수 있는 자신의 역량에 대해 낙관적으로 생각하는 계기를 마련해 주었다. 따라서 당시 영국에서 '호송선'과 '상선 건조의 증가'는 중차대한 문제였다. 그 결과 1918년 5월에 이르러 호송선 체제와 선박 건조율의 증가 덕분에 마침내 영국에서 선박 건조로 인한 선박의 증가와 잠수함 공격으로 인한 선박 손실이 같아지게 되었다. 그러나 영국의 선박 손실률과 건조율의 변화는 이미

52 Salter, *Memoirs of a Public Servant*, pp. 97~100; W. C. Mattox, *Building the Emergency Fleet* (Cleveland, 1920).

1918년 5월보다 훨씬 이전에도 나타났으며, 심지어 1917년 8월 이전에도 영국의 선박 상황에 영향을 미쳤다.[53] 다른 한편으로 당시 영국과 미국에서 농업 생산의 증가가 있었으며, 이 또한 연합국의 승리에 기여하였다.

독일의 해군 관리들은 그들의 잠수함 공격이 미국을 유럽으로부터 충분히 격리시킬 수 있으며, 그 결과 미국은 막대한 부(富)와 힘에도 불구하고 선전포고함으로써 유럽에서의 전쟁 결과에 영향을 미칠 수 없을 것이라고 생각하였다.[54] 그러나 미국은 사실상 유럽에서의 전쟁 결과에 결정적으로 영향을 미칠 수 있었다. 미국은 어떻게 유럽에서의 전쟁에 영향을 미칠 수 있었는가? 왜냐하면 미국의 막대한 부(富)가 잠수함 격퇴에 결정적인 기여를 하였기 때문이다. 당시 독일 군대 지휘관들은 자신의 잠수함이 그들의 새로운 적인 미국을 격리시킬 것이라고 생각하였지만, 미국의 막강한 경제적 힘(즉, '미국의 부')에 의해 독일 잠수함이 이루고자 하였던 목적은 사실상 좌절되었다. 어떤 의미에서 미국 경제(즉, 미국의 부)는 독일 잠수함 공격으로 파괴된 선박들을 '부분적으로 대체하는 역할'을 수행하였다. 당시 미국은 영국을 어떻게 도왔는가? 첫째, 미국은 부분적으로 영국 제도(諸島)를 위하여 더 먼 식량 공급원을 대신하여 식량을 공급해 주었다. 그로 인해 영국은 추가 선박들을 방출하여 전쟁에 이용할 수 있었다. 둘째, 미국은 부분적으로 영국이 더 많은 선박을 절약할 수 있도록 하기 위하여 영국 수출품을 포기하거나 거부하였다. 마지막으로, 미국은 부분적으로 막대한 자원을 투입하여 더 많은 상선들을 건조하였다. 이를 통

---

53 Salter, *Allied Shipping Control*, pp. 366~67.

54 "미국 자금은 … 결코 운송과 선박 용량을 대신할 수 없다" (Carnegie Endowment, *Official German Documents*, II, p. 1218).

해 미국은 독일 잠수함에 의해 파괴된 영국 선박들의 일부를 대체해 줄 수 있었다. 이와 같이 미국은 동맹국으로서 여러 조치들을 통해 적극적으로 영국을 지원하였다. 그 결과 영국은 상선의 대규모 손실(파괴)에도 불구하고 전쟁을 계속할 수 있었다. 게다가 영국은 프랑스에 있는 대규모 미국 군대를 지원하기 위하여 많은 영국 선박들을 보내기까지 하였다. 또한 미국은 영국 및 다른 연합국과 함께 필수적이지 않은 물품의 소비를 포기하고 생산 패턴을 재조정하였다. 이를 통해 미국과 영국은 긴급히 필요한 선박 용량을 확보할 수 있었다.

영국과 연합국이 제1차 세계 대전에서 미국에 진 '전쟁 부채'(war debt; [역주] 영국과 연합국이 전쟁으로 인해 미국에게 진 빚)는 대부분 독일 잠수함 공격에 대처하기 위해 취해진 '경제적 대응책'에 충당된 '비용'을 말한다. 당시 연합국과 영국이 미국에 진 전쟁 부채는 무엇이었는가? 첫째, 당시 영국과 연합국은 자신의 구매를 북미 지역에 집중하였다. 둘째, 영국은 북미 지역으로의 수출을 감소시켰다. 따라서 영국과 연합국이 미국에 진 전쟁 부채의 대부분은 (1) 영국과 연합국이 북미 지역에 자신의 구매를 집중한 것과 (2) 영국이 북미 지역으로의 수출을 감소시킨 것이었다. 이러한 부채는 '전쟁 배상금 청구' 문제처럼 전쟁이 끝난 후 여러 해 동안 미국에서 많은 무익한 논쟁과 분열을 가져다주었다. 그러나 제1차 세계 대전에서 연합국과 영국이 미국에 진 '전쟁 부채의 기원'에 대한 이러한 설명은 그동안 큰 관심을 끌지 못하였다.[55]

물론 미국은 자신의 일부 소비를 포기하고, 일부 생산을 전환하고, 영국과 연합국에 융자와 보조금을 충분히 제공해 줄 수 있었다. 그러나 힌덴부르크

---

55 Harold Moulton and Leo Pasvolsky, *World War Debt Settlements*(New York, 1929); Harold Moulton and Leo Pasvolsky, *War Debts and World Prosperity*(New York, 1932).

(Hindenburg), 루덴도르프(Ludendorf), 그리고 독일 해군 지휘관들은 무제한적인 잠수함 공격을 주장하였을 때 이러한 중요한 사실을 충분히 헤아리지 못하였다. 또한 독일 지휘관들은 분명히 "연합국이 (위에서 언급한) 그러한 대체 가능성을 이용함으로써 무역에 절대적으로 필요한 선박 없이도 견딜 수 있다"는 사실을 깨닫지 못하였다.

그러나 많은 경제적 대응책들(economic countermeasures)은 확실히 미국과 영국을 '함께' 포함시키지 않고, 오직 영국만을 고려 대상으로 하였다. 또한 영국 내에서 이루어지는 '대체'(substitution)의 실현 가능성도 미국의 협조나 지원에 의존하지 않는 방식으로 진행되었다. 당시 영국은 미국의 협조나 지원 없이 어떻게 대체를 이룰 수 있었는가? 예를 들면, 영국은 선박들이 항구에서 소비하는 시간을 줄이기 위하여 선박에 짐을 싣거나 내리는 데 더 많은 노동력을 사용하였다. 왜냐하면 항구에서의 지체를 통한 운송 여력의 상실은 때때로 1년에 400만~500만 톤의 수입을 가로막아 왔기 때문이었다.[56] 이러한 이유로 영국은 선박 및 철도 화물의 취급을 빠르게 하기 위하여 '운송노동자단체'(Transport Workers' Battalions)를 설립하였다. 그 결과 1917년의 경우 항구에 정박한 호송선들로 인한 혼잡에도 불구하고 항구에서의 평균 지체 시간이 감소하였다.[57] 당시 영국 해운부(Ministry of Shipping)에 따르면 "화물 선적과 운송에 대한 보수가 너무 높아서 많은 일꾼들이 항구로 몰려들었다".[58] 또한 영국은 비교적 부피가 큰 물건들을 국내에서 더 많이 생산하거나 그들의 소비를 포기함으로써 선

56 Fayle, *Seaborne Trade*, III, p. 70.
57 Fayle, *Seaborne Trade*, III, pp. 156~72.
58 Fayle, *Seaborne Trade*, III, p. 89.

적 공간(shipping space)을 절약하였을 뿐만 아니라 빈 선박에 부피가 더 작고 값비싼 화물을 적재함으로써 선적 공간을 절약하였다.[59] 이러한 대응책으로 영국은 전시 선박 부족(wartime shipping shortage) 기간 동안 선박 용량의 총톤수당 운반되는 화물의 중량이 증가하게 되었다.

영국은 상선 선박의 총톤수당 더 많은 양을 수입해 옴으로써 독일 잠수함 공격에 의한 손실을 부분적으로 보상할 수 있었다. 또한 영국은 평시의 양보다 훨씬 더 적은 수입량으로도 자국의 활력과 내구력을 충분히 유지할 수 있었다. 그것이 어떻게 가능하였는가? 예를 들면, 영국은 수입량 감소로 자국의 새로운 투자를 줄이고, 일시적으로 '오래된 자본 스톡'에 주로 의존하게 되었다. 또한 영국은 전시에 자국의 자본 스톡을 증가시키지 못하였을 뿐만 아니라 전시 동안 감가상각되는 일부 자본을 대체하지 못함으로써 단기적으로 자국의 수입 수요를 감소시킬 수 있었다. 건축물(물적 자본 스톡)의 경우를 고려해 보자. 대량의 주택, 공장, 사무실 등은 물적 자본 스톡으로서 선진국의 경제 활력과 생산성에 절대적으로 필요하다. 그러나 적어도 몇 년 동안은 새로운 건축물의 증가 없이도 지낼 수 있으며, 심지어 노후화된 건축물들의 개수(改修) 또는 보수(補修) 없이도 살아갈 수 있을 것이다. 이러한 결과로 시민들의 미래 생활수준은 다소 감소될 것이다. 왜냐하면 더 많은 저축과 건축물에 대한 투자를 위해 궁극적으로 소비 감소나 포기가 있어야만 할 것이기 때문이다.

그러나 소비 감소나 포기는 전쟁 중에 있는 어떤 국가가 봉쇄로부터 벗어나려면 기꺼이 지불해야 하는 대가이다. 제1차 세계 대전 기간(1914~18년) 동안

59 Fayle, *Seaborne Trade*, III, p. 58.

영국에서 일부 산업 부문에서 그러한 과정이 일어났다. 예를 들면, 영국의 목재와 판재의 경우 그 수입이 전쟁 발생 이전에는 1,160만 톤이었으나 1917년에는 300만 톤으로 크게 감소하였고, 1918년에는 더욱 감소하였다. 또한 전쟁 기간 동안 철과 강철 제품의 수입은 220만 톤에서 30만 톤으로 감소하였다.[60] 전쟁 도구들(주로 금속)의 생산 증가에도 불구하고 철광석 수입은 전쟁 기간 동안 조금 감소하였다.[61] 이러한 증거들에 비추어 볼 때 제1차 세계 대전 기간 동안 영국에서 어떤 종류의 공장 설비와 장비들에 대한 투자가 감소하였음에 틀림없을 것이다. 그 결과 영국은 남아 있는 선적 공간을 '즉시 필요한 물품들과 용도'에 더 많이 배당할 수 있게 되었다. 당시 영국에서 심지어 새로운 의복에 대한 '투자'가 삭감되었고, 원면 수입도 크게 감소하였다.[62] 이와 같이 제1차 세계 대전 기간 동안 영국에서 국내 소비 감소나 포기로 일부 산업과 제품의 수입이 감소하였다.

당시 영국 정부가 '수입을 제한하면서도' 어떻게 영국의 활력을 유지할 수 있었는가? 영국 정부가 수입을 제한하면서도 영국의 활력을 유지하기 위한 가장 확실한 방법은 '정부 통제'를 통하여 (1) 필수적이지 않은 물건들의 수입을 방지하고, (2) 필수적인 수입품들의 과도한 소비를 방지하는 것이었다. 당시 종이와 제지 원료의 수입에 대한 정부 통제가 양적인 면에서 중요한 한 예이다. 즉, 종이와 제지 원료의 수입은 전쟁 이전인 1913년에 180만 톤이었으나 1918년에는 50만 톤으로 크게 감소하였다.[63]

60 Fayle, *Seaborne Trade*, III, p. 478. 또한 Salter, *Allied Shipping Control*, p. 96.
61 Fayle, *Seaborne Trade*, III, pp. 59~65, 478.
62 Fayle, *Seaborne Trade*, III, pp. 270~71; Hurwitz, *State Intervention*, pp. 196~204.
63 Fayle, *Seaborne Trade*, III, pp. 59, 478.

또한 '필수적이지 않은 제품들의 수입'과 '필수적인 수입품들의 낭비적인 소비'는 '가격 시스템의 작동'을 통하여 자동적으로 다소간 감소되었을 것이다. 전쟁으로 선박들과 선적 공간이 더 부족해지자 수입품들은 더 비싸졌으며, 그 결과 소비와 생산 방식에서 수입을 줄이려는(import-saving) 변화 유인이 나타났다. 나폴레옹 전쟁(1796~1815년)에서 보여 주었듯이 그러한 가격 변화는 수입 감소에 커다란 기여를 하였다. '효과적인 정부 통제 시스템'이 수입 감소에 기여하듯이 '효과적인 가격 시스템'(effective price system)도 수입 감소에 기여할 수 있을 것이다. 그러나 가격 시스템은 두 가지 결함을 가지고 있었다. 우선, 가격 시스템에 의한 기여는 그 당시 영국의 매우 불균등한 소득에 의해 크게 제한을 받았다. 당시 영국의 일부 매우 부유한 사람들은 사치품들 대부분에 대해 어떠한 가격이라도 지불할 수 있었을 뿐만 아니라 실제로 지불하려고 하였다.

또한 가격 시스템은 식량 공급이 영국의 활력과 국력에 최대로 기여하게끔 배분되도록 기능하지는 못할 것이다. 이 점은 제1차 세계 대전에서 특히 중요하였다. 왜냐하면 당시 노동자 계급이 높은 식량 가격에 대해 심지어 군수 산업에서 파업을 하려고 위협하였기 때문이다.[64] 따라서 식량 배분에 대해 '광범위한 통제 시스템'(extensive system of control)이 가해지게 되었다. 제1차 세계 대전 말기에 영국 정부는 식량 배분의 통제에 커다란 역할을 수행하였으며, 그 결과 영국 정부는 영국에서 소비되는 식량의 85%를 구입하여 판매하였다. 당시 식량의 해외 구입은 연합국 위원회에 의해 통제되었다. 또한 영국에서 일부 상품들에 대해서는 배급제(ration)가 실시되었다.[65] 물론 이러한 통제들 때문

64 Great Britain, Commission of Enquiry into Industrial Unrest, *Summary of the Reports of the Commission*, Cd. 8696(London, 1917), pp. 2~3.

에 이익과 손실이 함께 발생하였다. 왜냐하면 통제를 위해 급하게 조직된 행정 기구가 가격 메커니즘을 보충하려 하였기 때문이다. 그러나 당시 영국의 통제는 대체로 공평하고 효율적으로 가해졌으며, 아마 독일의 식량 통제보다 훨씬 더 우월하였을 것이다. 또한 당시 영국의 통제는 오로지 영국의 생존과 모든 국민의 건강을 위하여 실시되었다. 따라서 영국은 각종 통제 조치들로 인해 실제로 많은 양의 식량을 절약하였을 것이다.

당시 영국에서 빵에 대해서 '보조금'이 지급되었다. 당시 빵에 왜 보조금이 지급되었는가? 그 당시 영국 정부는 당시 가장 '효율적인' 전시 식량(wartime food)인 빵이 노동자 계급에게 너무 비싸지 않도록 하기 위하여 보조금을 지급하였다.[66] 당시 '갓 구워진' 빵(fresh bread)의 판매가 금지되었다. 왜냐하면 갓 구워진 빵은 영양적으로 낭비적인 소비를 초래한다고 여겨졌기 때문이었다. 정백(精白) 밀가루(wheat flour)의 추출률이 길어졌으며, 또한 다른 종류의 밀가루들은 정백 밀가루와 혼합되었다. 당시 영국에서 '전쟁빵'(war bread)은 정상 성분의 절반만 사용하여 만들었다. 즉, 전쟁빵의 경우 정백 밀가루와 다른 밀가루를 반반씩 혼합하여 만들었다. 또한 영국 정부는 알코올 음료들의 증류를 금지하였고, 양조를 제한하였다. 그 결과 1917~18년에 이러한 조치들로 약 13주분에 해당하는 정백 밀가루 소비량이 절약된 것으로 추정되었다.[67] 또한 영국 정부는 고급적이고 영양적으로 낭비적인 식량 제품의 소비를 억제하였고, 개와 말

65 Sir William Beveridge, *Some Experiences of Economic Control in War Time*, Barnett House Papers, No. 23(London, 1940), pp. 17~38; Beveridge, *Food Control*, pp. 56~57; Frank H. Coller, *A State Trading Adventure*(London, 1925); Lloyd, *Experiments in State Control*.

66 Beveridge, *Food Control*, pp. 108~12, 299~302.

67 Great Britain, Royal Commission on Wheat Supplies, *First Report*, Cmd. 1544(London, 1921), pp. 6~9.

의 사료로 필수적인 식량의 사용을 억제하였다.[68] 이러한 모든 정부 조치들은 아마 시민들로부터 커다란 불만을 불러일으켰을 것이다. 그러나 당시 영국 정부가 취한 그러한 조치들은 확실히 독일 잠수함 공격(submarine campaign)에 대처하는 데 유익하였음에 틀림없다.

영국의 로이드 조지(Lloyd George) 정부는 한편으로 식량 생산을 증가시키고, 다른 한편으로 식량 소비를 절약하려고 많은 노력을 기울였다. 당시 로이드 조지는 에드먼드 프로서로(Edmund Prothero)를 신임 농·어업부 장관으로 임명하였고, '식량생산부'(Food Production Department: FPD)를 신설하였다. 당시 에드먼드 프로서로는 영국에서 농업 문제에 관한 저명한 작가였으며, 나중에 어너(Lord Ernle) 경이 되었다. 초대 식량생산부 장관에 미들턴(Middleton, 나중에 토마스 미들턴 경이 됨)이 임명되었고, 뒤를 이어 아서 리 경(Sir Arthur Lee; 나중에 아서 리 경(Lord Arthur Lee)이 됨)이 임명되었다. 영국 식량생산부는 국내 식량 생산을 증가시키기 위하여 강력한 운동을 주도하였다.[69] 당시 식량생산부는 어떠한 운동을 벌였는가?

당시 식량생산부는 농작물을 빠른 속도로 재배하기 위하여 영국 전역에 있는 목초지들을 개간하고 경작하기로 결정하였다. 그 결과 고기 생산에 사용될 수 있는 목초지가 감소하게 되었지만 밀, 귀리, 감자 등의 경작 면적이 크게 증가하였다. 이러한 식량생산부의 정책은 1916년 영국 학술원(Royal Society) '식량(전쟁)위원회'(Food(War) Committee)가 발간한 어떤 과학적 보고서에 따른 것이

68 John R. Clynes, *Memoirs, 1869~1924*(London, 1937), pp. 212~66; Beveridge, *British Food Control*, pp. 34~35, 81, 256~60.
69 Ernle, "Food Campaign," p. 8.

었다.[70)]

당시 대부분의 농부들은 여전히 '목초지에 들어가지 말기'(즉, 목초지 개간 반대)를 원하였으나, 일반 대중과 의회의 여론은 '더 집약적(intensive)이고 농작물 중심적(crop-oriented) 농업'을 지지하는 쪽으로 바뀌어졌다.[71)] 영국 의회는 독일의 무제한적인 잠수함 공격이 시작된 직후인 1917년 2월에 이 문제를 논의하였다. 당시 영국 의회 내 두 정당의 입장은 아주 분명하였다. 즉, 긴급한 식량 수요를 충족시키기 위하여 보수당원들(Conservatives)은 자신의 목초지를 기꺼이 개간하려 하였고, 자유당원들(Liberals)은 자신의 경제적 교리를 기꺼이 포기하려 하였다.[72)] 다시 말하면, 당시 두 정당은 영국의 농업을 '집약적이고 농작물 중심적'으로 바꾸려고 하였다.

영국 제도(諸島)에서 봄밀은 가을밀(winter wheat; 가을에 씨를 뿌려서 이듬해 여름에 거두는 밀. 여기서 winter는 '가을에 파종하는'이라는 의미)보다 산출량(수확량)이 훨씬 낮았으며, 그로 인해 봄밀은 널리 경작되지도 않았다. 따라서 영국 식량생산부는 1917년 밀 수확량을 증가시키기에 너무 늦게 설립되었다. 그 대신 식량생산부는 (1) 1917년 감자와 귀리 수확량을 크게 증가시키고, (2) 1918년 밀 수확량을 증가시키기 위하여 1917년 여름과 가을 동안 영구 목초지를 개간하는 데 많은 노력을 기울이기로 결정하였다. 특히, '1918년 밀 수확량 증가 계

70 Great Britain, *The Food Supply of the United Kingdom*, Cd. 8421(London, 1916); Great Britain, Board of Agriculture and Fisheries, *Final Report of the Committee to Consider the Production of Food*, Cd. 8095(London, 1915); T. B. Wood and F. G. Hopkins, *Food Economy in War Time*(Cambridge, 1915); T. B. Wood, *The National Food Supply in Peace and War*(Cambridge, 1917); Ernest Starling, *The Feeding of Nations*(London, 1919).

71 John Wrightson, *The Extension of Agricultural Food Supplies*, "Rural Problems Series," Christopher Turnor, ed.(London, 1919).

72 *Parliamentary Debates: Commons*, XC, pp. 109~233, 1591~1649.

획'이 달성되려면 경작 면적이 당시보다 대략 5분의 1 정도 더 증가되어야만 하였다. 또한 지난 500년 동안 목초지로 사용되었던 토지의 약 3분의 2가 개간되어야만 하였다. 이러한 계획으로 곡물 경작 면적이 260만 에이커 증가되었고, 감자 경작 면적이 17만 에이커 증가되었다.[73)]

영국 정부는 당시 이러한 목표들을 어떻게 달성하였는가? 경작지 증대에 대한 농부들의 반대가 이러한 목표들의 달성을 저지하지 못하도록 하기 위하여 영국 정부는 '목초지 경작 명령'(Cultivation of Lands Order)을 통해 목초지와 풀밭을 경작할 수 있는 권한을 가지게 되었다. '목초지 경작 명령' 하에서 영국의 주(州, County)농업행정위원회는 다음 권한들을 가지게 되었다. 즉, 주농업행정위원회는 (1) 농부들이 어떤 목초지를 경작할 수 있는지 규정하는 권한과 (2) 필요하다면 농업행정위원회 스스로 목초지를 경작하거나 농부들 간에 목초지 관리를 이전하는 권한 등을 가지게 되었다. 비록 대다수의 농부들이 애국적으로 협력하였지만 이러한 명령들은 엄격하게 시행되었다.[74)]

그러나 농부들의 반대를 무마하기 위하여 당근책이 조심스럽게 사용되었다. 1917년 2월에 로이드 조지 정부는 밀·귀리·감자 가격을 보증하기 위한 정부의 의도를 공표하였다. 그러나 밀의 '보증 가격'(guaranteed price)은 쿼터당 60실링에 불과하였으며, 이는 당시 일반 시세보다 매우 낮은 가격이었다.[75)] 이러한 제안들은 '1917년 곡물생산법'(Corn Production Act of 1917)이라는 이름으로 의회

---

73 Middleton, *Food Production*, pp. 207~11.

74 Ernle, "Food Campaign," p. 32. 당시 영국의 주농업행정위원회들은 약 수십만 개의 '목초지 경작 명령'을 발포하였다. 명령 불이행으로 254건의 기소가 이루어졌으며, 이중에서 236건(=93%)은 유죄 판결을 받았다. 또한 317개의 차용지(借用地)들이 강제적으로 종료되었다.

75 *Parliamentary Debates: Commons*, XC, pp. 1598~1607.

에서 통과되었다. 또한 이 법은 지대(地代)를 제한하였으며, 농업 최저임금(minimum agricultural wage)을 일정 수준에 고정시켰다.[76)]

그러나 당시 곡물생산법은 농부들을 농업 생산에 전념하도록 설득시키기에 부족하였으며, 또한 다른 심각한 문제를 야기시켰다. 결국 영국 농부들은 그들의 정규 노동자들 중 3분의 1을 군수 산업이나 다른 산업들에 빼앗기게 됨으로써 농부들이 크게 부족하였다.[77)] 또한 비료와 기계들도 부족하였다. 이에 식량생산부는 여성들, 소년들, 신체장애 남자들, 전쟁 포로들을 농업 생산에 공급(투입)함으로써 정규 노동자들의 부족을 부분적으로 보충하였다. 또한 제한된 수의 '농업 유예'(agricultural deferment)가 허용되었다. 이러한 노력의 결과로 식량생산부는 1918년 수확을 위하여 35만 명에 달하는 남자들과 여자들, 그리고 소년들을 농업 생산에 투입할 수 있었다. 또한 식량생산부는 더 많은 비료와 기계를 획득하여 공급하였다. 또한 식량생산부가 직접 농장 노동의 일부를 수행하였다. 또한 식량생산부는 말, 트랙터, 증기 견인 장치 등을 획득하였고, 농부 양성소들을 운영하였다. 사실상, 개간된 영구 목초지(permanent grass)의 대부분이 식량생산부에 의해 경작되었다.[78)]

이러한 노력의 결과로 경작 목표들 – 즉, 경작지 개간 및 농작물 증가 목표 – 은 거의 달성되었다. 예를 들어, 1916년과 비교해 볼 때 1917년에 대략 100만 에이커의 경작 면적이 증가하였다. 또한 1916년에 비해 1917년에 감자 생산이 3분의 1 이상 증가하였고, 귀리 생산은 약 5분의 1 증가하였다.[79)] 다음으로,

76 *Parliamentary Debates: Commons*, XC, pp. 1591~1649; Hibbard, *Effects of War*, pp. 188~89.

77 K. A. H. Murray, *Agriculture*, "History of the Second World War: United Kingdom Civil Series"(London, 1955), p. 15, *Parliamentary Debates: Commons*, XC, pp. 100~233.

78 Ernle, "Food Campaign," pp. 30, 37~41.

1918년에는 어떠하였는가?

1918년에 수확을 목표로 한 경작 계획은 1917년 여름 내내 천천히 진행되었고, 그로 인해 필요한 경작 면적의 일부만 개간되었다. 그러나 1917년 늦가을에 이르러 경작에 더할 나위 없는 날씨가 찾아왔으며, 그 결과 대부분의 영구 목초지 개간은 늦가을이나 초겨울에 이루어졌다. 이와 같이 1917년에 경작지 개간이 느리게 진행되었으나 이것이 밀 경작 면적의 증가를 막지는 못하였다. 왜 그런가? 왜냐하면 농부들이 자신이 가지고 있던 오래된 토지와 이미 개간된 목초지를 밀 경작에만 사용하였기 때문이다. 또한 농부들은 새로이 개간된 추가 토지를 귀리와 감자의 봄 경작에 사용하였으며, 그 결과 귀리와 감자 재배도 증가하였다. 이러한 이유로 경작지의 총면적이 5분의 1이나 증가하였다.[80] 그러나 이러한 거대한 경작 면적을 수확하기 위한 시기가 도래하였을 때 날씨가 식량 생산 계획에 불리하게 변하였다. 당시 영국에 수년 만에 가장 혹독한 수확기가 찾아왔으며, 그로 인해 일부 농작물은 장마로 유실(流失)되었다.[81]

전시 기간 동안 노동자와 농지 공급의 부족에도 불구하고 당시 농작물 수확량은 꽤 만족할 만한 수준이었다(〈표 4-2〉 참조). 더욱 중요하게도 농작물의

79 Great Britain, Board of Agriculture and Fisheries, *Agricultural Statistics*, LII(1917), Part II, Cd. 9089, pp. 56~57. Middleton, *Food Production*, pp. 190~92. '1917년 경작량' 중 단지 '봄에 파종한 것' 만이 정부의 식량 생산 정책에 영향을 받아 왔기 때문에 '1917년 경작량'을 연구함으로써 당시 식량 생산 정책의 효과를 평가하는 것은 거의 불가능하다. 이러한 이유로 본장에서 대부분의 분석은 '1918년 경작량'에 초점을 맞출 것이다. 또한 정부는 봄에 파종한 밀의 경우 그 재배를 독려하지 '않았다'. 당시 정부가 밀 재배를 반드시 독려했어야만 하는 이유를 보려면 *Country Life*, XLI(Jan. 6, 1917), pp. 2~5를 참고하기 바람.

80 Middleton, *Food Production*, pp. 235~40.

81 어너 경(Lord Ernle)의 추산에 의하면 농작물의 총 5%가 유실되었고, 수확된 밀의 7%는 빻을 수 없었고, 수확된 보리의 15% 이상이 양조에 부적합하였다(Ernle, "Food Campaign," p. 33).

표 4-2 농작물별 수확량

주요 농작물	1907~16년(평균)	1916년	1917년	1918년
밀(에이커당 부셸)	31.7	29.1	30.6	33.3
보리(에이커당 부셸)	33.8	32.0	32.0	33.6
귀리(에이커당 부셸)	42.3	41.2	43.7	44.5
감자(톤)	5.7	4.8	6.3	6.4

자료: Great Britain, Board of Agriculture and Fisheries, *Agricultural Statistics*, LII, Part II(1917), Cd. 9089, pp. 56~57 and LIII, Part III(1918), Cmd. 298, pp. 54~55.

'수확 체감의 법칙'(law of diminishing returns)에도 불구하고 당시 농작물 수확량은 만족스러웠다. 왜 그런가? 당시 경작 여지를 '더 메마른' 토지들로 확대함으로써 경작 면적이 증가되었지만 (농업 전문가들의 예상과 달리) 새로이 개간된 토지는 기존의 토지만큼 수확량을 가져다주었기 때문이다.[82] 또한 당시 새로 개간된 목초지들이 비옥하였으며, 이로 인해 이들 목초지가 가진 내재적 열등성(조악함)을 보충하기에 충분하였다. 식량생산부의 1918년 샘플 조사(〈표 4-2〉 참조)에 따르면 새로 개간된 토지에서의 밀 수확량은 에이커당 33.3부셸로 영국에서 지난 10년간(1907~16년) 밀 평균 수확량(31.7부셸)을 초과하였다. 또한 새로 개간된 토지에서 감자 수확량은 6.4톤으로 지난 10년간 평균을 12% 정도 초과하였다. 마지막으로, 새로이 개간된 토지에서 보리 수확량은 지난 10년간 평균 이하였으나, 귀리 수확량은 평균 이상이었다.[83]

새로 개간된 토지에서의 수확량에 대한 논문의 저자인 브리너 존스(Bryner

82 당시 농업 전문가들은 "경작 면적의 증가는 수확량의 감소를 가져다줄 것" 으로 여겼다(Wrightson, *Extension of Agricultural Food Supplies*, p. 9 참조).

83 Middleton, *Food Production*, pp. 250~53.

Jones)[84]에 따르면 당시 경작지 개간의 결과들은 일반적으로 만족할 만하였다고 서술하였다. 만약 개간된 토지에 묘상(苗床; 모판)이 더 잘 마련되었더라면 훨씬 더 많은 수확량을 얻을 수 있었을 것이다. 또한 존스에 따르면, 만약 경작하기 어려운 토지에서 개간이 좀 더 일찍 이루어졌다면 – 심지어 경작하기 4~6개월 전에 개간이 이루어졌다면 – 수확량이 훨씬 더 많았을 것이라고 예상하였다. 당시 감자가 새로 개간된 토지에 경작하기가 가장 적합하였다. 추가 개간은 부분적으로 늦은 경작에 사용되었다.[85]

당시 '수확량이 좋았다'는 사실에 비추어 볼 때 영국의 '식량 생산 캠페인'(food production campaign)이 종종 '성공'이라고 불렸던 것은 결코 놀랄 일이 아니다. 왜냐하면 당시 이례적인 '경작지 개간 캠페인'(plow-up campaign)이 그때 절실히 필요하였던 곡물(즉, 밀, 보리, 귀리 감자)에 대해 평균 수확량보다 더 많은 수확량을 가져다주었다면 이는 '성공적'이라고 충분히 부를 만하기 때문이다. 또한 이러한 주장은 생산된 식량(곡물)의 총톤수뿐만 아니라 생산된 칼로리(calorie)의 총량도 크게 증가되었다는 사실에 의해 뒷받침되었다.

그러나 목초지들을 개간하여 그곳에 곡물을 재배하는 정책은 당시 적지 않은 논란이 있었다. 무엇보다도 당시 널리 유행한 가격 체계에 비추어 볼 때 그러한 정책은 많은 농부들과 지주들의 경제적 이익에 반(反)하는 것이었다.[86] 또한 목초지와 풀밭이 사람들의 식량 공급을 위해 개간되어 곡물을 심었다면

84 C. Bryner Jones, "The Breaking Up of Permanent Grass in 1918," *Journal of the Royal Agricultural Society*, LXXIX(1919).

85 C. Bryner Jones, "The Breaking Up of Permanent Grass in 1918," *Journal of the Royal Agricultural Society*, LXXIX(1919), pp. 24~44.

86 Great Britain, Board of Agriculture and Fisheries, *The Journal of the Board of Agriculture*, XXIV(Feb. 1918), pp. 1304~7; Ernle, "Food Campaign," pp. 29~33; Middleton, *Food Production*, pp. 237~38, 284~85.

이는 반드시 '가축들'이 이용할 수 있는 목초와 건초의 양을 감소시켰을 것이며, 그로 인해 가축 생산량도 다소 감소되었을 것이다. 당시 이러한 '개간 정책'에 반대한 사람이 없지는 않았다. 헨리 류(Henry Rew) 경이 대표적인 인물이다. 전쟁이 끝난 후 헨리 류 경은 당시 가축용 먹이의 손실이 너무 커서 공인된 곡물 생산 증가보다 훨씬 많았으므로, 모든 것을 고려해 볼 때 당시 영국의 개간 정책은 식량 생산을 증가시키는 데 실패했다고 주장하였다. 과연 이러한 주장이 타당한가? 그러나 헨리 류 경의 이러한 주장은 결코 가볍게 취급될 수 없다. 헨리 류 경은 당시 농업 문제에 관한 저명한 연구자였고, 영국 통계학회 회장을 두 번이나 역임하였다. 또한 헨리 류 경은 통상적으로 전쟁 기간 동안 영국 농업부(Board of Agriculture)를 위하여 공식 농업 통계를 제출하거나 요약해 주었다. 헨리 류 경은 다음과 같이 주장하였다.

> "전쟁 기간 동안 확실히 식량 생산에 커다란 지장이 있었다. 정부의 특별한 노력(즉, 개간 정책)에 의해 곡물 식량(즉, 밀, 보리, 귀리)과 감자 생산량은 분명히 증가하였지만, 다른 종류의 식량과 특히 고기와 우유 등의 생산량은 두드러지게 '감소'하였다. …"[87]

그렇지만 헨리 류 경이 어떤 구체적 증거를 가지고 자신의 주장을 뒷받침하지는 못하였기 때문에 다른 사람들이 그것을 받아들일 이유가 없는 것 같다. 그러면 헨리 류 경은 왜 그러한 결론에 도달하였는가? 당시 헨리 류 경은 정부의

87 Sir Henry Rew, "The Progress of British Agriculture," *Journal of the Royal Statistical Society*, LXXXV, Part 1(Jan. 1922), pp. 1~19; Sir Henry Rew, *Food Supplies in Peace and War* (London, 1920).

개간 정책으로 생산된 곡물의 총량과 칼로리가 더 커졌음에도 불구하고 "식량 생산이 감소하였다"고 말하였다. 헨리 류 경은 왜 이렇게 말하였는가? 그것은 그가 '식량 생산 계획'에 전례 없을 정도의 과도한 정부 개입에 분명한 '반감'을 가지고 있었기 때문일지도 모른다. 또는 그가 단순히 그러한 결과에 '당황'하였을 수도 있었을 것이다. 왜냐하면 그는 전쟁 초기에 독일의 효과적인 해상 봉쇄의 위험을 과소평가하였기 때문이다.[88] 아마 좀 더 그럴 듯한 설명은 헨리 류 경이 전시에 생산된 식량의 '화폐 가치'(money value)와 식량이 국민들의 피부에 와 닿는 '실질 가치'(real value)를 '혼동'하였다는 데 있다. 전시에 농업(식량) 생산의 화폐 가치는 변동한다. 그러면 식량 생산의 화폐 가치는 언제 식량 생산량을 잘 나타내는 '만족할 만한 척도'가 되는가? 그것은 다양한 식량 가격들이 진정한 가치(true value)를 반영할 때에만 가능하다. 즉, 여러 종류의 식량 가격들(즉, 화폐 가치)이 전시에 국민들의 피부에 와 닿는 '진정한(즉, 실질) 가치'를 반영할 때에만 식량의 화폐 가치는 식량 생산량을 나타내는 좋은 척도가 된다. ([역주] 따라서 헨리 류 경은 식량에 대한 변동하는 화폐 가치가 아니라 '실질 가치'를 바탕으로 식량 생산량을 측정해야 올바른 생산량을 측정할 수 있다고 주장하였다. 변동하는 화폐 가치로 식량 생산량을 측정하면 전시에 식량 생산이 증가할 수 있지만, 실질 가치로 측정하면 전시에 식량 생산이 감소할 수 있다.)

1918년에 영국 정부는 다음 두 가지 점을 고려하면서 식량 가격들을 통제

88 이에 대해 헨리 류 경은 다음과 같이 언급하였다. "가격이 아무리 신중히 결정되더라도 … 유념해야 할 점은 '국가가 어떤 상품의 시장 가치를 조정하는 힘을 가지고 있다'라는 사실이다. 이 단순한 사실은 곧 '그 상품의 생산자들의 계획을 필연적으로 억제해야 한다'는 것을 의미한다"(Sir Henry Rew, *Food Supplies*, p. 49). 또한 "전쟁 초기에 식량 수입을 계속할 수 있다"는 헨리 류 경의 낙관론을 보려면 Sir Henry Rew, *Food Supplies in War Time*, Oxford Pamphlets on World Affairs, No. 45(London, 1914)를 참고하기 바람.

하였다. 첫째, 당시 반항적인 노동자 계급에게 식량이 너무 비싸지 않도록 하기 위하여 식량 가격들을 통제하였다. 둘째, 식량 가격들이 여러 종류의 식량들에 대한 '진정한 상대 가치'(true relative value) – 즉, 독일로부터 포위 공격(해상 봉쇄)을 받고 있는 국민들의 피부에 와 닿는 상대 가치를 말함 – 를 반영하지 않는 방식으로 식량 가격을 통제하였다. 또한 '통제 받지 않은 평화 시 가격들'은 '전시 봉쇄 기간 동안의 적절한 상대 가치'를 정확히 반영하지 못할 것이다. 예를 들면, 평화 시 1파운드의 고기는 1파운드의 곡물보다 (예를 들어) 5배 정도 더 높은 가격으로 판매될 것이다. 왜 그런가? 그것은 고기가 곡물보다 더 맛있고, 고기 생산에 드는 비용이 더 크기 때문이다. 그러나 전시의 포위 공격 기간 동안 고기와 곡물은 파운드당 거의 '똑같은 실질 가치'를 가질 것이다. 왜 그런가? 왜냐하면 전시에 고기와 곡물의 식량 가치들이 크게 다르지 않기 때문이다. 따라서 "전시에 영국의 농업(식량) 생산이 감소하였다"는 헨리 류 경의 당시 결론 – 다시 말하면, "목초지 개간으로 초래된 고기와 우유의 생산량 감소가 작물 생산의 증가를 능가하였다"는 결론 – 은 '상대적인 식량 가치'(relative food values)가 아니라 그가 생각해 낸 농작물(곡물)과 어떤 동물성 제품(예를 들면, 고기 또는 우유)에 대한 '상대적인 화폐 가치'(relative money values)에 의해 설명될 수 있다. 즉, 곡물과 고기(또는 우유)에 대한 '상대적인 화폐 가치'로 식량 생산량을 측정하면 전시에 영국의 식량 생산은 '감소'하였다.

이를 살펴보기 위해 영국에서 제1차 세계 대전 이전과 1918년에 '농업(식량) 생산량의 화폐 가치'를 보여 주는 지표들이 필요할 것이다. 그러나 통계 자료의 부족 때문에 이러한 지표들은 신뢰성이 의심스러울 것이다. 헨리 류 경의 결론이 옳다면 '농업(식량) 생산량의 화폐 가치'가 1913년(즉, 제1차 세계 대전 이

전)보다 1918년에 '더 작아야' 할 것이다.[89)]

제1차 세계 대전 기간 동안 영국에 '심한' 인플레이션이 존재하였다. 그러므로 1918년 가격으로 측정한 1918년 생산량은 1913년 가격으로 측정한 1913년 생산량보다 당연히 더 클 것이다(왜냐하면 1913년 가격은 인플레이션이 심하였던 1918년 가격보다 훨씬 더 낮았기 때문이다). 그러나 만약 두 해의 생산량을 '같은' 가격(즉, 1913년 가격 또는 1918년 가격)으로 측정한다면 생산량의 가치는 1913년보다 '1918년에 더 적을' 것이다. 이러한 명백히 불완전한 지표는 "(총량과 칼로리 모두에서) 생산량이 증가하였다는 사실에도 불구하고 생산량의 화폐 가치는 감소하였다"는 것을 의미한다.

제1차 세계 대전 기간 동안 영국에서 농업 생산량의 화폐 가치(money value)가 왜 감소하였는가? 전쟁 기간 동안 농업 생산량의 화폐 가치가 분명히 '감소한' 하나의 이유는 전쟁으로 동물 사료의 수입(輸入)이 없어졌기 때문이다.[90)] 독일의 해상 봉쇄로 외국으로부터 동물 사료가 수입되지 않음으로써 영국 국내에서 동물성 제품들(animal products)의 커다란 생산량 감소가 초래되었다. 또한 당시 영국 농부들은 외국으로부터 동물 사료를 수입하지 않고서도 생존할 수 있었기 때문에 영국은 더 유용한 '인간 식량'(human food; 사람들이 먹을 수 있는 식량)의 수입에 사용할 수 있는 상당한 선적 공간을 획득하였으며, 그로 인해

---

89 J. B. Guild, "Variations in the Numbers of Livestock and the Production of Meat in the United Kingdom during the War," *Journal of the Royal Agricultural Society*, LXXXI(July 1920); Beveridge, *Food Control* and Middleton, *Food Production*; See the Committee on the Production and Distribution of Milk, Cmd. 483(1919); *Journal of the Royal Agricultural Society*, LXXIX(1918), p. 168 참고.

90 Great Britain, Board of Agriculture and Fisheries, *The Journal of the Board of Agriculture*, XXIV(Oct. 1917), pp. 736~44(Jan. 1918), pp. 1177~84(March 1918), pp. 1420~23; Salter, *Allied Shipping Control*, p. 32; Beveridge, *Food Control*, p. 358.

영국 농부들은 독일의 잠수함 봉쇄에 대한 투쟁에 부가적으로 기여하게 되었다. 이들의 기여는 어떻게 반영되는가? 영국 농부들의 이러한 중요한 기여는 확실히 영국 농업의 '부가가치' 또는 '순(net) 생산량' 수치들에 반영될 것이다(물론 이러한 수치들을 계산하기 위해서는 관련 자료들이 있어야 할 것이다). 그러나 그러한 기여는 본장에서 고려하고 있는 총(gross)생산량의 대략적인 추정치에는 분명히 반영되지 않을 것이다.

1918년에 영국 농업 생산량의 화폐 가치가 분명히 '감소한' 또 다른 이유는 정상적으로 '1918년'에 매매되었어야 할 가축들이 이보다 이른 '1917년 가을'에 매매되었기 때문이다. 왜 이런 일이 일어났는가? 왜냐하면 당시 가격 통제 기관의 실수(이에 관해서는 본서 pp. 164~65 참조)로 정상적인 시기(1918년)에 가축들을 매매하는 것이 농부들에게 수지가 맞지 않았기 때문이었다.[91] 그 결과 농부들은 1918년이 아니라 '1917년 가을'에 가축들을 판매하게 되었고, 그로 인해 1918년 농업 생산량의 화폐 가치가 감소하였을 것이다.

물론 우리는 이러한 혼란을 수량적으로도 고려해 볼 수 있다(물론 그러한 고려는 적합한 자료가 없어서 사실상 불가능할 것이다). 그럼에도 불구하고 농업 생산량의 화폐 가치는 1913년에 비해 1918년에 분명히 감소하였다. 따라서 1918년에 '농업(식량) 생산량의 화폐 가치'의 이러한 감소는 헨리 류 경의 놀라우면서 오해하기 쉬운 주장 – 즉, "영국 정부의 '식량 생산 운동'이 생산량의 전반적인 감소를 초래하였다" – 을 설명할 수 있다.

이제까지 설명하였듯이 1918년에 총중량과 총칼로리 면에서 식량 생산량

91 Arthur Bowley, *Prices and Wages in the United Kingdom, 1914~1920*(Oxford, 1921), pp. 82~84; Beveridge, *Food Control*, pp. 139~53.

이 확실히 '증가'하였으나, 식량 생산량의 화폐 가치는 분명히 '감소'하였다. 이러한 사실은 생산자들에게 지급되는 상대 가격(relative prices)이 매우 '부적당'하였다는 것을 의미한다(이에 대해서는 이미 위에서 설명하였다). 그러나 본장에서 사용한 지표들이 완전히 부정확하지만, 그렇다고 해서 영국 정부의 '전시 가격 정책'(war price policy)이 부적당하였다고 의심할 아무런 이유가 없을 것이다. 가격 통계를 잠깐 살펴보면 전쟁 기간 동안 영국에서 돼지 가격과 밀 가격이 대략 '똑같이' 상승하였음을 보여 주고 있다. 그러나 전쟁 기간 동안 영국 정부는 농부들에게 돼지 사육을 줄이면서 밀 생산을 더 많이 하도록 권장하였다. 그럼에도 불구하고 밀 가격은 더 많이 오르지 않았다. 일반적으로 말하면, 주요 종류의 고기와 곡물 가격이 모두 1918년에 거의 두 배 정도 상승하였다.[92] 따라서 고기와 곡물 간의 상대 가격에 커다란 변화가 없었다. 그 결과 영국 정부는 식량 생산량의 원하는 변화(즉, 증가)를 이끌어 내지 못하였다.

일반적으로 영국 식량통제관(Food Controller)은 대부분의 농업 제품들의 가격을 결정하는 독점적 권한을 가지고 있었고, 다만 영국 농업부 장관과 협의를 할 뿐이었다. 당시 영국에서 산업 불안을 야기시키는 원인이 되는 생계비의 추가적 인상을 막기 위하여 '가격 통제'가 실시되어 왔다. 노동자 계급이 먹는 일상 식품에서 빵이 가장 중요하였다. 또한 빵은 독일 잠수함 봉쇄 기간 동안 사람들이 먹기에 '효과적인 식량'이었다. 이러한 이유로 영국 정부는 빵 가격을 가능한 한 낮게 유지하려고 하였다. 심지어 영국 정부는 밀가루에 보조금을

92 Great Britain, Board of Agriculture and Fisheries, *Agricultural Statistics*, XLVIII(1913), Part III, Cd. 7487, pp. 188~249 and LIII(1918), Part III, Cmd. 375, pp. 58~86; Bowley, *Prices and Wages*, pp. 18~24. '물질적' 생산량은 증가할 수 있지만 (심지어 가격 관계가 대체로 일정할 때조차도) 생산물의 '가치'는 감소할 수 있다. 또한 '저렴한 재화의 물질적 생산량의 절대 증가'가 '비싼 재화의 절대적 생산 감소'보다 더 클 수 있다.

지급하기까지 하였다. 그러나 밀가루에 대한 보조금은 농부들의 밀 가격을 인상시킬 정도로 그렇게 높지는 않았다. 당시 영국 농부들의 밀 가격은 종종 수입 밀 가격보다 5분의 2 정도 더 낮았다.[93)]

이러한 정부 정책에 대해 윌리엄 베버리지 경(Sir William Beveridge)은 다음과 같이 주장하였다.

> "정부 통제 하에 있었던 식량 생산 정책들은 대체로 달성되었다. 그러나 농부들의 농업 습성(習性)의 변화와 관련된 부분들 – 예를 들면, 가축 도살이나 수송아지 고기 대신 어린 암소 고기로 대체하는 것 등 – 은 달성되지 않았다. 이러한 측면에서 영국의 식량 정책은 농부들의 확고한 보수적 성향에 부딪쳐 실패하게 되었다. …"[94)]

아마 이와 같이 '잘못된 가격 정책'은 어느 정도 비난 받을 만하다. 또한 베버리지 경은 자신의 저서 다른 곳에서 영국 정부가 가격 정책에서 많은 심각한 실수들을 범했다고 주장하였다.[95)] 어떤 경우에 식량통제관과 농업부 간의 의견 충돌이 전시 내각(War Cabinet) 소속 밀너 경(Lord Milner)에게 전해졌다. 이에 밀너 경은 양자의 주장을 절충하기로 결정하였다. 밀너 경은 당해 기간의 초기 몇 달 동안은 어느 한 부서가 요구한 높은 가격을 책정하였고, 동 기간의 나중

---

93 또한 어너 경은 "애국적 동기가 순수하고 절박하지 않았다면 당시 농부들은 곡물 생산에 광범위하게 종사하지 않았을 것이다"라고 말하였다(Lord Ernle, "Food Campaign," p. 46 및 기타 여러 곳을 참고함). Beveridge, *Food Control*, pp. 107, 331.

94 Beveridge, *Food Control*, p. 84.

95 Beveridge, *Food Control*, pp. 138~61.

몇 달 동안은 다른 부서가 정한 낮은 가격을 부과하였다. 밀너 경은 자신이 '중도'(golden mean)를 찾았다고 생각하였다. 그러나 결과는 당해 기간의 초기 몇 달 동안(1917년 가을)은 식량의 공급 과잉이 있었고, 나중 몇 달 동안(1918년 겨울)에는 심각한 식량 부족이 발생하였다. 따라서 밀너 경의 이러한 중재안은 영국의 '전시 식량 계획'의 가장 심각한 실책들 중의 하나였다.[96]

이러한 불길한 가격 결정 정책들은 농업 생산을 관리하기 위해 도입한 '강제적인 통제 시스템'에 더 많은 압력을 가하게 되었다. 또한 이러한 가격 결정 정책들은 식량생산부가 직접 수행해야 할 개간 작업과 다른 농업 일을 증가시키는 결과를 초래하였다. 마지막으로, 이러한 가격 결정 정책들은 부분적으로 식량생산부의 식량 생산 운동(food production campaign)에 대한 농부들의 반대를 불러일으킨 원인이기도 하였다.

그러나 우리는 이러한 비교적 '사소한' 가격 결정 문제들을 지나치게 강조해서는 안 될 것이다. 헨리 류 경이 어떻게 평가하든 식량생산부의 식량 생산 운동은 '확실히 성공적'이었다! 식량생산부의 식량 생산 운동이 어떻게 성공하였는가? 식량생산부는 애국적인 농부들의 자발적인 협력과 정부의 좀 더 직접적인 수단을 통하여 주요 품종의 식량 생산에 필요한 생산량 조정을 달성하였다. 이러한 결과로 숙련 노동자들의 부족과 전시 상황에서의 많은 어려움들에도 불구하고 영국 농업은 식량 생산량을 크게 증가시킬 수 있었다.

이러한 사실은 특히 영국의 주요 농작물(곡물) 생산량의 경우에 더욱 분명하다. 〈표 4-3〉이 보여 주듯이 영국의 밀, 보리, 귀리, 감자의 총생산량이

96 Lloyd, *Experiments in State Control*, pp. 155~200; Lord Milner, Comments in the House of Lords on Feb. 28, 1918(Beveridge, *Food Control*, pp. 146~47에서 인용함).

표 4-3 영국의 주요 식량 생산량: 전쟁 이전과 1918년 비교

주요 농작물	1904~13년 동안의 연간 평균 생산량(A)	1918년 생산량(B)	증가량 (=B-A)
밀(톤)	1,564,000	2,579,000	1,015,000
보리(톤)	1,516,000	1,540,000	24,000
귀리(톤)	3,040,000	4,461,000	1,421,000
감자(톤)	6,592,000	9,223,000	2,631,000
합계(톤)	12,712,000	17,803,000	5,091,000

자료: Middleton, *Food Production*, Table XIV and XVIII에 있는 *Agricultural Statistics*의 자료를 바탕으로 함.

1904~13년 동안 연간 평균 1,271만 톤에서 1918년에 1,780만 톤으로 증가하였다. 즉, 두 기간 동안 총생산량이 약 510만 톤(=40%) 증가하였다.

주요 곡물(농작물) 생산량의 이러한 증가는 물론 '동물성 제품들(즉, 고기와 우유)의 생산량 감소'를 감안하기 위해 얼마간 조정(상쇄)되어야만 한다. 이에 대해 미들턴 경(Sir Thomas Middleton)은 다음과 같이 주장하였다.[97] 첫째, 곡물과 감자 총생산량의 40% 증가는 개간 정책으로 인한 '동물성 제품들의 생산량 감소'에 의해 얼마간 상쇄되어야 한다. 둘째, 동물성 제품들의 이러한 감소를 공제한 후 곡물 생산량의 순 증가는 약 24%였다. 또한 식량 생산 계획 기간 동안 영국 농업부 장관이었던 어너 경(Lord Ernle)은 다음과 같이 주장하였다.[98] 첫째, 공식적인 계산에 따르면 잉글랜드(England)와 웨일스(Wales) 지역의 농부들이 230만 톤의 순 식량 생산량을 증가시켰다. 둘째, 자신의 계산에 따르면 잉글랜드와 웨일스 지역에서의 식량 생산 운동은 330만 톤 이상의 식량을 증가시킨

97 Middleton, *Food Production*, p. 322.
98 Lord Ernle, "Food Campaign," pp. 34~37.

것으로 나타났다. 그러나 이러한 수치들에 나머지 영국(United Kingdom; 잉글랜드, 웨일스, 스코틀랜드, 북아일랜드를 합친 지역)에서의 식량 생산량의 커다란 순 증가가 더해져야만 한다. 또한 농작물 생산에 필요한 쟁기 생산량에 삽 생산량이 더해져야만 한다. 게다가 당시 분할 대여된 농지(allotment)의 수가 1916년 이후 830,000개 증가하였고, 이로 인해 추가적으로 100만 톤의 인간 식량을 생산하였으며, 그 결과 최소한 총 400만 톤의 식량 순 증가를 가져다주었다.[99)]

그러나 미들턴 경과 어너 경과 같은 당시 전문가들의 추정치들은 명확히 확인될 수 없다. 왜냐하면 식량 생산량의 총중량이나 칼로리 양의 변화를 정확히 계산하는 데 필요한 자료들은 현재로서 입수 불가능하기 때문이다. 또한 위에서 언급하였듯이 주요 농작물 생산량의 '증가'는 필연적으로 동물성 제품들(즉, 고기와 우유)의 생산량 '감소'를 가져다주므로 농작물 생산량의 순 증가를 알려면 양자를 상쇄해야만 한다. 〈표 4-1〉에서 보여 주듯이 4가지 주요 농작물들의 생산량이 1918년에 총 510만 톤 정도 증가함으로써 '얼마의 고기와 우유 생산량이 감소하였는지'를 현재로서는 정확히 알 수 없다. 그럼에도 불구하고 기존의 여러 자료들이나 본장에서 저자가 한 계산들은 전시 식량 문제를 연구한 사람들의 '일반적인 결론'과 결코 모순되지 않는다.[100)] 또한 최근 연구자들의 결론에서도 "1918년에 영국 농업이 이룩한 성과는 확실히 매우 컸다"[101)]라고 언급하고 있다.

---

99 Lord Ernle, "Food Campaign," p. 37.

100 Wrightson의 *The Extension of Agricultural Food Supplies*, pp. 21~22에서 제시한 1918년 식량 성과와 Samuel Hurwitz의 *State Intervention*, p. 221에서 내린 결론에 대해 Christopher Turnor는 "'개간 열광자들'(plough maniacs)의 정책이 결국 성공적이었다"라고 평가하였다.

101 Murray, *Agriculture*(1955), pp. 14~15.

1918년 봄과 겨울에 영국 식량생산부는 '1919년 밀 수확'을 위해 무엇을 해야 할지 신중히 검토해야만 하였다. 왜냐하면 1919년에 밀 수확량을 더 증가시키려면 1918년 여름과 가을에 훨씬 더 많은 토지를 개간하고 경작해야만 하였기 때문이다. 이 시기에 영국에서 추가 식량 부족에 대한 '두려움'이 여전히 매우 강하게 존재하였다. 당시 영국에서 추가 식량 부족에 대한 두려움이 매우 커서 1918년 1월 31일에 연합국의 총리들이 미국 대통령에게 다음과 같은 내용으로 긴급 전보를 보내기에 이르렀다.

> "식량 부족은 국민의 사기에 큰 영향을 미칠 뿐만 아니라 러시아가 몰락하게 된 주요 원인이었다고 생각합니다. 우리는 식량 부족이 현재 유럽 연합국 각국을 위협하는 가장 커다란 위험이라고 확신하고 있습니다."[102)]

이러한 식량 부족에 대한 두려움 때문에 식량생산부는 추가적으로 100만 에이커의 목초지를 개간하게 되었으며, 그 결과 1919년의 식량 수확량을 증가시켰을 것이다. 또한 그러한 개간과 수확량 증가의 결과로 추가적으로 876,000 톤의 선적량(선적 공간)을 절약한 것으로 추정되었다.[103)]

1918년 3월에 독일군이 프랑스 아미앵(Amiens) 지역에 진격함으로써 연합국은 프랑스에서 심각한 패배를 겪었다. 이때 헤이그 경(Lord Haig)은 "군대는 모든 위험을 무릅쓰고 자신의 땅을 굳건히 지켜야 한다"는 유명한 호소문을

102 Beveridge, *Food Control*, p. 94.
103 Middleton, *Food Production*, pp. 261~64; Ernle, "Food Campaign," p. 43.

발표하였다. 4월에 군인 연령이 51세로 높아졌고, 농업 노동력으로부터 더 많은 징집 요구가 있었다. 이러한 이유로 1919년에 곡물 수확량 증가를 위하여 더 많은 토지를 개간하려는 계획들이 중지되었다. 당시 영국 농업위원회(Board of Agriculture)의 일부 위원들은 그 계획이 계속되기를 원하였으나, 그들의 결의는 결코 영국 내각에 도달하지 못하였다. 농업위원회 소속 대부분의 위원들은 "독일이 자신의 마지막 노리쇠를 당겼다"(즉, 최후의 공격을 가하였다)고 생각하였다. 실제로 독일은 그러하였다. 왜냐하면 1918년 3월 21일과 7월 17일 사이에 독일은 5차례에 걸친 필사적인 공격을 개시하였기 때문이다. 이 중 마지막 공격은 실패하였다. 독일의 마지막 공격에 연합국은 반격을 개시하여 승리를 거두었다. 그로부터 마침내 '휴전'(Armistice)이 이루어졌다.[104] 영국의 경우 '1918년 수확량'(즉, 1918년에 수확한 곡물량)의 대부분이 소비되기 전에 휴전이 이루어졌다. 따라서 사후적으로 판단해 볼 때 영국 식량생산부의 '1918년 식량 생산 운동'은 전쟁의 지속에 대비한 '불필요한 대책'이었던 것으로 드러났다(그러나 1918년에 생산된 '추가' 식량은 전쟁이 끝난 후 심각한 세계 식량 부족을 해결하는 데 매우 유용하게 사용되었다).[105]

그러나 1918년에 증가된 생산량의 대부분이 소비되기 전에 전쟁이 끝났다는 사실이 다음 요점을 흐리게 해서는 안 될 것이다. 즉, 전쟁이 끝나고서도 1918년 수확량이 남아 있었다는 사실은 "영국이 제1차 세계 대전에서 독일의 식량 봉쇄에 대처할 만한 충분한 능력을 가지고 있었다"는 점을 보여 주었다. 1913년(전쟁 전)에 영국은 1,810만 톤의 식량을 수입하였으나, 1918년(전쟁 후)에

104 [역주] 제1차 세계 대전 휴전 기념일(Armistice Day)은 1918년 11월 11일임.
105 Ernle, "Food Campaign," pp. 41~45.

는 단지 1,140만 톤의 식량을 수입하였다.[106] 즉, 영국은 1913년에 비해 1918년에는 식량 수입이 37%나 감소하였다. 1913년과 1918년 간의 수입량 차이(즉, 약 670만 톤)는 영국이 국내에서 생산량과 소비량을 조정(즉, 국내 생산량 증가와 소비량 감소)함으로써 절약한 선박량(선박 톤수)을 나타낸다. 그 당시 1,000명의 미국 병력과 군수품을 프랑스로 데려오는 데 4,000~5,000톤의 선박이 필요하였다.[107] 그러면 1918년에 절약된 670만 톤으로 약 130만 명의 미국 병력을 프랑스로 수송해 올 수 있었을 것이다. 따라서 제1차 세계 대전 당시 영국은 식량 수입을 감소시키기 위한 여러 시도들을 통해 약 130만 명의 미국 병력을 프랑스로 데려올 수 있을 만큼 충분한 선박(즉, 선박 톤수)을 절약하였다. 이것은 놀라운 성과였다. 영국이 '식량 전쟁'(food front)에서 이룩한 성과는 제2차 세계 대전에 비해 제1차 세계 대전에서 덜 두드러졌다. 그러나 제1차 세계 대전에서 이룩한 '선박량 절약'은 확실히 놀라운 성과였다. 물론 이러한 성과의 중요한 부분은 '국내 농업(식량) 생산량의 증가'에 기인하였다. 전쟁 기간 동안 영국 내에서 농업(식량) 생산량이 얼마나 증가하였는가? 제1차 세계 대전 기간 동안 (외국에서의 수입이 아니라) 영국 내에서 공급한 밀 공급량 비중이 5분의 3(= 60%) 이상이 증가하였다.[108]

또한 영국은 전쟁으로 식량 수입을 감소시킨 비중만큼 '비(非)식량(non-food) 수입'도 거의 같은 크기로 크게 감소시켰다. 절대량 면에서 볼 때 비식량 수입의 감소가 훨씬 더 컸다. 식량과 비식량 수입을 합친 총수입이 1913년에

106 여기에는 식량뿐만 아니라 음료수와 담배도 포함되어 있다. Fayle, *Seaborne Trade*, III, p. 478.
107 German Naval Memorandum in Carnegie Endowment, *Official German Documents*, II, p. 1261; Ernle, "Food Campaign," p. 5; Clynes, *Memoirs*, p. 255.
108 Beveridge, *Food Control*, p. 359.

5,600만 톤이었으나 1918년에는 3,560만 톤으로 크게 감소하였다.[109] 즉, 1913년에 비해 1918년에는 영국의 총수입이 무려 2,040만 톤이나 감소하였다. 그러나 이러한 수입량의 감소(즉, 2,040만 톤)보다 영국으로 수입하는 데 이용할 수 있는 '선박 용량의 감소'가 훨씬 더 컸다. 왜 그런가? 왜냐하면 대서양 집중(Atlantic Concentration)과 다른 조치들이 상선(商船) 톤(gross ton)[110]당 운반할 수 있는 화물량을 증가시켰기 때문이다. 만약 대서양 집중과 다른 조치들이 상선 톤당 운반할 수 있는 화물량을 증가시키지 못하였더라면 선박 용량의 감소보다 수입량의 감소가 훨씬 더 컸을 것이다(그러나 대서양 집중과 다른 조치들이 상선 톤당 운반할 수 있는 화물량을 증가시켰기 때문에 수입량의 감소보다 '선박 용량의 감소'가 훨씬 더 컸다). 따라서 수입량에 대한 이러한 수치는 독일의 잠수함 봉쇄에 대처하기 위해 영국 정부가 취한 모든 경제적 대응책들이 가져다준 기여(성과)를 과소평가하고 있다.

만약 독일의 잠수함 봉쇄가 전략적으로 훨씬 더 효과적이었고 훨씬 더 오래 지속되었었더라면 영국은 어떻게 되었을까? 비록 독일의 잠수함 봉쇄가 전략적으로 훨씬 더 효과적으로 이루어지고, 또 훨씬 더 오래 지속되었더라도 영국은 여전히 살아남았을 것이고, 또한 연합국은 여전히 전쟁에서 승리하였을 것이다. 또한 독일의 '무제한적인 잠수함 공격'이 더 일찍 개시되었다면 그에 대처하기 위한 '대체 조치들'(대응책들)도 아마 더 일찍 시작되었을 것이다. 또한 독일의 '무제한적인 잠수함 공격'이 더 일찍 개시되었었다면 미국도 더

109 Fayle, *Seaborne Trade*, III, p. 478. 영국 수입에 대한 수치들이 자료에 따라 서로 다르다. 그러나 그 차이가 매우 적어서 본장에서 내린 결론에 영향을 미치지 못한다.
110 [역주] 여기서 'gross ton'은 영국에서의 '톤'(=2,240파운드)을 말함.

일찍 독일에 대해 전쟁을 선포하였을 것이다. 또한 독일이 더 강하게 공격하였다면 이에 대처하여 영국은 훨씬 더 많이 생산하고 훨씬 더 적게 소비하였을 것이다. 식량 소비 감소의 경우 독일 자신이 적어도 상당 기간 동안 사람들이 훨씬 더 적게 먹을 수 있다는 것을 보여 주었다. 왜냐하면 전쟁 기간 동안 독일의 1인당 식량 소비량은 영국의 경우보다 훨씬 더 적었기 때문이었다. 전쟁 기간 중에 영국이 "훨씬 더 많이 생산할 수 있었을 것이다"라는 생각은 어디에서 나왔는가? 그것은 식량생산부 장관인 리 경(Lord Lee)을 포함하여 식량 생산을 담당하고 있던 '많은' 관리들의 식량 증가 가능성에 대한 확신에서 비롯되었다. 당시 그들은 '1918년 수확량'을 위해 이미 개간한 목초지에 더하여 '1919년 생산량'을 더 증가시키기 위하여 추가적으로 100만 에이커를 더 개간해야만 한다고 생각하고 있었다. 이러한 추가 개간 계획(plow program)은 876,000톤의 선박량(즉, 선박 톤수)을 더 절약할 수 있을 것으로 기대되었다. 당시 리 경은 이러한 계획의 실현 가능성에 대해 매우 확신하고 있었다. 그 결과 리 경은 식량생산부의 개간 계획을 1919년까지 계속하는 안(案)이 의회에서 부결되자 장관직을 사임하였다.[111] 당시 식량생산부의 개간 계획이 왜 부결되었는가? 여기에는 두 가지 이유가 있었다. 첫째, '1919년 수확량'이 소비되기 전에 전쟁이 끝날 것이라는 예상이 있었다(이 예상은 옳았다). 둘째, 군대로부터 농업 노동자들의 추가 징집 요구가 있었다. 이러한 이유들로 영국 의회는 식량생산부의 '1919년 수확량' 증가 계획을 반대하였다. 그러나 '1919년 수확량' 증가를 위한 식량생산부의 개간 계획이 달성되지 못하였을 것이라고 생각할 이유는 없다. 다시 말

111 Ernle, "Food Campaign," pp. 42~48; Middleton, *Food Production*, pp. 259~80.

하면, '1919년 수확량' 증가를 위한 식량생산부의 개간 계획은 충분히 달성될 수 있었다. 왜 그런가? 당시 영국에는 개간할 토지가 엄청나게 많았기 때문이다. 영국의 경우 1873년에 시작된 농업 불황(agricultural depression) 이전에는 경작되었으나 1917~18년에 실시된 개간 정책(plow policy) 이후에도 여전히 목초지로 남아 있었던 토지들이 광대하게 많았다. 게다가 1918년에 새로이 개간된 목초지로부터 거두어들인 수확량이 매우 좋았다. 이는 개간에 사용될 추가 토지가 꽤 많은 수확량을 가져다줄 것이라는 것을 의미한다. 이러한 이유들로 식량생산부의 '1919년 추가 개간 계획'이 실시되었다면 성공을 거두었을 것이다.

따라서 만약 독일의 무제한적인 잠수함 공격이 좀 더 일찍 개시되었더라면 성공하였을 것이라는 주장에 대해서는 변명의 여지가 없을 것이다. 독일의 일부 해군 장성들은 황제에게 '무제한적인 잠수함 전쟁 계획'이 채택된다면 '1917년 8월 1일'에 '확실한 성공'(certain success)을 가져다주겠다고 약속하였었다. 그러나 이들은 무제한적인 잠수함 공격 계획이 채택되어 전쟁에서 패배한 후에도 여전히 "무제한적인 잠수함 공격이 '좀 더 일찍' 개시되었었다면 전쟁에서 승리하였을 것"이라고 확신하였다.[112] 심지어 독일의 티르피츠 해군 제독(Admiral Tirpitz)은 '더 이른' 잠수함 공격에 대한 각종 제한들과 구속 조치들이 "우리에게서 최종 승리할 수 있는 기회를 빼앗아 갔다"라고까지 말하였다.[113] 그러나 전쟁 초기에 독일은 1917년에 보유한 만큼의 많은 잠수함들을 보유하고 있지 못하였다. 따라서 티르피츠 제독의 주장은 이러한 사실에 모순된다. 비록 독일이 잠수함 공격을 좀 더 일찍 개시함으로써 영국에게 훨씬 더 많은

---

112 Scheer, *Germany's Fleet*, pp. 257~58; Carnegie Endowment, *Official German Documents*, I, pp. 500~5.
113 Tirpitz, *Memoirs*, II, pp. 180~86, 203.

피해를 끼쳤다고 하더라도 독일은 여전히 전쟁에서 패배하였을 것이다. 또한 무제한적인 잠수함 공격뿐만 아니라 "1917년의 통상 전쟁(commerce war of 1917)이 영국을 패배 가까이로 몰아갔다"는 일반적인 주장도 받아들일 만한 가치가 없다.[114] 또한 독일의 잠수함 공격이 패배한 주요 원인으로 왜 자주 영국의 '호송선 체제'에 '모든' 공적이 돌아가는지에 대해서도 타당한 근거가 없다.[115] 즉, 영국의 호송선 체제가 독일의 잠수함 공격을 패배시킨 주요인으로 왜 자주 언급되는지에 대해서도 합당한 이유가 없다. 왜냐하면 본장의 앞부분에서 지적하였듯이 독일의 잠수함 공격은 '전략적 성공'(tactical success)이었다. 영국이 호송선 체제를 도입한 이후에도 독일 잠수함들은 영국의 많은 선박들을 침몰시켰다. 특히, 독일 잠수함들은 영국의 호송선 체제에도 불구하고 '확실한 승리'(certain victory)를 거둘 것으로 예상한 1917년 8월 1일 이전에 그들의 예정한 대로 많은 선박들을 침몰시켰다. 그러나 호송선 체제는 교전국들의 전쟁 종식 전망에 긍정적 영향을 미쳤다. 따라서 영국의 호송선 체제는 독일 잠수함이 패배한 주요인이 아니라 단지 '부분적인' 요인이 될 수 있다(그것도 작은 부분을 차지한다).

독일 해군 장성들이 무제한적인 잠수함 공격을 주장하였을 때 간과한 것이 있었다. 그것은 바로 영국의 '대체 능력'(capacity for substitution)이었다. 당시 영국 경제 시스템이 가지고 있었던 예상치 못한 적응력(flexibility)을 잘 설명해 주는 것이 바로 '대체 원리'(principle of substitution)이다. 또한 독일 잠수함 실패에 커

114 Cruttwell, *Great War*, p. 187; Hurwitz, *State Intervention*, p. 194; Carnegie Endowment, *Official German Documents*, I, p. 516 and II, p. 833.

115 Hurwitz, *State Intervention*, p. 191.

다란 기여를 한 것도 바로 '대체 원리'이다.

당시 영국과 독일 경제 시스템 간에는 커다란 '차이'가 있었다. 제1차 세계 대전에서 영국은 자신을 굶겨서 굴복시키려는 독일의 시도(야욕)에 직면해서 '놀라운 적응력'을 발휘하였다. 반면에 독일 경제는 '적응력 부재'를 보여 주었다. 따라서 전쟁 기간 동안 영국 경제의 놀라운 적응력과 독일 경제의 적응력 부족 간의 이러한 대조적인 차이는 아이러니(irony)[116]로 가득 차 있다. 왜 그런가? 영국은 전쟁이 일어나기 이전의 평화 시뿐만 아니라 심지어 전쟁이 일어난 후 처음 2년 동안에도 전시 식량 부족에 잘 대비하지 못하였다. 반면에 독일은 전쟁에 대비하여 수년 동안 자신의 농업 경제에 막대한 투자와 지출을 해왔다.[117] 또한 영국은 해군이 항상 자국의 수입을 안전하게 보호해 줄 수 있을 것이라고 잘못 확신하고 있었으며, 그로 인해 영국은 자신의 옛날 밀밭을 경작하지 않고 그저 풀이 자라게 방치해 두었다. 반면에 독일은 언젠가 국내 식량 공급에 의존해야만 할지도 모른다는 가능성을 뚜렷이 인식하고 있었으며, 이에 대비하여 자국의 농업 생산을 증대시키기 위해 보조금을 지급하거나 수입품에 관세를 부과하였다. 이와 같이 당시 독일은 선견지명(foresight)이 더 좋았고, 영국은 운(fortune)이 더 좋았다. 이러한 상황에서 전쟁으로 인해 전시 식량 부족이 도래하자 영국은 놀랍게도 국내 농업 생산을 증가시키고 국내 식량

116 [역주] '아이러니'란 예상 밖의 결과가 빚은 모순을 말함.

117 독일의 전쟁 이전 식량 생산과 소비에 대해서는 Paul Eltzbacher, ed., *Germany's Food, Can It Last?* (London, 1915)를 참고하기 바람. 이 책은 영국의 해상 봉쇄에 의해 독일이 직면한 '전시 식량 문제들'에 대해 독일의 저명 학자들이 연구한 결과물이다. 이 책은 독일의 저명 학자들에 의해 면밀히 연구되었지만 독일이 궁극적으로 직면하게 될 '식량 문제의 중대성'을 예상하지는 못하였다. 특히, 이 책은 독일에서 출판된 직후 영국에서 번역되어 출간되었고, 이를 통해 많은 영국 사람들은 마침내 자국의 '식량 공급 문제들'에 관해 심각하게 생각하게 되었다.

소비를 통제할 수 있었다. 반면에 독일은 자국의 식량 생산을 증가시킬 수 없었고 국내 식량 소비도 효과적으로 통제할 수 없었다. 왜 이러한 차이가 발생하였는가? 영국은 수년 동안 묵혀 두었던 비옥한 예비 토지(reserve)를 개발하기 위하여 단지 목초지를 개간하기만 하면 되었다. 반면에 독일의 농업 부문은 전쟁 이전에 이미 충분히 확대되었으며(심지어 과잉 확대되었으며), 그 결과 전시 식량 부족과 역경에 직면하여 생산량을 더 이상 증가시킬 수 없었다. 또한 영국은 비교적 통합된 유권자(시민)들과 효율적인 정부 기관(행정력)을 가지고 있었으며, 이를 바탕으로 전시 식량 부족에 대처하기 위한 일련의 강력한 정책들을 채택할 수 있었고, 또한 이들을 효과적으로 실행할 수 있었다. 반면에 독일은 농촌과 도시 유권자들이 몹시 분열되어 있었으며, 또한 덜 현대적인 정부 기관(행정력)을 가지고 있어서 자국의 식량 공급을 공평하고 효율적으로 분배할 수 없었다.[118] 이와 같이 영국의 농업 및 정치·행정 기구들은 '적응력'(flexibility)을 가지고 있었지만 독일의 시스템은 그렇지 못하였다.[119] 당시 영국 사회는 최소한 농업 부문에서만은 이러한 적응력을 가지고 있었다. 당시 영국이 농업 부문에서 놀라운 적응력을 가지게 된 이유가 무엇인가? 우선, 영국은 자국 경제를 해외 무역으로부터 자립(독립)하려고 하지 않았기 때문이다. 또한 영국은 전략적 동기에 의해 경제 원칙에 맞지 않는 정책들(uneconomic policies)을

118 그러나 무제한적인 잠수함 공격을 옹호한 '독일 해군의 비망록(備忘錄, memorandum)'에서 Holtzendorff 제독은 다음과 같이 이 주장에 '반대하고' 있다(즉, 독일이 아니라 '영국'이 배급제를 실시할 능력이 없다고 주장하였다). 즉, "물론 나는 영국의 행정 능력을 과소평가하지는 않는다. 그러나 내가 내린 결론은 필수품 공급을 제한하는 '배급제'가 영국에서 불가능하거나 최소한 가능하지 않을 것이다" (Carnegie Endowment, *Official German Documents*, II, p. 1241).

119 당시 독일 내무상이었던 헬퍼리히(Helfferich) 박사는 1916년 9월에 "제발 영국의 불굴의 저항과 식량 통제 가능성을 과소평가하지 마십시오"라고 말하였다(Carnegie Endowment, *Official German Documents*, II, p. 834).

추구하지 않음으로써 자국의 전반적인 경제 활력을 유지하려 하였기 때문이다. 다시 말하면, 영국은 독일과의 전쟁 상황에서도 해외 무역을 계속하려 하였으며, '경제 원칙에 맞는' 여러 정책들을 추구함으로써 자국의 경제 활력을 유지하려 하였다.

그러나 다음 몇 가지 사실을 고려해 볼 때 우리는 이러한 주장을 지나치게 강조해서는 안 된다. 우선, "자국 경제를 전쟁에 최소로 대비한 어떤 국가(예를 들면, 영국)가 반드시 전시 부족으로 최악의 피해를 볼 것이다"라는 결론은 성립되지 않는다. 둘째, 당시 영국은 자국 농업에 보조금을 지급하지 않고 외국으로부터 값싸게 수입하는 정책을 실시하였다. "만약 영국이 (해외로부터 값싼 식량을 수입하는 대신에) 자국 농업에 보조금을 지급하였다면 영국 경제가 더 나빠졌을 것이다"라는 주장도 분명치 않다. 또한 당시 독일은 자국 농업에 보조금을 지급하여 국내 생산을 증가시키는 정책을 취하였다. "만약 독일이 자국 농업에 보조금을 지급하지 않았다면 독일 경제가 더 나아졌을 것이다"라는 주장도 분명하지 않다. 왜 그런가? 당시 상황이 너무 복잡하였고 전쟁으로 인한 부수적인 사건들의 수가 너무 많았기 때문에 영국이나 독일이 당시 실제로 실시하였던 정책과 '다른 정책'을 추구하였다면 과연 어떤 일이 일어났었을지를 명확히 말할 수 없다. 이러한 경우에 우리는 어떻게 생각할 것인가? 일반적으로 우리는 "어떤 국가가 미래에 전쟁에 직면한다면 '해외 공급에 대한 의존을 줄임으로써'(즉, 자립함으로써) 전쟁으로부터 살아남으려 할 것이다"라고 가정한다. 이 가정을 증명할 수 있는가? 우리는 제1차 세계 대전의 경험으로는 이러한 '일반적인 가정'을 완전히 증명하지 못할 것이다. 제1차 세계 대전의 경험은 오히려 일반적인 가정과 '반대되는' 결론을 보여 주고 있다. 이제까지 설명하였듯이 영국은 전쟁에 직면하여 일반적인 가정과 '반대되는' 정책을 실시하여 성공을 거두었다. 만약 영국이 전쟁 이전에 해외 식량 공급원으로부터 자립하려고 – 즉, 수입하지 않고 자급자족하려고 – 하였다면 제1차 세계 대전에서 영국의 '군수품' 생산량은 실제보다 훨씬 더 적었을 것이고, 또한 영국의 해외 투자도 더 적었을 것이다. 그러나 위에서 지적하였듯이 영국은 자국 경제를 해외 무역으로부터 자립하려고 하지 않았다. 또한 만일 독일이 자국 농업(즉, 농산품 수입)에 대해 관세를 부과하지 않았었다면 독일은 제1차 세계 대전에서 더 많은 공산품들을 생산하였을 것이다(그러나 주지하듯이 독일은 자국 농업을 보호하기 위해 외국으로부터의 농산품 수입에 높은 관세를 부과하였다).

마지막으로, 농업 보조금의 후생(厚生) 효과와 비용 및 편익을 어떻게 증명할 것인가? 다시 말하면, 만약 독일과 영국 모두가 국내 농업 생산을 증대하기 위하여 자국의 농업 부문에 보조금을 지급하였다면 양국은 제1차 세계 대전에서 더 나아졌을 것인가? 이를 증명하려면 다음 두 가지가 필요하다. 첫째, 보조금 지급으로 어느 국가의 농업이 전쟁에 더 잘 대처하였는지를 증명해야만 한다. 그러나 제1차 세계 대전의 경험으로부터는 이를 입증할 수 없다. 둘째, 보조금 지급으로 얻은 이익이 '평화 시와 전시의 비용'보다 컸었는지를 증명해내야만 한다([역주] 여기서 비용이란 농업 보조금으로 희생된 다른 산업들이 생산해 낼 수 있는 산출량을 의미한다). 그러나 제1차 세계 대전의 경험으로부터는 이를 입증하기가 훨씬 더 어렵다. 따라서 제1차 세계 대전의 경험만으로는 위의 '일반적인 가정'을 증명하지 못할 것이다.

당시 독일의 에리히 폰 루덴도르프 장군은 전시 독일의 식량 공급 부족에 대해 비탄해 하면서 다음과 같이 서술하였다.

“우리는 군대가 치안(order)의 기초인 것처럼 ‘농업’이 경제적 생활(economic life)과 심지어 정치적 생활(political life)의 토대라는 점을 깊이 인식해야 한다. 만약 우리(독일)가 전쟁 전에 이러한 사실을 명심하였더라면 모든 일이 우리에게 훨씬 더 쉬웠을 것이다.”[120]

이러한 서술에 미루어 볼 때 루덴도르프 장군은 전쟁 이전에 독일이 부과하였던 ‘높은’ 관세가 충분하지 않았다고 생각한 것 같다. 왜냐하면 전시에 독일에 식량 부족이 발생하였다는 것은 “평화 시에 농업 부문이 훨씬 더 확대되었어야 하였다”는 것을 의미하기 때문이다. 다시 말하면, 루덴도르프 장군은 독일이 전시에 직면한 식량 부족은 곧 평화 시에 농업 부문이 충분히 확대되지 않았다고 생각하였다. 그러나 제1차 세계 대전에서 독일의 무제한적인 잠수함 공격에 대해 영국이 보여 준 놀라운 대응력과 독일의 배고픈(식량 부족) 경험을 비교해 볼 때 루덴도르프 장군의 이러한 분석은 너무 단순한 것 같다. 이상으로 제1차 세계 대전에서 영국과 독일이 겪은 식량 부족 문제에 대한 서술을 마친다.

120 Erich von Ludendorf, *My War Memories*, I, p. 352.

제5장

제2차 세계 대전: 1939~45년

제5장

제2차 세계 대전: 1939~45년

제4장에서 살펴보았듯이 제1차 세계 대전(1914~18년)이 발생하기 이전 50년 동안 영국 농업이 '위축'되었던 것처럼 제2차 세계 대전(1939~45년)이 일어나기 이전 20여 년의 평화기 동안에도 영국의 농업 부문은 '위축'되었다. 이와 같이 영국 농업은 두 전쟁 직전 수십 년간에 걸친 평화기에 오히려 '위축'되어 있었다. 특히, 두 차례의 세계 대전 사이의 평화기(20여 년간) 동안 농업 부문에 고용된 사람들의 수가 약 30% 감소하였고, 경작 면적도 약 25% 감소하였다. 또한 영국에서 소비하는 밀과 밀가루의 약 8분의 7(=87%)이 외국에서 왔고, 영국 사람들이 흡수하는 칼로리의 3분의 2(=67%) 이상이 외국에서 수입되었다. 게다가 영국 도시들의 끝없는 성장으로 농업에 이용할 수 있는 토지의 양이 감소하였다.[1)]

평화 시 영국 농업의 위축은 농산품 수입에 대한 많은 관세들(tariffs)과 국내

1 K. G. Fenelon, *Britain's Food Supplies*(London, 1952), p. 48; Edith Whetham, *British Farming, 1939~49*(London, 1952), p. 10; K. A. H. Murray, *Agriculture*, "History of the Second World War; United Kingdom Civil Series"(London, 1955), pp. 38~39.

생산에 대한 보조금들(subsidies)에 의해 다소 완화되었다. 그러나 많은 관세들과 여타 보조금들은 주로 농업 부문의 '침체를 막기 위한 조치들'에 지나지 않았다. 그 결과 침체 기간 동안 영국 시장에서 팔리고 있었던 여분의 해외 식량 거래를 막기에는 불충분하였다.[2] 따라서 이러한 조치들은 결코 전쟁을 예상하고 영국 농업을 증진시키기 위한 '체계적 계획'이 되지 못하였다. 또한 제2차 세계 대전이 일어나기 직전에 영국에서 소규모 식량 비축(food reserve)을 위한 시도가 있었지만, 이마저도 강력하게 시행되지 못하였다. 그러나 정부의 불충분한 식량 비축량은 민간 재고량의 감소에 의해 상쇄되었다.[3] 게다가 당시 농부들의 태도도 또 다른 '부정적' 요인이었다. 1917년에 제정된 '곡물생산법'(Corn Production Act)은 6년 동안 곡물 가격을 보증해 주기로 하였으나 6년이 지나기 전인 1921년에 영국 정부는 가격 보증을 폐지하기로 결정하였다. 정부의 이러한 '배신'(즉, 정부의 곡물 가격 보증 조기 폐지)은 농산물 가격이 폭락하는 시점에 도래하였으며, 이는 당시 농부들에게 커다란 쓰라림을 가져다주었고 제2차 세계 대전에서 정부 정책에 대한 불안을 가중시킨 원인이 되었다.[4]

이러한 이유로 어느 누구도 영국 농업이 제2차 세계 대전에 '체계적으로'

---

2 K. A. H. Murray and Ruth L. Cohen, *The Planning of Britain's Food Imports*(Oxford, 1934), p. 89; Ada F. Wyman and J. S. Davis, "Britain's New Wheat Policy in Perspective," *Wheat Studies*, IX(July 1933), pp. 305~60. 제2차 세계 대전 이전의 세계 식량 사정에 대한 자료를 보려면 M. K. Bennett, "Wheat and War, 1918 and Now," *Wheat Studies*, XVI(Nov. 1939), pp. 67~112를 참고하기 바람.

3 R. J. Hammond는 최종적으로 채택된 저장소에 대한 '완화된' 계획을 다음과 같이 서술하고 있다. "수정된 계획이 충분한 대비책이 될 수는 없었다. 식량 비축을 지지하는 정부 관리들은 '저장소 계획'을 저장소 설립을 위해 정부 측 합의를 확보하기 위한 수단으로 간주하였다"(R. J. Hammond, *Food*, "History of the Second World War: United Kingdom Civil Series"(London, 1951), I, p. 20). 또한 영국 정부는 전쟁 발발 이전에 정부 각 부처로부터 위원들을 선발하여 임명하였다. 임명된 위원들은 발생할지도 모를 전시 식량 문제들을 해결하기 위한 여러 계획들을 연구하였다. 또한 R. J. Hammond, *Food and Agriculture in Britain, 1939~45*, "Food Research Institute's Series on Food and Agriculture in World War II"(Stanford, Calif., 1954), p. 14를 참고하기 바람.

4 11 & 12 George V, c. 48(이는 K. A. H. Murray, *Agriculture*, p. 18에서 인용되고 논의된 것임).

대비했었다고 주장하지 못할 것이다. 또한 영국 해군도 다가오는 전쟁에 '체계적으로' 대비하지 못하였다. 당시 영국 해군 본부는 전쟁 발발 이전의 여러 해 동안 독일 잠수함이 전쟁에서 주요 문제가 되지 않을 것이라고 생각하였다. 영국 해군 본부는 잠수함에 대해 왜 염려하지 않았는가? 그것은 당시 영국 해군 본부가 '아스딕'(Asdic; 잠수함 탐지기)을 개발하였기 때문이었다. '아스딕'은 음파를 이용하여 선박 근처에 가라앉아 있는 잠수함들을 발견하는 장치이다. 해군 본부는 다른 방어 무기들보다 이러한 장치와 호송선 체제(convoy system)에 더 매료되어 있었다.[5] 제2차 세계 대전 초기에 사실상 독일 잠수함 공격은 영국에게 심각한 손실을 가져다주지 못하였다. 왜 그런가? 전쟁 초기에는 비행기, 기뢰, 수상 특공대 등이 중요한 문제였다. 제2차 세계 대전 발발 후 1년 반 동안 독일은 단지 소수의 잠수함들(대개 15척 미만)을 보유하고 있었고, 이들은 주로 대서양 해역에서 활동하고 있었다. 따라서 독일은 영국에게 '치명적인 파괴'를 가져다줄 수 없었다. 그러나 특히 1940년 후반에 영국 방어책들의 상대적 부족과 비(非)효과성 때문에 독일은 잠수함 1대당 높은 살상률(殺傷率)을 기록하였으나, 여전히 잠수함 공격의 전체적인 영향은 치명적이지 못하였다.[6] 그러나 전쟁이 계속됨에 따라 독일은 훨씬 더 많은 잠수함들을 생산하였다. 1941년을 거쳐 1942년과 1943년에 더 많은 잠수함들을 생산하였으며, 그로 인해 '대서양 전투'(Battle of Atlantic)가 더욱 격렬해졌다. 1943년 봄에 이르러 대서양

---

5 Captain S. W. Roskill, *White Ensign: The British Navy at War, 1939~1945*(Annapolis, Md., 1960), p. 35; C. B. A. Behrens, *Merchant Shipping and the Demands of War*, "History of the Second World War: United Kingdom Civil Series"(London, 1955), p. 35.

6 Admiral Karl Doenitz, *Memoirs: Ten Years and Twenty Days*, translated by R. H. Stevens(London, 1959); Roskill, *White Ensign*, pp. 43~48.

전투는 절정에 이르렀다. 당시 독일은 잠수함 함대를 크게 증가시켰을 뿐만 아니라 그 성능도 개량하였고, 이에 대응하여 연합국도 자신들의 방어 능력을 발전시켰다.[7] 그 결과 독일과 연합국 간의 대서양 전투가 격렬해지게 되었다.

마침내 연합국(Allies)이 우세해졌으나, 사람들은 이러한 사실을 매우 오랫동안 믿지 않았다. 왜 그런가? 제2차 세계 대전 도중 많은 기간 동안 나치(Nazi; 독일)가 우세하였기 때문이다. 제2차 세계 대전 기간 동안 영국은 1,140만 톤의 상선을 잃었다. 이것은 전쟁이 일어나기 직전에 영국이 보유한 상선 총톤수의 54%에 해당하는 규모였다.[8] 이로 인한 '선박 부족'(shipping shortage)은 오랫동안 연합국 전체의 전쟁 지원(war effort)을 '제한하는' 결과를 초래하였다. 당시 영국의 총참모장이었던 앨런 브루크 경(Sir Alan Brooke)은 "선박 부족이 모든 공격 작전에 목조르기를 가했다"[9]고 말하였다. 아마 선박을 제외한 다른 분야에서 나치(독일)의 공격이 '대규모로 그리고 오랫동안' 성공을 거둔 적은 없었다. 또한 윈스턴 처칠(Winston Churchill)도 "전쟁 기간 동안 나를 정말로 두렵게 한 유일한 것은 바로 '유보트(U-boat) 위험'이었다"[10]라고 말하였다.

영국 정부의 전쟁 이전 농업 정책들은 종종 '근시안적'이라고 비난 받았지만 정부의 전시 식량 계획들(wartime food programs)은 대체로 '지능적이고 효과적'(intelligent and efficient)이라고 칭찬 받았다. 이러한 칭찬은 마땅히 받을 만하다.

---

7 Samuel Eliot Morison, *The Battle of the Atlantic, September 1939~May 1943*, Vol. I, *History of United States Naval Operations in World War II*(Boston, 1947).

8 Roskill, *White Ensign*, pp. 117~48, 193~240, 262~79, 특히 447.

9 A Comment at Casablanca, Jan. 14, 1943, quoted in Behrens, *Merchant Shipping*, p. 328.

10 Winston Churchill, *Their Finest Hour, II, The Second World War*(Boston, 1947), p. 598; 또한 Samuel Eliot Morison, *The Atlantic Battle Won, May 1943~May 1945*, Vol. X, *History of Unites States Naval Operations in World War II*(Boston, 1956); Karl Doenitz, *Memoirs*도 참조하기 바람.

왜 그런가? 영국의 '전시 식량 계획들'은 식량 생산과 소비에 있어서 '근본적인 대체 가능성'을 바탕으로 수립되었다는 특징을 가지고 있었다. 비록 영국의 당시 식량 및 농업 계획자들이 제1장에서 설명한 것처럼 모든 '필연적 대체 가능성'을 도식적이고 체계적으로 계획하지는 않았지만 그들은 '생산과 소비에서 할 수 있는 거의 모든 대체 유형들'을 고려한 것으로 보인다.[11)]

당시 식량 부족에 영향을 미치는 모든 유형의 경제 활동들이 엄격하게 통제되었다. 그러한 엄격한 통제는 통일성 있는 식량 계획을 위하여 '식량 소비 정책, 선박 정책, 농업 정책의 통합'을 용이하게 해주었다. 첫째, 식량 소비의 경우 배급제, 규제, 보조금, 가격 통제 등의 '포괄적 시스템'(comprehensive system)을 통해 통제되었다. 또한 이전의 두 전쟁(즉, 나폴레옹 전쟁과 제1차 세계 대전)에서처럼 필수적이지 않고 비효율적인 유형의 식량 소비가 제한되거나 금지되었다. 양조(釀造)도 제한되었고, 밀가루는 추출률을 더 높여서 만들어졌다. 또한 부유한 사람들과 가난한 사람들 간의 식량 소비의 분배가 바뀌었으며, 이로 인해 일정한 양의 식량이 국민 전체의 건강에 가장 커다란 기여를 하게 되었다.[12)] 이러한 정책은 나폴레옹 전쟁(1796~1815년)과 제1차 세계 대전(1914~18년)에 실시한 유형과 일치한다. 그러나 식량의 공평한 분배를 이루려는 이전의 시도들은 제2차 세계 대전에서의 시도들에 비하면 아주 미미한 편이었다. 둘째, 상선 정책의 경우도 마찬가지로 통제되었으며, 그로 인해 식량 수입에 이용할

11 J. H. Kirk, "The Output of British Agriculture During the War," *Journal of Proceedings of the Agricultural Economics Society*, VII(June 1946), pp. 30~45; "Notes on Agricultural Policy for Those Directing the Food Production Campaign"(이것은 1942년 영국 농업부에서 발행되었으며, Murray, *Agriculture*, Appendix에 포함되어 있음); 또한 Hammond, *Food*도 참고하기 바람.

12 Hammond, *Food*, Vol. I and III; Great Britain, *Report of the Conference on the Post-War Loaf*, Cmd. 6701, pp. 4~8.

수 있는 선박 공간이 운송에 가장 경제적인 식량 제품들에 한정되었다. 마지막으로, 농업 정책의 경우 한편으로는 인간의 필수 영양소들을 값싸게 제공해주는 농산품들을 생산하고, 다른 한편으로는 부피가 크거나 썩기 쉬워서 선박 공간을 많이 차지하는 농산품들을 생산하는 데 주로 집중되었다. 그러한 농산품들로 밀, 보리, 귀리, 감자 등을 들 수 있다. 따라서 영구 목초지가 육우 사육용에서 '곡물과 감자 재배용'으로 전환되었다. 왜냐하면 전자의 경우 에이커당 적은 영양가를 가져다주었으나, 후자의 경우 인간 식량(human food)의 효율적 원천이었기 때문이다.[13] 그러나 농부들은 다른 수요가 충족된 후 사료가 남아 있는 경우에는 육우를 사육할 수 있었다. 또한 인간의 영양소 공급에 필요한 돼지, 닭, 비육우 등도 막대한 양의 수입 사료를 필요로 하였으며, 수입 감소로 이들의 수가 감소되었다. 돼지의 수는 절반 이상이 감소하였다.[14] 닭과 비육우의 수도 크게 감소되었다. 그 결과 제2차 세계 대전 기간 동안 사료 수입량이 875만 톤에서 125만 톤으로 크게 감소되었다.[15]

제2차 세계 대전 기간 중 영국의 전시 식량 계획에서 '농업 정책'의 가장 중요한 특징 – 아마 전체 전시 식량 계획의 가장 중요한 특징 – 은 곡물과 감자 재배 면적을 증가시키기 위하여 영구 목초지(permanent grass)를 개간하였다는

---

13 Great Britain, Central Statistical Office, *Statistical Digest of the War*, "History of the Second World War: United Kingdom Civil Series" (London, 1951), pp. 57, 65; Kirk, "Output During the War"; Murray, *Agriculture*; Hammond, *Food*; Behrens, *Merchant Shipping*.

14 Great Britain, Central Statistical Office, *Statistical Digest of the War*, "History of the Second World War: United Kingdom Civil Series" (London, 1951), p. 61; James Wyllie, *Land Requirements for the Production of Human Food*(Wye College, Kent, 1954), Appendix. 1936~39년(전쟁 이전)에 영국 칼로리 생산량의 18%는 곡물로부터 왔고 24%는 고기로부터 왔다. 그러나 1943~44년(전쟁 이후)에 영국 칼로리 생산량의 43%는 곡물로부터 왔고 9%는 고기로부터 왔다. 또한 1936~39년(전쟁 이전)에는 1인당 경작 면적이 1.85에이커였으나 1943~44년(전쟁 이후)에는 1.15에이커로 감소하였다(Wyllie, *Land Requirements*, pp. 12~15).

15 Kirk, "Output During the War".

데 있다. 그 결과 제2차 세계 대전 기간 동안 밀 재배 면적이 두 배로 늘어났고, 총경작 면적은 1936~38년에 840만 에이커에서 1944년에 1,370만 에이커로 크게 증가하였다.[16)]

영국의 농업 방식을 이와 같이 과감하게 변화시키기 위하여 '강제'와 '유인책'이 함께 사용되었다. 먼저, 주로 우수한 농부들로 구성된 '주(州)농업위원회'(County Agricultural Committee)가 설립되었으며, 이들은 정부의 생산 목표를 강조하기 위하여 모든 농부들과 함께 매년(1942년 이후부터) '곡물 경작 계획'을 논의하였다. 대체로 주농업위원회와 농부들은 곡물 경작 계획에 대해 쉽게 동의하였다. 왜냐하면 부분적으로 농부들이 '애국적 동기'에서 정부에 협력해야만 한다고 느꼈기 때문이었다. 농업에 필수적인 비료나 장비(농기구)를 구매하는 데 필요한 현금이 없었던 농부들은 외상(credit)으로 구매해야만 하였다. 당시 모든 농부들은 어림셈에 의한 자신의 효율성과 생산성에 따라 'A'부류 농부, 'B'부류 농부, 'C'부류 농부로 분류되었다. 'C'부류 농부들은 그들의 농지를 더 진보적인 관리자에게로 강제로 양도하거나 주농업위원회에 의해 파견 감독을 받아야 하였다. 반면에 'B'부류 농부들은 주농업위원회에 의해 임시적으로 검사나 감독을 받아야 하였다. (그러나 이러한 통제 시스템은 대부분의 농부들을 불쾌하게 하지 않은 것 같다. 왜냐하면 그러한 시스템은 농부들의 지원으로 평화 시에도 대부분 유지되었기 때문이다.)[17)]

다음으로, 제2차 세계 대전의 경우에 제1차 세계 대전 때보다 '금전적 유

16 Great Britain, *Statistical Digest of the War*, "History of the Second World War: United Kingdom Civil Series" (London, 1951), p. 57.
17 "Notes for Those Directing the Food Production Campaign," Ministry of Agriculture, in Murray, *Agriculture*, Appendix; J. H. Kirk, "Output During the War," pp. 36~37.

인들'(monetary incentives)이 더 효과적으로 사용되었다. 우선, 다른 소득들에 비해 농업 소득이 더 급속도로 증가하였으며, 전쟁 기간 동안 무려 3배나 올랐다. 매년 영국 정부는 농작물 가격과 농장 노동자들의 임금을 국내에서 필요한 농작물 생산량을 충족시키는 수준에서 결정하려고 하였다. 그러나 전쟁 초기에 농산물 가격을 '상품 필요의 긴급성 차이'(즉, 상품이 얼마나 긴급히 필요한가의 차이)가 아니라 다른 상품들의 생산에 드는 '평균 비용'을 기초로 책정하려는 경향은 농산물 가격 구조를 덜 효과적으로 만들었다. 또한 1940년에 영국 정부는 전쟁이 끝난 후 최소한 1년까지 '농산물 가격을 보증'하기로 약속하였다. 이러한 약속은 곧 2년으로 연장되었고, 1944년에 이르러 4년으로 연장되었다.[18)]

또한 '직접적 보조금들'도 성공적으로 사용되었다. 이러한 보조금들 중 가장 중요한 것은 경작된 목초지에 대해 에이커당 2파운드를 지급한 것이었다. 또한 정부는 '한계 생산'에 대해 '특별 보조금' 지급을 원하였다. 이러한 특별 보조금은 농산물 가격 상승과 경제적 지대 증가에 의한 인플레이션 효과를 유발시키지 않으면서 생산량을 증가시킬 수 있기 때문이다. 그러나 당시 행정적인 이유로 특별 보조금은 시행하기 어려웠다. 다시 말하면, 단순히 '한계 토지(marginal land; 수지가 안 맞을 정도의 메마른 땅)에서의 생산'에 대해 보조금을 지급한다는 것은 결코 적절하지 않을 것이다. 왜 그런가? 한계 생산을 정확히 정의하기 어렵기 때문이다. 좋은(비옥한) 토지에서 더 집약적인 생산으로부터 발생하는 한계 생산과 한계 농가들에 의한 생산도 똑같이 보조금을 받아야 할 것이다. 그러나 이것은 당시 행정적으로 구분하기 어려웠다. 이에 영국 정부는 (1)

18 Whetham, *British Farming*, pp. 35~38, 42~46, 120; Murray, *Agriculture*, pp. 309~10.

밀, 호밀, 감자에 대해서는 '에이커당 보조금'을 지급하고, (2) 한계 농가들에 대해서는 '임시 보조금'을 지급하고, (3) 너무 험해서 농작물을 경작하기 어려운 토지에서 사육되는 양들과 소들에 대해서는 '특별 보조금'을 지급하게 되었다.[19]

심지어 '취미용 정원 만들기'(gardening)도 보조금을 받았다. 제2차 세계 대전에서 영국의 '승리를 위한 개간' 운동('Dig for Victory' campaign)은 아마 250만~300만 톤의 식량을 가져다주었다. 쓰지 않은 땅은 정원으로 사용되었고, 가정의 음식 찌꺼기를 활용하기 위하여 돼지들과 닭들을 키웠다.[20]

영국에서 전시 식량 정책에 따른 수확은 어떠하였는가? 우선, '1940년 수확'이 처음으로 전시 식량 정책에 영향을 받았다. 1940년 목표는 (1) 200만 에이커의 영구 목초지를 개간하고, (2) 이 토지에 밀, 감자, 사료용 곡물을 재배하는 것이었다. 이러한 목표들은 무난히 달성되었다. 또한 당시 선박 문제는 아직까지 고기 생산 동물들을 강제로 도살할 만큼 그리 심각하게 여겨지지는 않았다. 둘째, '1941년 수확'을 위하여 추가적으로 220만 에이커의 경작지가 필요하였다. 또한 늘어난 경작지에는 감자, 사탕무, 아마(亞麻)를 재배할 계획이었다. 이러한 1941년 목표들도 대체로 달성되었다. 셋째, '1942년 수확 목표'는 198만 에이커의 경작지를 더 개간하는 것이었으며, 여기에 밀과 다른 곡물들을 재배하는 것이었다. 그 결과 밀 생산량은 목표를 초과하였으나, 단지 140만 에이커의 경작지가 추가적으로 개간되었다. 또한 가축 사료 수입의 감소로 돼지 수가 크게 감소하였으며, 그로 인해 돼지고기 생산량이 전쟁 이전 수준의 38%에 불과

19 Whetham, *British Farming*, pp. 124~28; Murray, *Agriculture*(1955), pp. 292~99.
20 Murray, *Agriculture*(1955), pp. 245~48.

하였다. 고기 총생산량도 평화 시 생산량보다 더 적었다. 1942년 수확을 위한 개간 목표와 그 달성 간의 차이는 1943년에 메워지게 되었다. 넷째, '1943년 목표'는 약 100만 에이커의 경작지를 더 개간하는 것이었다. 이러한 목표는 다른 곡물 생산 목표들과 함께 대체로 초과하여 달성되었다. 예를 들면, 1943년의 밀 생산량은 1940년 생산량에 비해 무려 200%나 더 증가하였다. 또한 고기 총생산량은 전쟁 이전 수준의 69%에 불과하였으나, 우유 생산량은 평화 시 공급량의 93% 수준에 머물렀다. 또한 식품에서 우유가 차지하는 중요성 때문에 젖소의 총수가 꾸준히 증가하였다. 그러나 젖소 한 마리당 평균 우유 생산량은 감소하였다.

다섯째, 영국 정부는 '1944년 목표'로 70만 에이커의 경작지가 더 개간되고, 여기에 곡물을 재배해야 한다고 요구하였다. 1944년에 영구 목초지의 면적이 59만 5,000에이커가 감소되었으나, '임시 목초지'(temporary grass)에 추가적으로 50만 6,000에이커의 경지가 개간되었다. 그 결과 경작 면적은 1943년과 거의 같은 수준을 유지하였다. 이러한 성과는 당시 불길한 날씨에도 불구하고 달성되었다.[21]

여섯째, 이러한 놀라운 결과들은 1945년에 다소 저하되었다. 왜 그런가? 1945년에 이르러 경작 면적에 대한 목표뿐만 아니라 필요한 밀 재배 면적도 달성되지 못하였다. 그로 인해 1945년에 밀 생산량이 절대적으로 감소하였다. 1944년에는 밀 생산량이 310만 톤이었으나 1945년에는 220만 톤에 불과하였다.[22] 이러한 결과는 부분적으로 '임시' 목초지의 양이 꾸준히 증가하였기 때

21 이제까지 제시한 개간 및 경작 목표와 그 달성에 관한 모든 수치들은 Murray(1955)로부터 나온 것임(Murray, *Agriculture*(1955), pp. 175, 220, 235~37).

문이다. 즉, 1945년에 '임시 목초지' 면적이 크게 증가하였으며, 그로 인해 밀 생산량이 절대적으로 감소하게 되었다.

임시 목초지 개간 및 경작 면적의 꾸준한 증가는 1945년 – 밀 생산량이 절대적으로 감소한 해 – 에 이르러 절정에 달하였다. 임시 목초지는 토지의 비옥도가 떨어지기 때문에 그 면적이 증가하더라도 생산량은 감소하게 된다. 또한 임시 목초지의 꾸준한 증가는 다른 문제점을 가지고 있다. 일부 사람들은 평화 시의 대규모 곡물 및 감자 재배 면적을 '전쟁 대비 조치'라고 주장한다. 그러나 이러한 주장은 전시에 '임시' 목초지가 증가하는 경우 그 설득력이 떨어진다. 왜냐하면 평화 시에 경작 면적이 크더라도 전시에는 경작 면적이 '작아질 수' 있기 때문이다.[23] 따라서 평화 시 대규모 경작 면적은 전시 대비 조치로 간주될 수 없다. 이에 대해서는 본서 229~30쪽에서 다시 논의할 예정이다.

그러나 전쟁(제2차 세계 대전) 전체적으로 본다면 전쟁 기간 동안 영국이 가진 농업 자원을 효율적으로 사용하는 데 있어서 '불가피하였던 대체 정책(계획)'이 대부분 성공적으로 달성되었다는 사실은 확실히 분명하다. 다시 말하면, 인간의 생명 유지에 필요한 필수 곡물(필수 식량)의 경작 면적이 전쟁 기간 동안 정부가 바라고 국가가 필요로 하는 만큼 증가하였다. 그러나 필수 곡물 경작 면적의 증가뿐만 아니라 생산량도 증가하였다. 선천적으로 조악한 토지 사용에도 불구하고 경작 면적이 증가함에 따라 생산량(수확량)도 증가하였다.[24] 식량 총생산량은 경작 면적 이상으로 증가하였다. 또한 심지어 특정 상

22 Murray, *Agriculture*(1955), pp. 235~38; *Statistical Digest*, pp. 57~59.

23 그러나 비용이 '완전히' 무시된다면 이것은 사실이 아닐 수 있다. 왜냐하면 사용 가능한 비료 등의 양에 아무런 경제적 제한이 없다면 평화 시에 경작을 많이 하더라도 생산 능력을 '최고 수준'에서 유지할 수 있기 때문이다.

품들의 생산을 위한 자원의 전환 때문에 일부 식량 제품들의 생산이 크게 감소하였음에도 불구하고 식량 '총'생산량 – 즉, 식량 영양소들(food nutrients; [역주] 생물체의 영양이 되는 물질로 보통 단백질, 지방, 탄수화물, 무기염류, 비타민, 물 등을 말함)의 총생산량 – 은 크게 증가하였다. 영국 농업의 칼로리 생산량이 전쟁 이전에는 평균 187억 칼로리였으나 1943~44년에는 290억 칼로리로 무려 55%나 증가하였다. 그러나 전쟁 이전의 칼로리 생산량 중 40억 칼로리는 사료와 씨앗의 수입에 의존하였지만, 1943~44년에 생산된 칼로리 중 약 10억 칼로리는 해외 농산물의 수입에 의한 것이었다. 따라서 전쟁 이전의 순(net) 생산량은 147억(=187억-40억) 칼로리에 불과하여 전쟁 기간에 칼로리 생산량은 사실상 97%나 증가하였다. 또한 단백질 생산량은 전쟁 이전에 비해 1943~44년에 106% 증가하였다.[25] 이는 영국의 '전시 식량 계획'이 칼로리 증가뿐만 아니라 균형 식사에 필요한 다른 영양소들(예를 들면, 단백질)도 함께 증가시켰다는 것을 의미한다.

이와 같이 전쟁 기간 동안 영국의 농업은 식량 영양소들을 크게 증가시켰다. 그러나 식량 영양소 생산의 대규모 증가의 '순' 가치는 생산 자원이 농업 부문으로 얼마나 이전되었는지를 고려하기 전까지는 알 수 없을 것이다. 왜 그런가? 만약 식량 생산량이 단지 농기계들과 다른 농업 장비들의 구매 증가로 인해 증가하였다면 식량 생산량의 증가는 전체적으로 커다란 이익을 가져다 주지 않을 것이다. 그러나 전쟁 기간 동안 농업에 추가 자원이 사용된다면 그 결과는 놀라울 정도로 좋을 것이다. 이를 위해 영국 농업의 생산량과 모든 비농업 투입물들(즉, 다른 국가들이나 영국의 다른 산업들로부터 농기계와 농업 장비, 사료

24 *Statistical Digest*, p. 60.
25 Murray, *Agriculture*, p. 242.

등을 구매하는 것)의 가치를 전쟁 이후의 가격인 '1945~46년 가격들'로 평가해 보기로 하자. 그 결과 "1943~44년에 영국 농업은 전쟁 이전 수준보다 '순' 생산량이 15% 증가하였다"는 사실을 알 수 있다.[26] 물론, 이러한 지표가 '순' 생산량을 잘 나타내는지는 전쟁이 끝난 후의 가격들(즉, 1945~46년 가격들)이 영국 농업의 생산량과 투입물의 '진정한 전시 가치'를 나타내는지에 달려 있다. 전쟁 기간 동안 생계비가 심하게 상승하는 것을 막기 위하여 가격들이 통제되고 보조되었기 때문에 그러한 가격들은 확실히 생산물과 투입물들의 '진정한 가치'를 완전히 반영하지 못할 것이다. 오히려 그러한 가격들은 영국 농업이 '전쟁 지원'(war effort)에 끼친 '순' 기여를 '저평가시키는' 역할을 할 것이다. 그러나 전쟁 기간 동안 생산된 식량은 사람들의 생명 유지에 극히 중요하였으며, 또한 식량 생산은 통제된 가격보다 영국에 훨씬 더 가치 있었을 것이다.[27] 따라서 농업 생산량과 투입물들의 가치를 1945~46년 가격들로 평가함으로써 농업이 전쟁 지원에 끼친 순 기여를 저하시킬 수 있지만, 분명한 사실은 "1943~44년에 영국 농업은 전쟁 이전 수준보다 '순' 생산량이 15%나 증가하였다"는 점이다.

---

26 영국 농업부가 작성한 '순' 산출량 지표에 따르면 영국의 순 산출량은 1943~44년에 '25%' 증가하였다. 그러나 이 지표는 영국 농부들의 성과를 과장하고 있다. 왜냐하면 이 지표는 전쟁 기간 동안 농업 장비들의 대규모 구매를 고려하지 않고 있기 때문이다. 또한 이 지표는 수입 사료비를 공제하고 있다. 그러나 본 연구에서 사용한 지표에 따르면 순 산출량은 1943~44년에 115였으나 1944~45년에 108로 감소하였으며, 그 결과 전쟁 마지막 해(즉, 1944~45년)의 순 산출량은 전쟁 이전에 비해 '8%만' 증가하였다. 이러한 지표들의 출처를 보려면 다음 문헌을 참고하기 바람. H. T. Williams, "Changes in the Productivity of British Agriculture," *Journal of Proceedings of the Agricultural Economics Society*, X(March 1954), pp. 332~56.

27 확실히 전쟁 기간 동안 농업 트랙터들의 수와 비료 사용이 크게 증가하였다. 일부 트랙터들과 비료들은 해외에서 수입되었으며, 그로 인해 상당한 선적 공간을 차지하게 되었다. 그러나 이러한 농업 투입물들(즉, 트랙터들과 비료들)이 차지한 용적 톤수(선적 공간)는 농업 산출량의 증가에 비해 아주 작았다. 예를 들면, 트랙터 1대의 중량이 3톤이라고 가정한다면 1942년 5월~1946년 6월에 영국이 구입한(수입한) 모든 농업 트랙터들의 중량은 258,000톤에 불과하였다. 그러나 많은 트랙터들은 사실상 국내에서 제조되었다. 또한 수입 비료량이 차지한 용적 톤수도 농업 산출량에 비해 아주 작았다. 이에 대해서는 *Statistical Digest*, pp. 63, 120; H. T. Williams, "Productivity of Agriculture," p. 336을 참고하기 바람.

또한 영국 농부들도 제2차 세계 대전 기간 동안 더 많은 노동자들을 사용할 수 있었다. 비록 상시적으로 일하는 남자 농장 노동자들의 5% 이상을 전쟁으로 잃었지만[28] 여자, 어린이, 전쟁포로들이 더 많이 사용됨으로써 남성 노동자들의 상실을 메워 주고도 남았다. 전시 대체 노동자들(war substitute labors) – 즉, 여자, 어린이, 전쟁포로들 – 의 상대적 가치에 대한 몇몇 추정치들에 따르면 영국의 농업 노동력은 전쟁 이전 수준에 비해 1942~43년에 3% 증가하였고, 1944~45년에는 9%나 증가하였다.[29] (그러나 이러한 추가 노동력은 주로 정규 노동 시간에 다른 곳에 고용되지 못한 노동자들과 다른 산업들에 고용되었지만 다량의 물건을 생산할 수 없는 노동자들로 구성되어 있다.) 따라서 이러한 추가 노동력이 전시에 영국의 농업 생산량을 증가시킨 가치(기여)는 결코 부인할 수 없을 것이다. 왜 그런가? 사실상 제2차 세계 대전 기간 동안 영국 농업이 보여 준 '대체(substitution)의 신속성과 용이함'은 "전시 기간 동안 미숙하고 한계적인 노동자들을 사용하였지만 농업 부문의 인시(人時)[30]당(per man-hour) 생산성은 증가되었다"는 사실에 의해 드러난다. 또한 전시 기간 동안 1인당 '칼로리' 생산량도 전쟁 이전의 수준에 비해 49%나 증가하였다.[31] 심지어 생산량을 가치로 측정해 보아도 노동자 1인당 생산량은 약간 증가한 것처럼 보인다.[32] 따라서 모든 면을 고려해 볼 때 영국 농업은 '전쟁 지원'에 두드러지게 기여한 것으로 평가된다. 전시

28 *Statistical Digest*, p. 16.

29 H. T. Williams, "Productivity of Labor," p. 334; A. W. Ashby, "The Future of British Agriculture," *Westminster Bank Review* (May, 1947), pp. 3~12. 전쟁 기간 동안 미국의 농업 생산량은 25% 증가하였으나, 농업 고용량은 7% 감소하였다. 그러나 미국의 경우 전쟁 이전에 정부 정책들이 농업 생산량을 제한했었다는 사실을 유념해야 한다.

30 [역주] '인시'(man-hour)란 1인당 1시간의 노동량을 말함.

31 Wyllie, *Land Requirements*, p. 20.

32 Ashby, "The Future of British Agriculture," pp. 3~12.

식량 부족과 특히 숙련 남자들을 군대에 보냈음에도 불구하고 영국의 식량 영양소들(food nutrients)의 생산량은 거의 두 배나 증가하였다. 비록 전시 기간 동안 더 많은 임시 노동자들이 사용되고 몇몇 다른 투입물들이 대량으로 고용되었지만 이러한 추가 투입물들은 확실히 '전시 식량 생산 증가'가 가지는 가치(기여)와는 도저히 비교할 수 없을 것이다. 또한 영국 농업의 효율성도 증가되었다. 즉, 1인당 생산량이 증가되었고 총수확량도 증대되었다.

그러나 당시 영국에서는 '농업 부문 내에서의 대체'뿐만 아니라 '식량 소비와 상선(商船) 부문에서도 대체'가 있었다. 또한 영국의 소비 패턴과 이용 가능한 선박 공간의 사용을 바꾸기 위한 조치들은 중심 정책인 농업 정책과 함께 조정되었다. 그 결과 세 가지 정책들(즉, 농업 정책, 소비 정책, 그리고 상선 정책)의 '결합' 효과는 농업 조정만의 효과를 크게 능가하였다.

또한 영국의 전시 식량 계획들이 '연합국의 복지'에 끼친 기여는 전쟁을 하는 데 필요한 사람들과 물자들을 나르는 데 사용될 수 있는 귀중한 '선박 공간'(shipping space)의 양에 의해 가장 잘 측정된다. 그러나 전시 식량 계획들로 선박 공간의 양이 얼마나 절약되었는지를 측정하는 데에는 확실히 커다란 어려움이 있다.[33] 전쟁 이전 기간 영국의 식량 및 사료 수입량은 매년 평균적으로 약 2,250만 톤이었다. 반면에 1940~41년에서 1944~45년까지 식량과 사료 수입

33 영국의 '경제 정책'이 전시 지원(war effort)에 끼친 일반적 기여를 보려면 "History of the Second World War: United Kingdom Civil Series"를 참고하기 바람. 또한 영국의 전시 경제와 전시 공급 문제를 연구하려는 학자들에게 다음 문헌이 특히 유용하다: M. M. Postan, *British War Production*(London, 1952); W. K. Hancock and M. M. Gowing, *British War Economy*(London, 1949); H. Duncan Hall, *North American Supply*(London, 1955); H. Duncan Hall and C. C. Wrigley, *Studies of Overseas Supply*(London, 1955). 또한 나치 독일을 봉쇄시키기 위한 영국과 연합국의 시도를 보려면 W. N. Medlicott, *The Economic Blockade*, 2 Volumes(London, 1952, 1959)를 참고하기 바람.

표 5-1 전쟁 기간 동안(1939~40년-1944~45년) 영국의 비유조선에 의한 총수입량과 식량 및 사료 수입량

(단위: 톤)

연도	비유조선에 의한 총수입량[(1)]	식량부의 식량 및 사료 수입량[(2)][A]	전시 선박 공간의 절약량[(3)] (=2,250만-A)
1939~40년	44,169,000	20,689,000	1,810,000
1940~41년	31,545,000	14,423,000	8,080,000
1941~42년	26,872,000	12,687,000	9,810,000
1942~43년	23,447,000	10,288,000	12,210,000
1943~44년	26,759,000	11,514,000	10,990,000
1944~45년	25,954,000	11,607,000	10,890,000

자료: *Statistical Digest*, pp. 184~85, Table 161; Murray, *Agriculture*, p. 152.
주: (1) 비유조선에 의한 총수입량은 영국 식량부의 '모든 수입량'을 말함.
(2) 영국 식량부의 식량 및 사료 수입량을 말함.
(3) 역자가 만든 것임.

량은 연평균 약 1,200만 톤이었다. 따라서 전시 기간 동안 선박 공간의 연평균 절약량은 약 1,050만 톤(=2,250만 톤-1,200만 톤)이었고, 전쟁 전체 기간 동안 선박 공간의 '총' 절약량은 5,000만 톤을 초과하였다.[34)] 이제 이러한 절약량의 크기를 영국의 매년도 총수입량(톤)과 비교해 보자. 예를 들면, 독일 잠수함 공격이 절정에 달한 1942~43년에 비유조선(non-tanker)에 의한 영국의 총수입량은 2,340만 톤이었고, 식량 및 사료 수입량은 1,030만 톤이었다. 따라서 1942~43년의 경우 식량 및 사료 수입량은 전쟁 이전의 평균 수준이었던 2,250만 톤에 비해 1,220만 톤이 감소(절약)되었다.[35)] 다시 말하면, 영국의 전시 식량 정책들(war food policies)은 이 결정적인 해(즉, 1942~43년)에 영국의 총수입량(=2,345만 톤)의 절

34 이에 대해서는 〈표 5-1〉을 참고하기 바람.
35 〈표 5-1〉과 Murray, *Agriculture*, p. 241을 참고하기 바람.

반 정도를 절약하였다. 전시 상황이 대체로 1942~43년보다 덜 절박하였던 다른 연도들의 경우 선박 공간의 절약량은 1942~43년보다는 약간 더 적었지만 여전히 놀랄 만한 수준이었다. 또한 영국의 전시 식량 정책들에 의해 절약된 선박 톤수는 '나치(독일)의 유보트 공격으로 인한 수입 용량의 총손실'과 관련해서도 꽤 클 것이다. 그러나 이 경우에 관련 통계 자료가 없어서 양자를 비교해 볼 수 없다.[36]

다른 기준에 의해서도 영국의 전시 식량 계획들은 매우 '성공적'이었다. 영국의 식량 및 사료 수입량이 꽤 오랫동안 55%나 감소하였고, 1943년 1월에 이르러서는 최저 수준인 75%나 감소하였다. 그럼에도 영국 사람들은 결코 '충분한 식량' 없이 지낸 적이 없었다. 사실상 제2차 세계 대전 기간 동안 영국의 '보통' 사람들의 음식물(식량)은 건강에 더 좋았다. 물론 전시 체제가 영국 사람들의 삶을 불쾌하고 단조롭게 하였지만 전시 기간 동안 '충분한 식량(음식물)'이 제공되었음은 분명한 사실이다. 사망률이 전쟁 이전의 기간들에 비해 더 급속도로 감소하였다. 제1차 세계 대전 때처럼 영국에서 전시 기간 동안 빵은 배급되지 않았다(그러나 전쟁이 '끝난 후'에 빵이 배급되었다. 제2차 세계 대전이 끝난 후 유럽에서 발생한 격심한 빵 부족과 영국 정부의 계산 잘못으로 인하여 영국에서는 빵 배급을 강화하게 되었다). 그러나 배급제, 보조금, 다른 통제 수단들을 통해 식량 배급의 분배가 더 나아지게 되었다. 이러한 분배 개선은 사람들이 먹을 수 있는 식량 종류의 감소를 보상하고도 남았다.[37] 확실히 식량 제한은 국민들의 사기를

---

36 Roskill, *White Ensign*, Appendix, p. 447; Behrens, *Merchant Shipping*, Appendix 2, pp. 18~20, 466.
37 Hammond, *Food*, I, pp. 368~71. 특히, Hammond는 다음과 같이 언급하였다. "일반적으로 말하면 … 영국 시민들이 이론적으로 이용 가능한 식량은 전쟁 기간 동안에 그대로 유지되었을 뿐만 아니라 사실상 '개선'되었

저하시켰다. 그러나 영국 사람들의 정신은 전쟁 기간 내내 강하게 유지되었고, 식량 배급 시스템은 대중들로부터 전폭적인 승인을 받았다. 심지어 당시에 배급제가 더 많은 상품들에게 확대되어야 한다는 대중들의 요구도 있었다.[38)]

그러면 제2차 세계 대전에서 영국의 식량 사정의 본질은 무엇인가? 당시 영국의 식량 사정의 '본질'은 전쟁 전후의 두 가지 불리한 상황에서도 영국은 국민의 건강과 활력을 완전히 유지할 수 있었다는 점이다. 전쟁 전후 영국의 취약한 상황은, 우선 전쟁 이전에 영국 농업은 영국 사람들이 먹는 식량의 '대부분'을 외국에서 수입할 정도로까지 쇠퇴하였고, 다른 한편으로 전쟁 기간 동안 독일의 잠수함 공격에 의한 봉쇄가 매우 효과적이었다. 이러한 불리한 상황에 직면해서도 영국은 여전히 사람들의 건강과 활력을 완전히 유지할 수 있었으며, 동시에 대량의 선박들을 군사적 용도로 방출할 수 있었다. 이것이 어떻게 가능하였는가? 그러한 성과는 부분적으로 다음 두 가지 요인들에 기인하였다. 첫째, 농업 생산(즉, 식량 생산)에서 영국 정부가 실시한 다수의 '조정 정책'과 '대체 정책' 때문이었다. 농업 생산과 관련하여 영국 정부가 실시한 많은 조정 및 대체 정책들을 통해 영국은 식량 영양소들의 생산량을 크게 증가시킬 수 있었다. 둘째, 식량 수입과 소비 패턴에서 영국 정부가 실시한 일련의 '제한 정책'과 '대체 정책' 때문이었다. 이러한 정책들을 통해 영국은 선적 공간에서 많은 '추가적 절약'을 이룰 수 있었고, 또한 영국을 봉쇄함으로써 굶겨서 굴복

다"(p. 369). 또한 다음 문헌들도 참고하기 바람. *Food Consumption Levels in the United States, Canada and the United Kingdom*, Reports of a Committee of the Combined Food Board; *The Impact of the War on Civilian Consumption*, His Majesty's Stationery Office, 1945; Whetham, *British Farming*, pp. 74, 138~39.

38 이에 대해서는 Hammond, *Food*, II, p. 753을 참고하기 바람. 특히, Hammond는 다음과 같이 말하였다. 즉, "식량 배급제의 성공은 영국 사람들이 당연하게 여기는 것이었다. 일반적으로 말하면, 당시 영국 사람들의 식량 통제(즉, 배급제)에 대한 만족은 '식량 통제가 얼마나 완전하게 이루어지는가'에 달려 있었다". 또한 Whetham, *British Farming*, p. 74도 참고하기 바람.

시키려는 독일의 잠수함 공격을 저지하는 데 완전한 성공을 거둘 수 있었다. 따라서 영국은 전쟁 전후의 불리한 상황에서도 식량 생산, 소비, 수입 등에서 다양한 조정 정책과 제한 정책, 대체 정책 등을 통해 국가와 국민의 생존을 굳건히 유지할 수 있었다.

이상으로 제2차 세계 대전 기간 동안 영국이 직면하였던 전시 식량 부족에 대한 설명을 마치기로 한다. 다음 장에서는 이제까지의 설명을 요약하고 결론을 서술하고자 한다.

제6장

요약과 결론

제**6**장

요약과 결론

1. 세 차례 대전쟁의 교훈

이제까지 나는 제2~5장에서 다음 사실들에 관해 중점적으로 설명해 왔다. 즉, (1) 영국은 역사적으로 해외 식량 공급에 의존하기 시작한 이후에 일어난 세 차례 주요 전쟁들 각각에서 '비슷한' 식량 공급 문제(food supply problem)에 직면하였으며, (2) 매 전쟁에서 영국은 당면한 식량 공급 문제를 극복하는 데 '성공했었다'는 사실을 설명해 왔다. 우선, 나폴레옹 전쟁[1](Napoleonic Wars; 1796~1815년)에서 나폴레옹이 취한 대륙 봉쇄(Continental System; [역주] 1806년 나폴레옹이 영국에 대해 취한 대륙 봉쇄령(大陸封鎖令)으로 나폴레옹 1세가 영국에 경제적 타격을 주기 위해 영국과 유럽 대륙과의 무역을 단절시킨 명령을 말함)는 그동안 영국이 유럽 대륙으로부터 통상적으로 해온 식량 수입(food import)의 대부분을 저지하였으나,

1 [역주] 여기서 나폴레옹 전쟁(Napoleonic Wars; 1796~1815년)은 정확히 말하면 '혁명 시기의 프랑스'(Revolutionary France; 1789~99년)와 '나폴레옹 1세 시대의 프랑스'(Napoleonic France; 1769~1821년)와의 전쟁을 말함.

영국은 이 오랜 전쟁에서도 성공적으로 살아남았다. 또한 두 차례 세계 대전에서 독일 잠수함들(German submarines; 이를 '잠수함 공격'이라 부름)은 영국의 통상적인 식량과 양식 수입의 대부분을 막았으나, 두 차례 모두 영국은 성공적으로 살아남았다.

그러나 세 차례 주요 전쟁 모두에서 영국이 직면하였던 식량 문제들은 '식량 부족'이라는 그 '본질'은 같았으나, 그 '정도'는 항상 달랐다. 왜냐하면 영국의 '식량 공급'은 제2차 세계 대전에서 가장 커다란 손실을 보았고, 제1차 세계 대전에서 두 번째로 큰 손실을 겪었으며, 나폴레옹 전쟁에서 가장 작은 손실을 경험하였기 때문이다. 식량 손실의 정도에서 왜 이런 차이가 나는가? 이것은 전쟁 직전 영국의 식량 수입 의존 정도에 달려 있기 때문이다. 나폴레옹 전쟁 시기에 영국은 식량 공급의 아주 작은 부분(비중)만 수입에 의존하였다. 그러나 두 차례 세계 대전이 각각 발생하기 이전(1914년 이전과 1939년 이전)에 이미 영국은 식량 공급의 더 많은 부분(비중)을 수입에 의존하였고, 특히 제빵용 곡물(bread grain) – 예를 들면, 밀이나 보리 – 의 약 5분의 4(=80%) 정도를 수입에 의존하였다. 이는 영국에서 전쟁 전에 식량 수입 의존도가 클수록 전쟁으로 인한 식량 손실의 정도가 더 컸다는 것을 의미한다. 영국의 경우 제2차 세계 대전 직전에 식량 수입 의존도가 가장 컸고, 그 다음은 제1차 세계 대전 직전이었고, 나폴레옹 전쟁 이전의 식량 수입 의존도가 가장 낮았다. 이러한 이유로 영국은 두 차례 세계 대전에 비해 나폴레옹 전쟁 시 식량 수입 금지가 국가적으로 덜 심각한 문제를 야기시켰다. 다시 말하면, 영국은 전쟁 발발 직전에 식량 수입 의존도가 가장 컸던 제2차 세계 대전에서 식량 수입 금지로 가장 큰 손실을 입게 되었다. 또한 나폴레옹의 대륙 봉쇄는 영국을 굶겨서 굴복시키려 한 것이 아니라 주로 영국의 '수출 무역'(export trade)을 제한하려고 계획한 것이었다. 따라서 나폴레옹 전쟁 시 단행된 대륙 봉쇄는 영국의 식량 수입(food import)을 막는 데 덜 효과적이었다. 이제까지 설명한 두 가지 요인들 – 즉, (1) 세 차례 전쟁 발발 직전의 영국의 식량 수입 의존도 차이와 (2) 나폴레옹의 대륙 봉쇄 단행 목적 – 로 인해 영국의 식량 공급은 제2차 세계 대전에서 가장 커다란 손실을 입었고, 제1차 세계 대전에서 두 번째로 큰 손실을 입었으며, 나폴레옹 전쟁에서 가장 작은 손실을 입게 되었다.

그럼에도 불구하고 나폴레옹 전쟁 시 영국이 식량 부족으로 겪은 '고통의 정도'는 두 차례 세계 대전에서 겪은 고통보다 훨씬 더 컸었다. 왜 그런가? 왜냐하면 영국은 두 차례 세계 대전에 비해 나폴레옹 전쟁 시에 식량 부족(food shortage)에 효과적으로 대처할 만한 '지적 능력'을 가지고 있지 못하였기 때문이었다. 다시 말하면, 당시 영국은 식량 부족에 어떻게 대처해야 할지 알지 못하였다. 무엇보다도 나폴레옹 전쟁 시기에 식량 배급제(food rationing)가 전혀 시도되지 못하였다. 왜냐하면 당시 영국은 식량 배급제를 실시하는 데 필요한 행정 능력(administrative ability)을 갖추고 있지 못하였기 때문이었다. 이로 인해 영국에서는 두 차례 세계 대전보다 나폴레옹 전쟁 시에 식량 소비의 불평등이 더 컸을 뿐만 아니라 일정한 식량의 양(量)으로부터 파생되는 국력(國力)도 더 작아지게 되었다. 또한 나폴레옹 전쟁 시 영국 정부의 강제 수단들은 매우 약하였을 뿐만 아니라 국민들의 무지(無知)도 매우 컸었다. 그로 인해 영국은 흰빵(white bread; 정백분(精白粉)으로 만든 빵) 소비에서 흑빵(dark bread; 호밀로 만든 빵) 소비로의 '일반적인 전환'(general switch)조차도 달성하지 못하였다. 흰빵은 덜 경제적이고 덜 영양적인 반면에, 흑빵은 더 효율적이고 건강에 더 좋았지만 정

표 6-1 세 차례 대전쟁이 영국에 미친 효과

	나폴레옹 전쟁 (1796~1815년)	제1차 세계 대전 (1914~18년)	제2차 세계 대전 (1939~45년)
전쟁 수단	나폴레옹의 대륙 봉쇄	독일의 잠수함 공격	독일의 잠수함 공격
전쟁 결과	영국은 생존에 성공함	영국은 생존에 성공함	영국은 생존에 성공함
전쟁으로 인한 식량 공급의 손실 정도	가장 작았음	두 번째로 컸었음	가장 컸었음
전쟁 직전의 수입 의존도	가장 낮았음	두 번째로 높았음	가장 높았음
식량 부족으로 인한 고통의 정도	가장 컸었음	두 번째로 작았음	가장 작았음
영국의 대처 성과	가장 덜 두드러짐	두 번째로 두드러짐	가장 두드러짐
세 차례 대전쟁의 특징	(1) 전쟁으로 인한 '식량 공급의 손실 정도'와 '전쟁 직전의 수입 의존도'는 비례 관계에 있음. (2) 전쟁으로 인한 '식량 공급의 손실 정도'와 식량 부족으로 인한 '고통의 정도'는 '반비례' 관계에 있음. (3) 전쟁으로 인한 '식량 공급의 손실 정도'와 '영국의 대처 성과'는 비례 관계에 있음.		

주: 역자가 만든 표임.

부의 강제력이 미약하고 시민들의 무지가 커서 영국은 흰빵 소비에서 '흑빵 소비'로 전환하지 못하였다. 마지막으로, 혁명 시기의 프랑스(Revolutionary France)와 나폴레옹 1세 시대의 프랑스(Napoleonic France)와의 전쟁 – 즉, 나폴레옹 전쟁 – 시에는 영국에서 농업 생산의 급속한 증가가 불가능하였으나 두 차례 세계 대전에서는 그것이 가능하였다.

나폴레옹 전쟁 시에 영국은 농업 생산을 증대시키고 낭비적인 소비를 제한하기 위하여 '원시적인' 가격 체계(primitive price system)에 의존해야만 하였다.

비록 원시적이었지만 당시 원시적인 가격 체계가 잘 작동하여 나중에 두 차례 세계 대전에서 영국 정부가 통제를 통해 추구하였던 것과 '동일한 변화'를 가져다주었다. 예를 들면, 원시적인 가격 체계는 경작지 개간과 식량 생산 모두를 크게 증가시켰다. 그러나 이러한 증가는 생각만큼 급속하게 이루어지지는 않았다. 이러한 이유로 19년이라는 긴 시간에 걸친 나폴레옹 전쟁이 더 단축되었다고 하더라도 가격 체계의 성과(즉, 식량 생산)는 그다지 크지 못하였을 것이다. 왜 그런가? 아마 나폴레옹 전쟁 당시 영국 농부들은 오늘날보다([역주] 본서는 1963년에 출간됨) '상대 가격(relative price)의 변화'에 덜 민감하게 반응하였을 것이다. 그로 인해 당시 영국 농부들이 상대 가격의 변화에 신속하게 반응하는 데 긴 시간이 걸렸다. 즉, 당시 영국 농부들이 전쟁으로 인한 농산물(식량)의 부족과 그로 인한 농산물(식량)의 가격 인상이라는 '좋은 기회'를 이용하는 데 (양차 세계 대전에 비해) 더 긴 시간이 걸렸다. 궁극적으로 '자유로운' 가격 체계가 전쟁 당시 영국이 필요로 하는 '농업 조정'(agricultural adjustment)을 촉진시킬 것이지만, 농업 조정은 그렇게 빠르게 이루어지지 않을 것이다. 왜냐하면 농부들은 가격이 인상된 첫 해에 그 가격이 얼마나 오랫동안 높게 유지될지에 대해 선험적으로 알지 못하기 때문이다. 좀 더 구체적으로 말하면, 대개 농부들은 가격이 일반적인 생산 패턴을 변화시키는 데 드는 비용을 정당화시키기에 충분할 정도로 오랜 시간 동안 유리하게(높게) 유지될지를 미리 알지 못한다. 어떻게 하면 농부들은 농산물 가격 인상에 민감하게 반응하는가? 정부가 (1) 농산물 가격 인상을 오랫동안 유지한다는 '장기 보증'(long-term guarantee)과 (2) '효과적인 통제 제도'(effective control system)가 있어야만 농부들이 더 빠르게 반응할 것이다. 나폴레옹 전쟁 시에는 가격 인상을 오래 유지하기 위한 장기 보증이 실시되지 못하였으나, 제2차 세계 대전 시에는 이러한 제도가 실시되어 큰 효과를 보았다. 또한 효과적인 통제 제도는 농부들이 반드시 생산 변화를 하도록 강제하는 역할을 한다. 그러나 나폴레옹 전쟁 시에는 효과적인 통제 제도도 제대로 실시되지 못하였다. 이러한 나의 설명은 다음 두 가지 '사실'에 의해 뒷받침될 수 있다. 첫째, 영국이 나폴레옹 전쟁 시 1812~13년(전쟁 후반기)에 비해 전쟁 초기인 1795~96년과 1800~1년에 전시 식량 부족(food shortage)으로부터 더 큰 고통을 겪었다(그러나 식량 수입 손실은 전쟁 후반기인 1812~13년에 가장 컸었다)는 사실은 이러한 설명을 잘 뒷받침해 주고 있다. 둘째, 나폴레옹 전쟁 후반기에 울타리치기(인클로저) 비율(Enclosure rate; [역주] 울타리치기(인클로저)란 공유지를 사유지로 하기 위해 울타리를 둘러치는 일)이 더 빠르게 증가하였다는 사실도 내가 제시한 설명을 뒷받침해 주고 있다. ([역주] 요약하면, 영국은 나폴레옹 전쟁 시 (1) 전쟁 후반기(1812~13년)에 비해 전쟁 초기(1795~96년과 1800~1년)에 전시 식량 부족으로부터 더 큰 고통을 겪었고, 또한 (2) 전쟁 후반기에 울타리치기(인클로저) 비율이 더 빠르게 증가되었다. 왜 이러한 결과가 초래되었는가? 이는 위에서 언급한 (1) 농산물 가격 인상을 오래 유지시켜 주는 데 필요한 '장기 보증'과 (2) 농부들이 생산 변화를 하도록 강제하는 '효과적인 통제 제도'가 이루어지지 않았기 때문이다.)

또한 가격 제도는 농업 생산을 증대시킬 뿐만 아니라 '낭비적인 소비'를 제한하는 역할도 수행한다. 농산물 가격 인상은 소비 절약(감소)을 가져다줄 수 있을 것이다. 이는 마치 '효과적인 배급 제도'(rationing system)가 낭비적인 소비를 제한하는 것과 같다. 그러나 당시 영국에서 사람들 간의 소득 불평등이 너무 커서 주어진 곡물 가격 수준에서 부유한 사람들은 여전히 자신의 소비 절약에 크게 신경 쓸 필요성을 느끼지 못하였다. 그러므로 나폴레옹 전쟁 시 곡물 가격의 인상은 제2차 세계 대전 시 배급제가 했던 것처럼 영국에서 커다란 소비 절약을 가져다주지 못하였을 것이다. 반면에 제2차 세계 대전 시 배급제는 실제로 커다란 소비 절약을 가져다주었다. 또한 나폴레옹 전쟁 당시 식량은 영국의 국력을 극대화시키는 방식으로 분배되지 못하였다. 이와 같이 나폴레옹 전쟁 당시 영국에서 가격 체계가 왜 잘 작동하지 못하였는가? 첫째, 경제 문제에 대한 당시 영국 사람들의 보편적 무지(ignorance)와 편견(prejudice)에 의해 가격 체계 자체가 제대로 작동되지 못하였다. 둘째, 당시 '중간 상인들(middlemen)에 대한 박해'로 인해 가격 체계가 효과적으로 작동되지 못하였다. 당시 중간 상인들은 상거래에서 유익한 역할을 수행하였을 뿐만 아니라 곡물 가격 인상에 어떠한 책임도 없었다. 오히려 군중들에 의한 제분업자들, 제빵업자들, 곡물업자들의 시설이나 설비 파괴가 더 해로웠다. 셋째, 당시 곡물을 구입하였을 때 지불한 금액보다 더 높은 가격으로 판매하는 상인들에 대해 적용한 '법적 처벌'로 인해 가격 체계가 제대로 작동되지 못하였다. 왜냐하면 곡물 상인들은 바로 곡물을 구입하여 가장 필요로 할 때까지 저장하거나 곡물이 가장 부족한 지역으로 옮김으로써 이익을 얻는 사람들이기 때문이다. 당시 영국이 이러한 곡물 상인들에 대해 처벌함으로써 가격 체계가 제대로 작동하지 못하게 되었다. 넷째, 정부가 식량 가격을 낮추려는 여러 시도들은 농부들이 더 많은 곡물을 재배하지 못하도록 하였을 뿐만 아니라 수입을 제한하는 역할을 하였다. 마지막으로, 영국 정부가 직접 외국으로부터 곡물을 수입함으로써 곡물 부족을 해소하려 하였을 때 이는 종종 민간 상인들에 의한 곡물 수입 유인을 감소시키는 결과를 초래하였다. 따라서 전반적으로 당시 영국은 식량 부족에 대처하기 위한 '효과적인 통제 시스템'을 개발할 행정적·제도적 능력을 가지고 있지 못하였을 뿐만 아니라 영국 정부와 영국 사람들도 가격 체계를 작동시키는 데 필요한 '경제 지식'(economic knowledge)을 가지고 있지 못하였다.

그러나 나폴레옹 전쟁 시 식량 부족(food shortage)을 극복하려는 시도(노력)가 가지고 있었던 '원시적 특징'은 '그 시도가 실제로 매우 성공적이었다'는 사실을 흐리게 해서는 안 될 것이다. 다시 말하면, 나폴레옹 전쟁 당시에 식량 부족을 극복하려는 여러 시도(노력)들이 비록 '원시적인 형태'를 띠고 있었지만 그 시도(노력)들은 확실히 성공적이었다. 나폴레옹 전쟁 당시의 식량 부족 해소 노력이 왜 빛을 보지 못하였는가? 당시 영국의 식량 생산과 식량 소비에 대한 정확한 자료 부족 때문에 우리는 성공의 정확한 크기를 알 수 없다. 그러나 본서에서 제시한 추정치[2]와 당시 급속도로 증가한 영국의 인구 수치에 따르면 전쟁으로 인한 식량 수입의 손실(감소)은 영국의 생존과 전쟁 수행 능력을 결코 위협하지 못하였음을 암시해 주고 있다. 즉, 전쟁으로 인해 식량 수입의 커다란 손실(감소)이 있었지만 영국의 인구는 '대규모로 증가'하였다. "식량 공급이 인구를 제한한다"는 생각([역주] 이는 맬서스(T. Malthus, 1766~1834년)의 생각이며 이를 '맬서스주의'라 부름[3])이 사람들 간에 널리 수용되었던 시대에 전쟁으로 전 국민의 체력(건강)과 생존을 위협할 정도의 '격심한 식량 부족'은 결코 유례없는 '인구의 대규모 증가'를 가져다주지 않을 것이다. 만약 맬서스의 생각이 옳았다면 전쟁으로 인한 당시 격심한 식량 부족은 대규모 인구 감소를 가져다주었을 것이다. 그러나 전쟁으로 인한 격심한 식량 부족에도 불구하고 당시 영국의

---

2 이에 대해서는 본서 pp. 112~13을 참고하기 바람.

3 [역주] '맬서스주의'(Malthusianism)는 맬서스가 '인구론'에서 주장한 학설로 '인구와 식량의 관계'에 관한 이론임. 맬서스는 산술급수적으로 증가하는 식량이 기하급수적으로 증가하는 인구를 따라갈 수 없으므로 여러 가지 인구 증가 억제책을 강구해야 한다고 주장함.

인구는 대규모로 증가하였다. 또한 나폴레옹 전쟁 기간 동안 민중의 불만은 당시 높은 식량 가격보다 새로운 기계와 공업 관련 문제들에 더 관련이 있었다. 왜 그런가? 오랜 전쟁 기간 동안에도 영국에서 경작지 면적은 크게 증가하였다. 그러나 심지어 경작지 면적이 최고점에 이르렀을 때에도 경작에 적합한 토지들은 여전히 많이 남아 있었다. 따라서 이러한 사실들에 비추어 볼 때 저명한 나폴레옹 연구자인 로즈(J. Holland Rose)의 다음 주장은 아무런 근거가 없다고 할 수 있다. 당시 로즈는 "만약 나폴레옹이 대륙 봉쇄를 통해 영국과의 무역 금지를 끝까지 고수하였다면 그는 아마 전쟁에서 이겼을 것이다"라고 주장하였다. 그러나 나폴레옹이 영국과의 무역 금지를 엄격히 고수하였더라도 그는 전쟁에서 이기지 못하였을 것이다.

또한 영국은 다음 이유로 나폴레옹 전쟁에서 '성공'을 거두었다. 즉, 나폴레옹 전쟁 시 영국은 나중에 두 차례 세계 대전에서 사용하였던 대처 방법과 유사한 방법을 이미 그 당시에도 보편적으로 사용하였기 때문이다. 나폴레옹 전쟁 시 영국은 전쟁에 효과적으로 대처하기 위해 어떤 방법을 사용하였는가? 당시 영국은 (1) '동물 농업'(animal agriculture)에서 '곡물 생산'(crop production)으로 전환하였고, (2) 농업 생산(agricultural production)과 선박(shipping)에 더 많은 자원을 이전하였고, (3) 비경제적 유형의 소비를 억제하였다. 이러한 조치들은 당시로서는 다소 획기적이었다. 나폴레옹 전쟁 기간과 두 차례 세계 대전 간의 '차이'는 영국이 어떤 문제에 직면하였는가(즉, 문제의 유형) 또는 당면 문제에 대처하기 위해 어떠한 변화들(즉, 변화의 유형)을 시도하였는가가 아니라 그 정도가 어떠하였는가(즉, 문제의 '정도')에 있었다. 영국은 세 차례 대전쟁에서 유사한 문제들에 직면하였지만 당면 문제의 심각성 '정도'는 서로 달랐다. 양차 세계 대전에 비해 영국은 나폴레옹 전쟁 시 (1) 당면 문제의 정도가 물질적으로 더 작았고, (2) 전쟁에 대처하기 위해 취해진 필요한 조치들이 덜 효과적이었고, (3) 그 결과 성공의 정도가 덜 놀라웠다.

나폴레옹의 대륙 봉쇄(Continental System)는 때때로 '느슨하고 임의적으로' 실시되었지만, 제1차 세계 대전에서 독일의 잠수함 공격(submarine campaign)은 영국인들을 굶겨서 굴복시키려는 유일한 목적으로 '효과적이고 철저하게' 실시되었다. 독일 해군과 육군 지휘관들은 "독일의 무제한적인 잠수함 공격이 계획대로 많은 선박을 침몰시킨다면 영국은 5개월 이내에 강화(講和)를 청하게 될 것이며, 그로 인해 독일은 미국의 개입 가능성에도 불구하고 전쟁을 유리하게 끝낼 수 있을 것이다"라고 '확신'하였다. 당시 독일 해군 참모부는 여러 분야 전문가들의 도움으로 오랫동안 치밀한 '비망록'(備忘錄, memorandum)을 작성해 왔다. 당시 독일의 비망록은 (1) 영국의 이용 가능한 총선박의 수, (2) 군사 및 관련 목적으로 필요한 선박의 수, (3) 영국의 과거 수입량 등을 자세히 보여 주었다. 독일의 비망록에 따르면 독일은 이러한 수치들을 기초로 "독일이 예상대로 매달 600,000톤의 선박을 침몰시킬 수 있다면 영국은 반드시 강화를 청해 올 것"이라고까지 '확신'하였다. 놀랍게도 제1차 세계 대전이 끝난 후에 입수한 영국 자료에 따르면 독일 비망록이 기초로 하였던 당시 정보들이 대체로 정확하였음을 보여 주었다. 그러나 독일 해군 참모부가 격침당할 것으로 예상하였던 독일 잠수함 수의 경우 그 예측이 너무 '비관적인' 것으로 드러났다. 또한 독일 해군 참모부는 자국의 유보트가 영국 제도(諸島) 주위의 선박들을 파괴시킬 수 있는 비율(즉, 영국 선박 파괴율)에 대해서도 다소 '비관적으로' 예측하였다. 왜냐하면 독일의 무제한적인 잠수함 공격이 개시된 '1917년 2월 1일'과 독일 해군 장성들이 '확실한 승리'(certain victory)를 예상한 '1917년 8월 1일' 사이(즉, 6개월간)에 독일은 당초 예상을 초과하여 매달 600,000톤 이상의 선박을 침몰시켰기 때문이다. 그러나 이러한 선박 손실들에도 불구하고 영국은 국민의 건강과 생산성, 사기 등을 유지하기에 충분한 식량을 섭취할 수 있었다. 또한 영국은 잠시 동안이라도 독일 비망록이 확실하다고 예상한 패배 근처에도 있지 않았다. 당시 영국의 규정식(regimen)은 최악의 경우에서도 독일이 거의 전쟁 전체 기간 동안 겪었던 규정식보다 훨씬 더 나았다.

독일의 무제한적인 잠수함 공격은 왜 실패하였는가? 우리는 독일 잠수함 공격의 실패를 당시 영국이 도입한 '호송선 체제'(convoy system)로 설명할 수 없다. 왜냐하면 호송선 체제에도 불구하고 독일이 승리하기로 예상한 기간 동안(즉, 1917년 2월 1일~1917년 8월 1일)의 선박 파괴율은 오히려 독일의 당초 예상을 초과하였기 때문이다. 어떤 다른 요인이 있는가? 가장 중요한 요인은 영국과 미국의 '대처 능력'에 있었다. 즉, 당시 영국과 미국은 전쟁에 필수적인 선박을 더 많이 확보하기 위하여 필수적이지 않은 물품들을 과감히 '포기'하였다. 미국과 영국은 전시에 다음과 같이 필수적이지 않은 물품들에 대한 소비를 포기하였다. 우선, 미국은 그러한 포기로 영국 국민들에게 영국이 통상적으로 더 먼 국가들로부터 획득할 수 있었던 물품들을 공급해 줄 수 있었다. 이것이 어떻게 가능해졌는가? 미국의 도움으로 영국은 미국으로부터 더 짧은 항해가 가능해지게 되었고, 그 결과 주어진 양의 선박이 '더 많은 화물'을 운반해 올 수 있었다. 다음으로, 영국은 그러한 포기로 남아도는 노동력을 선착장들에 배치(투입)하여 선박들이 더 빠르고 효율적으로 짐을 싣도록 하였다. 이러한 노력으로 영국은 국내에서 필수적이지 않은 물품들에 대한 소비가 포기되었고, 그로 인해 더 넓은 선적 공간(톤수)을 필수적인 물품의 수입에 사용할 수 있게 되었다. 또한 영국은 투자재의 수입을 제한하고, 국내에서 긴급하게 필요한 물품들을 더 많이 수입해 오기 위하여 전쟁 발발 이후에 소비를 포기하였다. 결국 독일은 영국이 시도한 이러한 '간접적' 형태의 대체 노력을 간과하였다. 이에 대해서는 이미 제1장에서 설명하였다.

우리는 "만약 제1차 세계 대전에서 독일 잠수함 공격이 훨씬 더 파괴적이고 훨씬 더 오래 지속되었더라면 그것이 성공하였을지도 모른다"고 가정해 볼 수 있을 것이다. 그러나 그렇게 가정할 아무런 이유가 없다. 왜 그런가? 왜냐하면 제1차 세계 대전 기간 동안에 영국의 식량 생산량이 상당히 증가하였기 때문이다(물론 충분할 정도로 크게 증가하지는 않았다). 독일의 무제한적인 잠수함 공격은 전쟁 후반기인 1917년에 이르러 비로소 시작되었고, 또한 영국 정부는 전쟁 초기(1914~15년)에는 식량 생산량을 증가시키기 위한 단호한 조치들을 취하지 않았다. 제1차 세계 대전 마지막 해인 1918년에서야 영국의 '식량 생산 증대 운동'은 마침내 주요 성과를 거두게 되었다. 또한 식량 생산 증대 운동을 담당하고 있는 관리들은 '1919년에 훨씬 더 많은 식량 생산이 달성될 것'이라고 믿고 있었다. 그러나 연합군의 진격과 전쟁 종식으로 이러한 믿음은 결코 검증되지 못하였다. 그럼에도 불구하고 그 믿음은 다음 사실에 의해 진실일지도 모른다. 즉, 1860년대에 정기적으로 경작되어 온 많은 토지들이 전후에도 여전히 경작에 적합하였기 때문에 당시 관리들은 1919년에 이르러 식량 생산이 증대할 수 있을 것이라고 믿었다. 그러나 그러한 믿음은 진실이 아니다. 왜냐하면 제1차 세계 대전 당시에 영국은 농업 생산에 많은 노동력과 기계들을 투입하지 않았을 뿐만 아니라 식량 소비에도 엄격한 통제를 가하지 않았기 때문이다

(그러나 영국은 제2차 세계 대전 당시에는 식량 소비에 엄격한 통제를 가하였다). 따라서 영국은 1919년에 이르러서도 식량 생산을 증대시킬 수 없었을 것이다. 반면에 제1차 세계 대전 시 가축 방목에 기반한 '동물 농업'에서 인간 식량만을 위한 '곡물 생산'으로의 추가적 이동은 가능하였었을 것이고, 그로 인해 영국 식량의 변화(증대)가 초래되었을 것이다.

전쟁 이전의 영국과 독일 농업의 사정은 완전히 달랐다. 즉, 영국 농업은 전쟁 발발 이전 거의 50년 동안 '쇠퇴'해 왔지만, 독일 농업은 전쟁을 예상하여 오랫동안 '확대'되어 왔다. 그러나 아이러니하게도 전쟁이 터졌을 때 영국 농업은 생산량을 '증가'시켰지만, 독일 농업은 전쟁 이전 수준도 유지하지 못하였다. 전쟁 발발 이전에 영국은 자국의 칼로리 필요량의 3분의 1 정도를 국내에서 생산하였지만, 독일은 자국이 필요한 칼로리의 5분의 4(=80%)를 국내에서 생산하였다. 그러나 전쟁 기간 동안 영국은 더할 나위 없이 풍족하고 영양이 풍부한 식량을 섭취하였지만, 독일은 격심한 식량 부족으로 약 750,000명의 시민들이 목숨을 잃었다. 이와 같이 영국 농업이 독일 농업보다 '우월한 성과'를 낸 이유는 무엇인가? 주요 이유로 영국 목초지들이 가지고 있었던 '비옥함'을 들 수 있다. 영국 목초지들은 대체로 매우 비옥하였고, 또한 영국은 평화 시에 비옥한 목초지를 거의 개간하지 않았기 때문에 유사시 개간이 용이하였다. 전쟁 시 목초지를 경작용으로 개간하는 데 쟁기질만 하면 되었다. 반면에 전쟁이 발발하였을 때 독일 농업은 거의 완전히 확대되어 있었으며, 그로 인해 전시의 식량 곤경에 직면하여 생산량을 전쟁 이전 수준으로 유지할 수 없었다.

제1차 세계 대전 기간 동안 '식량 소비 통제'의 경우에도 영국은 독일을 능가하였다. 독일의 경우 식량 분배가 매우 효과적이지 못하였다. 왜 그런가? 농부들, 군인들, 부자들은 그들이 필요로 하는 양보다 상당히 더 많은 식량을 가져갔지만, 가난한 사람들은 부족한 식량으로 고통을 겪었다. 또한 독일에서 암시장이 번창하였고, 군수 회사들이 때때로 암시장에서 자신의 종업원들을 위하여 식량을 구매하기도 하였다. 또한 독일 농부들이 식량을 사용하여 가축 떼들을 사육하기도 하였다. 심지어 독일 농부들은 사람들이 먹을 식량이 절실히 필요하였을 때에도 식량으로 가축 떼들을 사육하였다. 반면에 영국에서는 전시에 필요하였던 식량 배급제(rationing)가 대체로 잘 시행되었다.

또한 이러한 사실은 '노련한 지도력(skillful leadership)과 관리(administration; 행정)의 중요성'을 보여 준다. 영국이 제1차 세계 대전 당시에 취하였던 식량, 선박, 농업 프로그램(정책)에 대한 관리는 제2차 세계 대전 기준으로 볼 때 다소 서툴렀지만, 당시(또는 그 이전 기간) 기준으로는 아주 우수하였다고 평가할 수 있다. 제1차 세계 대전 초반에 영국은 '자유방임주의 정책'(laissez faire policy)에 대한 교조주의적 신봉에 사로잡혀 있었다(당시 영국 사람들은 심지어 자유방임주의를 이유로 오랫동안 병역 의무조차도 거부하였다). 그러나 제1차 세계 대전 후반에는 로이드 조지(Lloyd George; 제1차 세계 대전 당시의 총리. 정확히 말하면 전시 연합정부의 총리(1916~22년)를 역임함)의 실용주의적 리더십(pragmatic leadership), 영국 정부 기관과 공무원의 우수성, 영국 국민들의 기본적인 정치적 통일성 등으로 영국은 독일의 잠수함 공격에 대처하기 위한 효과적인 경제적 대응책들(economic countermeasures)을 신속하게 마련할 수 있었다(그러나 당시 농산물에 대한 가격 정책과 농업에 대한 정부 통제 때문에 가격 체계가 잘 작동하지 못하였다). 그 결과 영국은 대체로 독일을 성가시게 하였던 실정(失政)을 피할 수 있었다. 또한 식량 대응책들뿐만 아니라 제1차 세계 대전 당시 영국의 선박 관리 정책도 특히 칭찬할 만하다. 만약 영국이 나폴레옹 전쟁 기간 동안에 제1차 세계 대전 당시에 발휘하였던 경제 이해력(economic understanding)과 관리 능력(administrative capacity)의 절반만 가지고 있었더라도 아마 특별히 언급할 만한 문제가 없었을 것이며 많은 고통을 피할 수 있었을 것이다. 따라서 영국은 정부의 리더십과 효과적인 관리 정책들 덕분에 전시 식량 부족에 직면해서도 성공적으로 생존할 수 있었다.

그러나 영국의 관리 및 행정 시스템(administrative system)은 '제2차 세계 대전'에 이르러 '최고의 성과'(finest hour)를 발휘하였다. 제2차 세계 대전 초반인 1939~40년에 영국의 식량 및 사료 수입량이 2,070만 톤이었으나, 1942~43년에는 거의 절반 수준인 1,030만 톤으로 크게 감소하였다.[4] 반면에 식량 이외의 화물 수입량은 같은 기간 동안 조금만 감소하였다. 그런데도 제2차 세계 대전 기간 동안 영국 국민들의 건강 상태는 사실상 '증진'되었다. 또한 당시 영국의 전시 식량 재분배가 매우 효과적으로 이루어져서 몇몇 보호 식량들에 대한 분배 개선은 식량의 공급 감소를 보충하고도 남을 정도였다. 그 이유가 무엇인가? 이러한 결과를 가져다준 커다란 공(功)은 '영국 농업'에 있다. 한때 칼로리 생산량의 순 증가는 90% 이상이었고, 단백질 생산량의 순 증가는 106% 이상인 적도 있었다.[5] 이러한 순 증가는 농업에 투입된 자원의 큰 증가 없이 이루어진 것이었다. 또한 전시의 넌더리나는 규정식(diet; 식량 배급에 의한 규정식)을 기꺼이 받아들여 준 영국 국민들에게도 그 공의 일부가 돌아갈 수 있다. 이것은 마치 '전시 선박 통제 체제'에 기꺼이 협력하였던 사람들의 기여와 같다. 그러나 이러한 성과를 가져다주는 데 영국의 '전시 식량 프로그램'(wartime food program)만큼

4 이에 대해서는 본서 pp. 197~99를 참고하기 바람.
5 이에 대해서는 본서 pp. 194~97을 참고하기 바람.

크게 기여한 것은 없을 것이다. 만약 영국의 전시 식량 프로그램이 없었다면 - 즉, 잘 고안되어 실시되지 않았다면 - 영국 경제나 사회의 어떤 분야나 부문도 이러한 성과를 달성하는 데 그 역할을 디하지 못하였을 것이다.

그럼에도 불구하고 영국이 제2차 세계 대전에서 이룬 이러한 엄청난 성과는 (1) 전쟁 이전의 대비나 (2) 평화 시 농업 부문의 확대와는 결코 아무런 관련이 없다. 또한 영국이 제1차 세계 대전과 나폴레옹 전쟁에서 달성한 다소 놀라운 성과의 경우(물론 제2차 세계 대전의 경우보다는 덜 인상적이지만)에도 이들 요인과 아무런 관련이 없다. 다시 말하면, 영국은 세 차례 세계 대전에서 '전쟁 이전의 대비'나 '평화 시 농업 부문의 확대' 때문에 전시 식량 부족 문제를 극복한 것은 아니었다. 왜냐하면 영국은 (1) 어떤 전쟁 시에도 사실상 아무런 전전(戰前) 대비가 없었고, (2) 두 차례 세계 대전이 발발하기 이전에 영국 농업은 오히려 심각한 쇠퇴 상태에 있었기 때문이다. 영국이 세 차례 전쟁(특히, 제2차 세계 대전) 경험들을 통해 얻은 귀중한 교훈(教訓)은 영국은 (1) 평화 시에 더 많은 식량을 경작해야 하며, (2) 비축량을 가지고 있어야 한다는 것이다. 이러한 두 가지 교훈들은 영국이 최소한 제2차 세계 대전 이래로 일반적으로 추구해 온 정책이다.

영국이 나폴레옹 전쟁과 두 차례 세계 대전에서 겪은 경험이 정말로 그러한 정책을 정당화하는지의 여부는 의심스럽다. 그러나 이러한 경험은 본서를 시작할 때(즉, 제1장에서) 제기하고 개설(概說)한 나의 주장 - 즉, "전쟁으로 인한 '식량' 수입 손실(loss of food imports)이 '다른 물품들'의 수입 손실보다 반드시 나쁘다는 것은 아니다" - 을 뒷받침한다는 점은 거의 분명하다. 왜 그런가? 영국이 겪은 세 차례 세계 대전은 다음 세 가지 중요한 사실을 시사해 준다. 첫째,

전시에 국민들의 건강을 해치지 않고서도 대규모 식량 절약을 위해 "소비 패턴을 변화시킬 수 있다"는 사실을 보여 주었다. 둘째, 농업 부문에 과도한 자원을 투입하지 않고서도 – 또는 경제의 다른 부문에 과도한 자원 희생을 수반하지 않고서도 – "농업 생산량을 크게 증가시킬 수 있다"는 사실을 보여 주었다(물론 어떠한 영양 기준 – 예를 들면, 칼로리 생산량 또는 단백질 생산량 등 – 을 사용하든 농업 생산량을 크게 증가시킬 수 있다). 마지막으로, 식량 프로그램(food program)과 선박 프로그램(shipping program)을 효과적으로 통합함으로써 '더 많은 식량 절약을 이룰 수 있다'는 점을 보여 주었다. 따라서 영국은 세 차례 세계 대전을 통해 전시에 (1) 식량 절약을 위해 소비 패턴을 변화시킬 수 있고, (2) 식량의 주요 공급원인 농업 생산량을 증가시킬 수 있고, (3) 식량 관련 프로그램의 통합을 통해 식량을 절약할 수 있음을 알게 되었다.

이와 같이 "전쟁으로 인한 '식량' 수입 손실이 전적으로 비참하지(나쁘지)만은 않다"는 나의 주장은 어떻게 알 수 있는가? 이러한 사실은 식량 수입 감소와 다른 물품들의 수입 감소를 비교해 보면 가장 분명하게 알 수 있다. 제1차 세계 대전과 제2차 세계 대전에서 식량 수입은 비(非)식량 물품 수입만큼 또는 그 이상으로 감소하였다.[6] 당시 영국은 비식량 물품 수입이 대체로 필수적이지 않았다면 논리적으로 비식량 물품 수입을 거의 0으로까지 감소시킬 수 있었다. 또한 영국은 식량 수입이 대체로 필수적이었다면 식량 수입을 거의 전쟁 이전 수준으로까지 유지할 수 있었다. 그럼에도 불구하고 당시 영국은 식량 수입과 비식량 수입을 '거의 똑같이' 감소시켰다. 이러한 결과는 이제까지 본서

6 이에 대해서는 본서 pp. 197~99를 참고하기 바람. 그러나 여기에는 유조선에 의한 수입은 포함되지 않았음.

가 제시한(설명한) '이론적 추론'의 예상과 일치한다. 전시에 식량 수입과 비식량 수입이 어떻게 거의 똑같이 감소하였는가?

물론 당시 영국 경제는 (식량 부문뿐만 아니라) 비식량 부문에서도 커다란 적응력(flexibility)을 보여 주었다. 당시 영국의 비식량 부문은 일반적으로 이해되는 것보다 훨씬 더 큰 적응성을 보여 주었다. 이는 무엇을 의미하는가? 전쟁으로 인한 식량 부족에 직면해서도 어떤 경제가 '지적으로 관리된다면'(intelligently administered; 지적으로 대처한다면) 그 경제는 일반적으로 인식되는 것보다 '더 큰 적응력'을 발휘할 수 있다는 점이다.[7] 그러나 이러한 적응력은 식량뿐만 아니라 모든 산업에 적용할 수 있다. 즉, 전시 위기 상황에서의 적응력(대응력)은 식량 수입의 손실이나 원료 수입 또는 다른 '필수재'의 수입뿐만 아니라 2차 또는 3차 생산물에도 적용할 수 있다.

나폴레옹 전쟁과 두 차례 세계 대전에서 겪은 영국의 경험에 따르면, (1) 식량 수입의 손실이 일반적으로 생각되는 것보다 '덜 비참'하였을 뿐만 아니라 (2) 전쟁으로 1차 산품(또는 어떤 생산품이든)의 부족이 발생할 때 행정(administration), 과학(science), 정부(government) 부문에서 등장한 진보된 대처 방법들이 매우 유효하였다는 사실을 보여 주었다. 또한 영국이 직면하였던 전시 식량 부족 문제는 나폴레옹 전쟁에서 가장 덜 심각하였고, 제1차 세계 대전에서

7 환언하면, 이는 레온티에프(W. Leontief) 교수의 유명한 '투입·산출 체계'(input-output system)가 전시 경제(wartime economy)의 연구에는 매우 적합하지 '않다'는 것을 의미한다. 왜냐하면 어떤 국가가 전시에 투입·산출 체계의 어떤 '칸'에 들어갈 투입물이나 산출물이 없다면 투입·산출 체계는 무너지게 되기 때문이다. 이 경우에 우리는 투입·산출 체계의 칸에 들어갈 수를 어떤 주어진 상수에 고정시킬 수 있을 것이다. 그러나 고정된 상수 사용은 평화 시 상황에서는 적절할지 모르지만, 전쟁 수행에 필요한 비용을 부담하려는 국가에서는 적절하지 않을 것이다. 현대 경제의 특징인 산업 부문의 '신축성'에 관해서 알아보려면 내가 쓴 다음 두 논문들을 참고하기 바란다. M. Olson, "The Economics of Strategic Bombing in World War II," *Airpower Historian*, IX(April 1962), pp. 121~27; "The Economics of Target Selection for the Combined Bomber Offensive," *Royal United Service Institution Journal*, CVII(Nov. 1962), pp. 308~14.

더 심각하였고, 제2차 세계 대전에서 가장 심각하였다. 그러나 영국이 전시 식량 부족 문제를 해결하기 위해 기울인 대처 노력의 성과는 나폴레옹 전쟁에서 가장 덜 두드러졌고, 제1차 세계 대전에서 더 두드러졌고, 제2차 세계 대전에서 가장 두드러졌다. 식량 부족의 심각성과 영국의 대처 성과가 왜 일치하지 않는가? 전시 대처 성과가 시간이 갈수록 '커진' 이유는 다음과 같다. 첫째, 시간이 갈수록(즉, 전쟁을 거듭할수록) 영국이 식량 부족과 관련된 과학적·경제적·행정적 문제들을 '훨씬 더 잘 이해하게' 되었다. 즉, 영국은 시간이 갈수록 식량 부족 문제에 대한 '이해'가 크게 증진되었다. 둘째, 영국은 (1) 다양한 종류의 농업 생산물들이 전시에 얼마나 효과적인지에 대한 정보와 (2) 다양한 종류의 식량들이 가지고 있었던 영양가(營養價; 식품에 들어 있는 영양적 가치를 말함. 예를 들면, 칼로리 또는 단백질의 양)에 대한 정보 등이 널리 이용될 수 있었기 때문에 전시 식량 부족에 더 잘 대처할 수 있었다. 즉, 영국은 시간이 갈수록 농업 생산물의 효과성 정도와 식량의 영양가 등에 대한 '정보들'을 더 많이 이용함으로써 전시 식량 부족에 효과적으로 대처하였다. 셋째, 영국의 자연과학, 생물학, 의학, 농학 등의 '진보'가 전시 식량 부족 문제 해결에 큰 기여를 하였다. 마지막으로, 시간이 갈수록 가격 시스템이 수행하는 기능들에 대한 '이해도'와 '지식 수준'이 더욱 높아졌고, 정부의 전시 식량 통제 가능성(필요성)이 널리 이해됨으로써 영국의 식량 부족에 대한 대처 능력이 더욱 커지게 되었다. 이러한 이유들 때문에 영국의 전시 대처 성과가 시간이 갈수록 커지게 되었다. 놀랍게도 나폴레옹 전쟁 시 영국은 국력의 일부분을 불합리하고 해로운 시도들을 하는 데 쏟아부었다. 나폴레옹 전쟁 시 영국은 식량 가격을 인상시킨다는 이유로 '중개상들을 박해(迫害)하려고' 하였다. 당시 영국의 식량 가격 상승은 식량 수입 손실과 흉작에 기인하였지 식량 중개상들의 책임은 아니었다. 그럼에도 영국 정부는 이들을 박해하려고 하였다. 반면에 제1차 세계 대전 시 영국은 이러한 매우 어리석은 행동을 다시는 저지르지 않았다. 그러니 제1차 세계 대전 당시에 영국 사람들은 신비적이고 분석적이지 않은 '자유방임에 대한 믿음'(laissez faire belief)을 맹목적으로 신봉하고 있었다. 당시 영국 사람들의 자유방임주의는 도가 지나쳐 잠시 동안 '징병, 배급, 또는 다른 형태의 통제'가 전쟁 지원(war effort; 전시 거국 총동원)에 유효하다는 생각조차 거부하게 만들었다. 제2차 세계 대전에 이르러 영국은 가격 시스템의 기능과 정부 힘의 행사 모두에 대해 확실히 이해하게 되었다. 예를 들면, 제2차 세계 대전 당시 영국은 농업 생산이 '가격 유인'뿐만 아니라 '정부 지시나 지침'에 의해서도 촉진되거나 증진된다는 사실을 알게 되었다. 따라서 '경제 이해력(economic understanding; 경제 지력)의 진보'로 영국은 전쟁에서 더욱 강해지게 되었다. 마지막으로, 제2차 세계 대전에 이르러 영국은 행정·관리 시스템이 더욱 정교해짐으로써 식량 수입의 손실에 대처하는 데 필요한 각종 프로그램들을 더 잘(효과적으로) 실시하거나 관리할 수 있게 되었다. 또한 행정 업무의 개선과 향상으로 영국은 더욱 안정된 상태에 있게 되었다. 따라서 이제까지 논의한 '영국의 전시 경험'을 바탕으로 우리는 다음 교훈을 얻을 수 있다. 전시에 직면해서 어떤 국가의 '과학적·경제적·관리(행정)적 능력의 발전(진보)'은 전시 식량 부족을 극복하는 데에도 매우 유효하다는 점이다. 환언하면, 어떤 국가가 전쟁이 직면하여 '과학적·경제적·관리(행정)적 능력'을 발전시키면 식량 부족 문제를 효과적으로 극복할 수 있을 것이다.

2. 올슨의 주장을 뒷받침하는 다른 역사적 사례

또한 이러한 나의 주장을 지지하는 '역사적 사례들'이 있다. 역사에 따르면 "전쟁 시 진보된 과학적·경제적·행정적 능력을 가진 어떤 국가는 후진국들보다 1차 산품(농산물)이나 다른 종류의 제품들의 부족에 더 잘 대처할 수 있다"라는 나의 주장을 뒷받침하는 '다른 사례들'을 찾을 수 있다. 첫 번째 사례는 '미국의 남북 전쟁'(Civil War; 1861~65년)에서 찾을 수 있다. 미국에서 남북 전쟁이 일어나기 전에 영국과 남부 주들에서 "미국 목화(American Cotton)의 손실이 영국 산업 체계를 마비시킬 것이며, 이로 인해 영국은 미국 북부 주들에 대항하여 전쟁에 개입하지 않을 수 없을 것이다"라는 예상과 우려가 제기되었다. 특히, '남부 주들'(즉, 남부 연방)은 이러한 우려가 확실하다고 생각하였다. 왜냐하면 남북 전쟁 전에 영국은 미국 남부 주들로부터 거의 모든 목화를 수입하였기 때문이다. 그러나 남북 전쟁이 일어났을 때에도 놀랍게도 영국은 미국 목화의 손실로부터 거의 피해를 보지 않았다. 왜 그런가? 남북 전쟁 이전에는 영국에서 거의 허용되지 않았던 인디언 목화(Indian cotton)나 다른 섬유들을 사용함으로써 변통(變通)이 가능하였기 때문이다. 그러나 연방 결성으로 경제 규모가 더 작아진 남부 연방(Confederacy; 미 남북 전쟁 초기(1861년)에 합중국으로부터 분리한 남부 11개 주)은 유럽(영국)과 미 북부가 남부의 '킹 목화'(King Cotton; [역주] 미 남부 주들의 대규모 목화 생산을 의인화해서 표현한 것임) 없이 살아가는 것보다 남부 연방이 유럽(영국)과 미 북부의 제품들 없이 살아가는 것이 훨씬 더 어렵다는 것을 알게 되었다([역주] 여기서 영국과 유럽은 올슨이 말하는 진보된 국가를 말하고, 남부 연방은 덜 진보된 국가를 말한다. 따라서 상기 올슨의 주장은 옳다고 할 수 있다). 또한 일부 학자들은 "원료들이 어떤 경제의 운명에 결정적이다"라는 확고한 생각을 바탕으로 남북 전쟁 시 영국이 입을 미 북부 주들로부터의 '밀 손실'(loss of wheat)에 대해 깊은 우려를 표명하였다. 이러한 우려 때문에 당시 영국은 남부 연방을 편들기 위한 전쟁에 개입하지 못하게 되었다. 그러나 그러한 우려는 터무니없었다. 왜냐하면 영국은 당시 영국이 필요한 모든 밀을 미국 이외의 국가들로부터 쉽게 수입할 수 있었기 때문이다.[8]

둘째, 제1차 세계 대전 시 독일은 영국과 달리 '독일의 식량 부족'에 잘 대처하지 못하였다. 그러나 제2차 세계 대전 시 독일의 대처 성과는 아주 좋았다. 왜 그런가? 그 이유는 부분적으로 독일이 제2차 세계 대전 당시에 선진국이었으며, 또한 부분적으로 히틀러의 가장 유능한 참모였던 알베르트 슈페어(Albert Speer)가 제2차 세계 대전 기간 동안 독일의 가장 중요한 시기에 산업 업무를 관장하고 있었기 때문이다. 이러한 이유로 제1차 세계 대전 때와는 달리 제2차 세계 대전에서 독일의 식량 부족 대처 성과는 아주 좋았다. 또한 독일은 평화 시에 국내에서 거의 석유를 생산하지 않았으며, 제2차 세계 대전 시에도 통상적인 석유 수입 없이 지내게 되었다. 이러한 사실에 대해서는 앞에서 이미 설명하였다. 또한 설상가상으로 독일은 영국의 해상 봉쇄에 의해 많은 중요한 산업 원료들을 빼앗기게 되었다.[9] 따라서 당시 독일과 영국에서 어느 누구도 독

8 이에 관해서는 다음 문헌들을 참고하기 바람. Frank Owsley, *King Cotton Diplomacy*(Chicago, 1931); Ephraim Douglass Adams, *Great Britain and the American Civil War*, 2 Vols.(New York, 1925); Eli Ginzberg, "The Economics of British Neutrality during the American Civil War," *Agricultural History*, X(1936), pp. 147~56; Thomas Bailey, *Diplomatic History of the American People*, 6th edition(New York, 1958), pp. 333~38; Louis Bernard Schmidt, "The Influence of Wheat and Cotton on Anglo-American Relations During the Civil War," *Iowa Journal of History and Politics*, XVI(July 1918), pp. 400~39.

9 이에 대해서는 다음 문헌을 참고하기 바람. W. N. Medlicott, *The Economic Blockade*, "History of the Second World War; United Kingdom Civil Series," 2 Vols.(London, 1952~59).

일이 빈약한 전쟁 물자들을 가지고 '장기 소모전'(a war of attrition)을 할 수 있을 것이라고 예상하지 못하였다.[10] 사실상 독일은 전쟁이 단기전(短期戰)이 될 것 – 즉, 금방 끝낼 수 있을 것 – 이라고 예상하였었다. 그러나 독일의 예상과 달리 전쟁이 매우 장기간(즉, 1939~45년) 진행되었음에도 불구하고 독일은 빈약한 물자들과 원료 공급으로 그럭저럭 잘 견딜 수 있었다. 독일은 원료 공급 부족에 어떻게 대처하였는가? 당시 독일에서 구리 공급이 매우 부족하였다. 그 결과 독일은 모든 자동차들(승용차, 버스, 트럭 등을 포함)에 구리 냉각 장치를 철제 냉각 장치로 대체함으로써 구리를 절약하였다. 또한 독일은 유보트 제작에 소요되는 구리의 양을 평균적으로 56톤에서 26톤으로 크게 감소시켰다. 1942년 초에 독일에서 기관차를 만드는 데 2.3톤의 구리가 필요하였다. 그러나 1943년 중반에 구리 필요량은 전에 비해 약 90%가 감소한 237킬로그램으로 크게 감소하였다. 또한 독일은 희소 금속을 사용하여 만드는 어떤 합금을 더 풍부한 금속들을 사용하는 다른 합금들로 대체함으로써 구리를 절약하였다.[11] 예를 들면, 총열에 사용되는 희소한 금속인 니켈과 몰리브덴은 풍부한 바나듐으로 대체되었다. 이러한 유형의 대체는 때때로 품질을 감소시킬 수 있지만, 당시 독일의 군사 장비는 다른 국가들에 비해 결코 뒤지지 않았다.[12] 이와 같이 독일은 내부적으로 각종 물자와 원료들의 격심한 부족에도 불구하고, 또한 외부적

10 이에 관해서는 다음 문헌들을 참고하기 바람. Burton H. Klein, *Germany's Economic Preparations for War*(Cambridge, 1959); L. P. Thompson, *Can Germany Stand the Strain?*, Oxford Pamphlets on World Affairs, No. 19(Oxford, 1939); A. G. B. Fisher, *Economic Self Sufficiency*, Oxford Pamphlets on World Affairs, No. 4(Oxford, 1939).

11 E. S. Mason, "American Security and Access to Raw Materials," *World Politics*, I(January 1949), p. 152. 또한 메이슨(Mason) 교수는 U.S. Strategic Bombing Survey 보고서에서 이러한 정보를 입수하였다.

12 Hanson W. Baldwin, *Reader's Digest*(October 1950)(이것은 Raymond Aron, *The Century of Total War*(New York, 1954), p. 113에서 인용함).

으로 긴요한 산업들과 중요 목표물들에 대한 연합군의 대규모 전략 폭격에도 불구하고 독일의 전시 생산은 놀랍게도 제2차 세계 대전 후반부에 이르러 배로 '증가'하였다.[13]

셋째, 제2차 세계 대전 시 일본의 경우는 어떠하였는가? 제2차 세계 대전 당시 일본은 독일보다 훨씬 덜 심하게 폭격당했고, 또 훨씬 덜 효과적으로 봉쇄당했다. 그럼에도 일본은 그러한 폭격과 봉쇄가 초래한 부족들에 잘 견딜 수 없었다. 제2차 세계 대전에서 일본이 항복하기 전에 일본 본토가 여전히 일본 수중에 있었지만 일본 경제는 서서히 멈추게 되었다.[14] 제2차 세계 대전 시 일본과 독일의 산업 성과 면에서 이러한 놀랄 만한 '차이'는 어떻게 설명될 수 있는가? 이는 양국의 '과학적·경제적·행정적 발전 정도'의 차이에 있을 것이다. 지난 반세기 동안 일본의 과학적·경제적·행정적 진보 '율'(rate)은 독일(또는 다른 어떤 국가)보다 훨씬 더 빨랐지만, 일본은 결코 독일, 영국, 또는 미국의 절대적 발전 '수준'에는 미치지 못하였다. 따라서 일본의 숙련된 사람들의 절대적 수는 그다지 광범위하지 못하였다. 일본(즉, 일본 사람들)은 대부분의 현대적 생산에 필요한 기술(skill)을 가지고 있었으나 전시에 물건을 긴급하게 생산하는 데 필요한 기교(virtuosity)는 가지고 있지 못하였다.

만약 이제까지의 설명이 옳다면 그로부터 우리는 다음 결론을 도출할 수 있다. 즉, "만약 어떤 경제에서 가장 긴요한 어느 한 생산(또는 산업)을 뽑는다면 그것은 식량이나 원료의 생산이 아니라 '숙련되고 다재다능한(versatile; 위기 시

---

13 U.S. Strategic Bombing Survey, *Summary Report (European War)*(Washington, D.C., 1945). 전시 부족이 원료에 미친 효과에 대해서 올슨의 다음 논문을 참고하기 바람: M. Olson, "American Materials Policy and the 'Physiocratic fallacy'," *Orbis*, VI(Winter 1963), pp. 670~88.

14 U.S. Strategic Bombing Survey, *Summary Report (Japanese War)*(Washington, D.C., 1946).

에 변통이 자유자재한) 사람들의 생산'이 되어야만 한다"는 점이다. 이러한 결론이 의미하는 바에 따르면 생산이 확대되어야 할 산업은 '1차 산업'이 아니라 '3차 산업' – 예를 들면, '교육' 산업(educational industry) – 이어야 할 것이다. 왜 그런가? 만약 1차 산품을 생산하는 산업들이 평화 시의 일반 경제적 수준을 초과하여 확대된다면 다른 산업들의 생산에 사용되는 자원들이 더 적어질 것이다(이러한 추론은 물론 어떤 경제에 광범위한 실업이 없는 경우이다). 어떤 국가가 1차 산품을 생산하는 산업들을 확대한다면 그 국가는 다음과 같은 몇 가지 '희생'을 감수해야만 할 것이다.

첫째, 1차 산업의 생산 확대로 인해 그 국가는 평화 시에는 물론 전시에도 다른 산업들(2차 산업과 3차 산업)의 생산을 희생시킬 것이다. 둘째, 1차 산업의 생산 확대 대신에 3차 산업이 확대되는 경우에 이것이 가져다줄 '적응력'(adaptability)도 희생시킬 것이다. 셋째, 1차 산품 생산의 비경제적인 확대로부터 다른 유형의 재화와 서비스 생산이 희생되며, 그 희생은 1차 산업의 생산이 증가할수록 더 커질 것이다. 왜냐하면 1차 산품을 생산하는 산업들은 비용이 체증하는(또는 수확이 체감하는) 산업들이기 때문이다(즉, 1차 산업은 '수확 체감의 법칙'이 적용되는 산업이다). 넷째, 1차 산품을 생산하는 산업들은 생산량이 증가할수록 생산 능력이 '고갈되는' 산업들이기 때문이다. 예를 들면, 평화 시에 미국이 유전에서 더 많은 석유를 뽑아낸다면 전시에는 더 적은 석유가 남게 될 것이다. 또한 미국이 비축량을 증가시키기 위하여 땅속에서 더 많은 납과 아연을 캐낸다면 땅속에는 더 적은 양이 남게 될 것이다. 이러한 현상은 심지어 '농업'의 경우에도 어느 정도 사실이다. 이를 위해 전시 영국의 경우를 살펴보자. 영국은 전시에 목초지를 경작지로 전환함으로써 식량 생산량을 크게 증가시킬 수 있었다. 그러나 나폴레옹 전쟁과 제2차 세계 대전이 끝날 무렵에 '산출량 고갈 효과'가 두드러지게 나타나기 시작하였다. 그 결과 제2차 세계 대전이 끝나자 영국은 경작지 일부를 다시 '임시 목초지'로 전환시켰다.[15)]

마지막으로, 각국은 국내 1차 산업을 보호하기 위해 수입품에 관세를 부과할 수 있다. 관세 부과에 의한 국내 1차 산업의 보호는 다른 국가들과의 관계를 손상시킴으로써 자국의 국력(國力)을 해칠 수 있다. 만약 유럽의 공동 시장(Common Market; 유럽경제공동체(European Economic Community)의 별칭으로 1958년에 발족됨) 회원국들이 국내 농산물과 다른 1차 산품의 보호를 위해 수입품에 대해 높은 관세를 부과하기로 결정한다면 저개발국들과 심지어 미국과 과거 영연방 자치국들로부터 커다란 분노를 살 것이다. 만약 영국이 두 차례 세계 대전이 발발하기 이전에 국내에서 더 많은 식량을 생산하였더라면 전시에 영연방 국가들이나 심지어 미국으로부터 식량 원조를 받지 않아도 되었을 것이다. 따라서 국제 무역에 대한 장벽들은 어떤 국가로 하여금 자국에 이로운 외국 '의존 기회'를 빼앗아 갈 수 있다. 즉, 어떤 국가가 자국의 1차 산업 보호를 위해 국제 무역에 대해 각종 장벽들을 친다면 이 국가는 자국에 이로운 '외국 의존 기회'를 잃어버릴 수 있다. 여기서 '외국 의존 기회'란 자신의 적국을 중립국으로 만들고, 중립국을 동맹국으로 만들 수 있는 기회를 의미한다. ([역주] 환언하면, 각국은 자유로운 국제 무역을 통해 적국을 중립국으로 만들고, 중립국을 동맹국으로 만들 수 있는 기회를 얻을 수 있다. 이와 같이 전시에 1차 산업(농산물)의 생산 확대나 보호를 위한 노력들은 여러 가지 부작용들을 수반한다.)

---

15 이에 대해서는 본서 pp. 192~93을 참고하기 바람.

영국에서 전쟁의 역사가 세 차례나 되풀이되었기 때문에 "역사가 다시 반복될 것이다"라고 결론지을 수는 없다. 만약 '제4차 세계 대전'의 비극이 일어난다면 그 전쟁은 이전에 겪었던 세 차례 '경제적 소모 대전들'(great wars of economic attrition)과는 판이하게 다를 것이다. 만약 제4차 세계 대전이 발발한다면 그 전쟁은 아마 짧고 빠를 뿐만 아니라 국토를 황폐화시키는 '핵 교환'(nuclear exchange; 핵전쟁)을 초래할 것이다. 핵전쟁(nuclear war)은 당사국의 인구를 며칠 이내에 3분의 1이나 절반 또는 그 이상을 감소시킬 수 있다. 어느 누구도 우리의 미래를 확신할 수 없지만 어떤 국가에 핵전쟁이 일어난다면 그 국가의 당면한 '최소의 걱정거리'는 물론 자국의 식량과 원료의 양이 될 것이다. 왜냐하면 전쟁으로 인해 당사국의 인구와 생산이 훨씬 더 적어질 것이기 때문이다. 그러나 핵전쟁 발발 시 전쟁 당사국은 식량과 원료 부족 문제보다 더 중요한 문제에 직면하게 될 것이다. 핵전쟁 발발 시 당사국은 무엇보다도 "기략(機略)이 풍부하고(resourceful), 훈련되고(disciplined), 숙련된(well-managed) 사람들"([역주] 이는 위에서 표현한 '숙련되고 다재다능한(versatile) 사람들' 또는 '위기 시에 변통이 자유자재한 사람들'을 말함)이 가장 필요할 것이다. 왜냐하면 핵전쟁의 생존자들이 사회에서 무슨 일을 하든지 간에 그들은 무엇보다도 방사능 폐허 위에서 '새로운 질서'와 '새로운 생산 시스템'을 만들어 내야만 하기 때문이다. 이러한 중대한 과업은 오직 기략이 풍부하고, 훈련되고, 숙련된 사람들만이 할 수 있을 것이다.

찾아보기